UNI-WISSEN

Vera Nünning

Der englische Roman des 19. Jahrhunderts

Klett Lernen und Wissen

Bibliographische Information der Deutschen Bibliothek
Die Deutsche Bibliothek verzeichnet diese Publikation in der Deutschen
Nationalbibliographie; detaillierte bibliographische Daten sind im Internet
über http://dnb.ddb.de abrufbar.

Auflage 7. 6. 5. 4. 3. | 2011 2010 2009 2008 2007
Die letzten Zahlen bezeichnen jeweils die Auflage und das Jahr des Druckes.
Dieses Werk folgt der reformierten Rechtschreibung und Zeichensetzung. Ausnahmen
bilden Texte, bei denen künstlerische, philologische oder lizenzrechtliche oder andere
Gründe einer Änderung entgegenstehen.
Das Werk und seine Teile sind urheberrechtlich geschützt. Jede Nutzung in anderen als
den gesetzlich zugelassenen Fällen bedarf der vorherigen schriftlichen Einwilligung
des Verlages. Hinweis zu § 52a UrhG: Weder das Werk noch seine Teile dürfen ohne
eine solche Einwilligung eingescannt und in ein Netzwerk eingestellt werden. Dies gilt
auch für Intranets von Schulen und sonstigen Bildungseinrichtungen.
Fotomechanische Wiedergabe nur mit Genehmigung des Verlages.

© Klett Lernen und Wissen GmbH, Stuttgart 2007
© für alle Vorauflagen bei Ernst Klett Verlag GmbH, Stuttgart 1998
Alle Rechte vorbehalten.
Internetadresse: www.klett.de
Bildnachweis: © AKG, Berlin
Druck: Gutmann + Co., Talheim. Printed in Germany.
ISBN: 978-3-12-939588-2

Inhalt

Kapitel 1   Einführung in den englischen Roman des 19. Jahrhunderts . . 7

1. Die Aktualität viktorianischer Romane 7
2. Periodisierung, Genres und Entwicklungstendenzen 10
3. *The Victorian Frame of Mind*:
   Mentalitätsgeschichtliche Rahmenbedingungen 11
4. Soziale und literarische Rahmenbedingungen 20
5. Realismusdebatte und literarische Tabus 23
6. Merkmale und Bauformen des realistischen Erzählens . . . 27

Kapitel 2   Der Roman im Zeitalter der Romantik (1800–1830) 35

1. Der Schauerroman: Charles Maturin und Mary Shelley . . 36
2. Der Siegeszug des historischen Romans:
   Sir Walter Scott 40
3. Weibliche Sitten- und Erziehungsromane:
   Jane Austen, Mary Brunton und Susan Ferrier 44

Kapitel 3   Der prä- und frühviktorianische Roman (1830–1858) 52

1. Historische Romane: Edward Bulwer-Lytton
   und frühe Nachfolger Scotts 54
2. Der weibliche Entwicklungsroman:
   Anne, Charlotte und Emily Brontë 56
3. Der politische Roman:
   John Galt und Benjamin Disraeli 62
4. Sozialromane: Benjamin Disraeli, Charles Kingsley
   und Elizabeth Gaskell 65
5. Zwischen '*Social Problem Novel*', Frauenfrage und
   Sittenroman: Harriet Martineau und Geraldine Jewsbury . . 73
6. Religiöse Romane: Charlotte Yonge, Anthony Froude,
   Geraldine Jewsbury und Cardinal Newman 76
7. '*Muscular Christianity*': Charles Kingsley
   und Thomas Hughes 79
8. Komik, Sentimentalität und Sozialkritik: Charles
   Dickens' Frühwerk und seine mittlere Schaffensphase 81
9. Der parodistische Gesellschaftsroman:
   William Makepiece Thackeray 88

Kapitel 4   Der hochviktorianische Roman (1859–1880) 93

1. Historische Romane und Romanzen:
   Charles Reade und Richard Blackmore 97
2. Realistische Gesellschaftsromane: Anthony Trollope 99
3. Sozialkritik im Roman: Charles Dickens' Spätwerk 104
4. *Sensation Novels*: Wilkie Collins und Mary E. Braddon . . . 107
5. Populäre Fortsetzungsromane: Margaret Oliphant 112

6 Psychologischer Realismus und Multiperspektivität:
George Eliot 115
7 Die Psychologisierung der Erzählkunst:
George Meredith 121

Kapitel 5 — Der englische Roman zwischen Viktorianismus und Moderne (1880–1900) 125

1 Religiöser Skeptizismus und fiktionale Autobiographie:
Mrs Humphrey Ward und William H. White 127
2 Negative Bildungsromane und Regionalromane:
Samuel Butler und Thomas Hardy 130
3 Die Erschließung neuer Wirklichkeitsbereiche
im Naturalismus: George Gissing 135
4 Die *New Woman Fiction*:
Sarah Grand und George Egerton 141
5 Populäre Romanzen und ein Wiederaufleben
der *Gothic Novel*: Marie Corelli und Bram Stoker 144
6 Viktorianische Utopien: Edward Bulwer-Lytton,
William Morris, Samuel Butler und H.G. Wells 147
7 Vom viktorianischen Abenteuerroman zu
Fictions of Empire: George Alfred Henty, Henry Rider
Haggard, Rudyard Kipling, Robert Louis Stevenson
und Joseph Conrad 151
8 Die Erprobung neuer Erzählformen im Ästhetizismus:
Walter Pater und Oscar Wilde 161
9 Ausblick: Das Erbe der viktorianischen Erzähltradition
im Roman des 20. Jahrhunderts 166

Anhang — Literaturverzeichnis 171

1 Überblicksdarstellungen zum historischen und
kulturellen Kontext 171
2 Überblicksdarstellungen zum englischen Roman
des 19. Jahrhunderts 174
3 Weitere zitierte Literatur 181

Vorwort

Diese kurze Einführung in die Entwicklung des englischen Romans im 19. Jh. verfolgt drei Hauptziele: Leserinnen und Lesern einen Überblick über die typischen Erscheinungsformen und Romangenres dieser Epoche zu vermitteln; die wichtigsten übergreifenden Entwicklungstendenzen im englischen Roman zwischen Romantik und viktorianischem *Fin de siècle* zu rekonstruieren, sowie die vorgestellten Genres und Werke im Kontext politischer, sozio-ökonomischer, kulturgeschichtlicher und ästhetischer Strömungen zu situieren. Der Band möchte vor allem Studierenden bei der selbstständigen Erarbeitung dieses ebenso beliebten wie schwer überschaubaren Themas fachliche Orientierungshilfe leisten.

Neben der kompakten Vermittlung von literaturgeschichtlichem Überblickswissen über die wichtigsten Genres, Entwicklungen, Autoren und Klassiker werden auch neuere Forschungsergebnisse – insbesondere des *New Historicism*, der *Postcolonial Studies*, des Feminismus und der *Cultural Studies* – vorgestellt. Die kulturwissenschaftliche Orientierung dieses Bandes zeigt sich u.a. in der Erörterung von Genres wie Romanzen oder *sensation novels*; gerade die in Literaturgeschichten oft vernachlässigte oder ignorierte populäre Literatur ist häufig wesentlich komplexer und kulturwissenschaftlich interessanter, als ältere Arbeiten vermuten lassen. Die interdisziplinäre Perspektive schlägt sich in der Beachtung bedeutender historischer Ereignisse und dominanter Diskurse nieder; so wird etwa auf nicht-fiktionale Werke Bezug genommen, die großen Einfluß auf die Literatur ausübten, z.B. auf Schriften von Thomas Carlyle, John Ruskin, Charles Darwin, Thomas Babington Macaulay und John Stuart Mill. Informationen über soziale, kulturelle oder ästhetische Gegebenheiten werden dort bereitgestellt, wo es für ein besseres Verständnis der jeweiligen Genres nötig erscheint.

Die kulturgeschichtliche Ausrichtung des Bandes zeigt sich außerdem in der leitmotivischen Wiederkehr von Aspekten wie Bezügen zum kultur- und mentalitätsgeschichtlichen Kontext, zugrundeliegenden ästhetischen Werten, Bauformen von Romanen und sogenannten Kulturthemen, die in vielen Romanen aufgegriffen werden. Dazu zählen etwa die Macht gesellschaftlicher Konventionen, der Einfluss äußerer Umstände auf die individuelle Entwicklung, die Stellung der Frau, die Bedeutung von *self-renunciation* und der Kult um die Familie. Um Wiederholungen zu vermeiden, werden in der Einleitung die für das Verständnis der Mehrzahl der Romane wichtigsten sozialen, literarischen und mentalitätsgeschichtlichen Rahmenbedingungen kurz dargelegt.

Der weitere Aufbau des Bandes orientiert sich an der Gattungsentwicklung, die sich chronologisch grob in vier Phasen unterteilen lässt. Innerhalb der einzelnen Kapitel werden zunächst einige grundlegende literarische Tendenzen herausgearbeitet, die für die jeweilige Phase kennzeichnend sind. Im Anschluss daran werden die wichtigsten Genres, Autoren und Werke anhand exemplarisch ausgewählter Romane vorgestellt.

Der Band ist vor allem an den Bedürfnissen von Studierenden der Anglistik orientiert, die sich einen Überblick über den englischen Roman des 19. Jh.s verschaffen und sich dieses Thema für eine Lehrveranstaltung oder als Prüfungsteilgebiet erarbeiten möchten. Dass eine so kurze Einführung in ein so breites Gebiet die Lektüre der Romane nicht ersetzen kann (oder will), liegt auf der Hand. Sie hätte ihren Hauptzweck vielmehr dann erfüllt, wenn sie Leserinnen und Leser zur Lektüre möglichst vieler Romane anregen und ihnen ähnlich einer Landkarte die Orientierung in der englischen Literatur und Kultur des 19. Jh.s erleichtern würde.

Herzlich danken möchte ich Gaby Allrath und Carola Surkamp, die das Manuskript mit großer Akribie gelesen und nützliche Hinweise gegeben haben, und meinem Mitarbeiter Jens Zwernemann, der mit großer Sorgfalt die Zitate überprüft und das Manuskript korrekturgelesen und für den Satz eingerichtet hat. Der größte Dank gebührt wie immer meinem Mann Ansgar.

Vera Nünning
im September 2000

1 KAPITEL

Einführung in den englischen Roman des 19. Jahrhunderts

1 Die Aktualität viktorianischer Romane

Popularität viktorianischer Romane und Zielsetzung

Der englische Roman des 19. Jh.s gehört zu den Themen, die sich unter Studierenden seit langem großer Beliebtheit erfreuen, deren Erarbeitung aber zugleich mit einigen Schwierigkeiten und erheblichem Zeitaufwand verbunden ist. Nicht bloß die Vielzahl der Romane und Autoren sowie die Vielfalt der Genres stellen diejenigen vor Probleme, die sich einen ersten Überblick über diesen facettenreichen Gegenstand verschaffen möchten, sondern auch die historische Distanz, die zwischen der Welt der viktorianischen Romane und der Gegenwart liegt, trägt dazu bei, dass einem viele der Themen und Erzählformen dieser bedeutendsten literarischen Gattung des 19. Jh.s fremd erscheinen mögen. Zweck dieses Einleitungskapitels ist es deshalb, Leserinnen und Lesern dadurch den Zugang zu diesem Thema und die Orientierung zu erleichtern, dass zunächst einige Informationen über die Bereiche gegeben werden, die für ein Verständnis vieler Romane dieser Epoche von grundlegendem Interesse sind. Dazu zählen neben einer Kenntnis der Periodisierung, Genres und Entwicklungstendenzen v. a. wichtige mentalitätsgeschichtliche, soziale und literarische Rahmenbedingungen sowie die Realismusdebatte und die typischen Bauformen des in dieser Epoche vorherrschenden realistischen Erzählens.

Präsenz viktorianischer Werte

Dass die ehemals als reaktionär und repressiv verschrieenen Viktorianer in Großbritannien momentan wieder hoch im Kurs stehen, hat noch weitere Gründe. Verfilmungen der Romane von Autoren[1] wie JANE AUSTEN oder CHARLES DICKENS,[2] Fernsehsendungen über viktorianische Abenteurer und ‚empire builder' wie CECIL RHODES und Romane von modernen Autoren wie ANTONIA S. BYATT oder JOHN FOWLES sorgen dafür, dass viktorianische

---

1 Aus stilistischen und v. a. aus Raumgründen wird im Folgenden auf geschlechtsspezifische Zusätze und auf Wendungen wie Autoren und Autorinnen verzichtet; sofern nicht anders gekennzeichnet, sind bei Verallgemeinerungen immer männliche und weibliche VerfasserInnen gemeint.

2 Lebensdaten und, wo nötig, biographische Informationen zu einem Autor werden jeweils in dem Kapitel bereitgestellt, in dem seine Hauptwerke erörtert werden. Das Datum bzw. die Daten der Ersterscheinung der Romane erscheinen in Klammern nach der ersten Nennung des Werkes in dem Kapitel, in dem es besprochen wird. Sofern die Buchveröffentlichung wesentlich später als die Ersterscheinung in Zeitschriften erfolgte oder signifikante Veränderungen aufwies, werden mehrere Veröffentlichungsdaten angegeben.

Werte und Werke im öffentlichen Bewusstsein bleiben. Vor allem aber hat MARGARET THATCHER entscheidend dazu beigetragen, dass im 19. Jh. gepriesene Tugenden wie Unternehmungsgeist, Selbständigkeit, öffentliche Ordnung, Familiengeist und eine strikte Sexualmoral eine ungeahnte Renaissance erlebt haben. Der Hauptgrund für diese politische Rückbesinnung auf viktorianische Ideale liegt auf der Hand, denn sie eignen sich bei oberflächlicher Betrachtung hervorragend dazu, konservative Maximen des späten 20. Jh.s zu untermauern.

Bilder des viktorianischen Zeitalters

Diese Präsenz viktorianischer Werte im kollektiven Gedächtnis hat aber auch dazu geführt, dass die heutigen BIlder vom viktorianischen Zeitalter in vielfacher Hinsicht reduktiv, stereotyp und unzutreffend sind. Gerade die Romanverfilmungen, die uns die die Zustände im 19. Jh. so plastisch vor Augen führen, präsentieren häufig einseitige und nostalgisch verklärte Vorstellungen von einer guten alten Zeit, in der die Welt noch in Ordnung war. Kostümfilme und gekürzte Ausgaben populärer Romane tragen dazu bei, Klischees von tapferen Helden und tugendhaften Frauen oder von einer prüden, betulichen und konservativen Epoche im öffentlichen Bewusstsein zu halten.

Viktorianische Romane als Fernsehfilme des 19. Jh.s

Angesichts der monumentalen Länge vieler Romane, die zwischen den 1830er und den 1880er Jahren erschienen, mutet der Vergleich mit dem heutigen Fernsehen zunächst geradezu grotesk an. Fernsehsendungen sind nicht nur für viele ein kurzweiliger Zeitvertreib, sondern auch populär und aktuell; es handelt sich um Massenware mit einem umstrittenen Bildungswert. Viktorianischen Romanen haftet demgegenüber das Image an, monumental, elitär, eminent bildend und entsprechend langweilig zu sein. Tatsächlich aber bestanden besonders zu Beginn des 19. Jh.s noch massive Vorurteile gegen diese Form der Literatur: Romane galten als seichte Form von Unterhaltung, die Jugendlichen und Frauen nur Flausen in den Kopf setzte und nichts anderes als blanke Zeitverschwendung darstellte. Ungeachtet dieser Vorbehalte, die bis zur Mitte des Jh.s dafür sorgten, dass Romane nicht als eine ernstzunehmende Gattung eingestuft wurden, fanden Romane bei einem relativ breiten Lesepublikum Anklang. Durch das ganze 19. Jh. hindurch wurden Romane gelesen, diskutiert und oftmals scharf kritisiert. In einer Zeit ohne Radio und Fernsehen wurden die Fortsetzungen von Romanen oftmals mit Spannung erwartet. Einzelne Figuren, an deren Abenteuern und Missgeschicken Leser über einen Zeitraum von mehreren Monaten oder Jahren Anteil nahmen, wuchsen dem Publikum ebenso ans Herz wie die Charaktere aus heutigen *daily soaps*.

Brisanz viktorianischer Romane

Ähnlich wie das heutige Fernsehen bedienten auch viktorianische Romane einen breit gefächerten Publikumsgeschmack. Neben den immer populären Romanzen erfreuten sich Werke, die zu aktuellen Problemen Stellung nahmen, großer Beliebtheit. Viele Autoren bemühten sich in ihren Werken darum, zeitgenössische Missstände anzuprangern und ihre Leser über die Not der Slumbewohner, die Auswüchse der Kinderarbeit und die negativen Begleiterscheinungen der Industrialisierung zu informieren. Besonders gegen Ende des 19. Jh.s provozierten Romane das bürgerliche Publikum dadurch, dass sie teilweise gänzlich unkonventionelle Alternativen zu etablierten Lebensweisen entwarfen.

Rasanter soziokultureller Wandel

Aus heutiger Sicht stellt sich das 19. Jh. häufig als eine Einheit dar. In der Tat vollzogen sich in dieser Zeit jedoch rasante Entwicklungen, die es einem Menschen, der zu Beginn des Jh.s geboren wurde, sehr schwer gemacht hätten, sich in den 1890er Jahren zurechtzufinden. Der Alltag von Mitgliedern der mittleren und oberen Schichten war zu Anfang des Jh.s noch recht beschaulich. Die große Mehrheit der Bevölkerung lebte auf dem Lande in einem überschaubaren gesellschaftlichen Umfeld, die Marotten der Nachbarn waren gut bekannt, und die Ankunft eines neuen Pfarrers – oder gar die Einquartierung von Soldaten – sorgte für helle Aufregung. Annehmlichkeiten wie Zündhölzer, die das tägliche Anzünden des Herdfeuers erleichterten, stellten noch nicht für alle Schichten eine Selbstverständlichkeit dar. Besuche bei Verwandten oder Freunden dauerten meist mehrere Wochen, wenn nicht gar Monate, und die Reisezeit nach London oder in einen der Kurorte erstreckte sich in der Regel auf mehrere Tage, denn Kutschen und Segelschiffe bildeten die schnellsten Fortbewegungsmittel. Gegen Ende des Jh.s war hingegen das Schienennetz der Eisenbahnen gut ausgebaut, schwindelerregende Geschwindigkeiten von 50–60 Meilen pro Stunde ermöglichten seit den 1850er Jahren auch breiteren Bevölkerungsschichten eine völlig ungeahnte Mobilität, Telegrafen übermittelten Nachrichten in Sekundenschnelle, dreiviertel der Bevölkerung lebte in rasch wachsenden Städten, Slums und die brutale Ausbeutung von Arbeitern wurden zu wichtigen Tagesthemen, Photographien schmückten die Familienalben der begüterten Schichten, Tennis sowie Fahrrad fahren wurden zu beliebten Aktivitäten selbst für einige wagemutige Frauen, erste Grammophone und Filme verhießen völlig neue Arten der Freizeitgestaltung, und Gas-, schließlich sogar elektrische Beleuchtung tauchte die nunmehr hektische Welt in ein neues Licht.

2 Periodisierung, Genres und Entwicklungstendenzen

Das 19. Jh. als ‚viktorianisches Zeitalter'?

Dass Königin VIKTORIA von 1837 bis 1901 regierte und ihr Tod somit fast mit dem Ende des Jh.s zusammenfiel, veranlasst etliche Kritiker, vom 19. Jh. als ‚viktorianischem Zeitalter' zu sprechen. Allerdings ist es streng genommen irreführend, Romane, die vor 1837 geschrieben wurden, als ‚viktorianisch' zu bezeichnen. Für Werke, die zwischen 1811 und 1820 erschienen, hat sich der Begriff *Regency Novels* eingebürgert, weil zu dieser Zeit der damalige Prince of Wales für seinen geistig verwirrten Vater GEORG III. die Regentschaft übernahm; für die Zeit zwischen 1820 und 1837 hat sich keine eigene Bezeichnung durchgesetzt.

Chronologische Unterteilung des 19. Jh.s

In der Forschung wird das 19. Jh. in mehrere Phasen eingeteilt. Da zwischen 1828 und 1832 eine Reihe von einschneidenden politischen Reformen durchgesetzt wurde, die einen – sehr langsam voranschreitenden – Prozess der Demokratisierung einleiteten, wird der Anfang der 1830er Jahre häufig als Epochengrenze bezeichnet. Außerdem nimmt man meist an, dass Ende der 1850er Jahre ein Wandel von früh- zu mittviktorianischen Einstellungen eingeleitet wurde, der sich in der Veröffentlichung epochemachender Werke wie CHARLES DARWINS *The Origin of Species* (1859) und JOHN STUART MILLS *On Liberty* (1859) manifestierte. Die Anfänge einer neuen, den viktorianischen Horizont überschreitenden Denk- und Lebensweise werden teils in die 1870er, teils in die 1880er Jahre datiert; vollends separat betrachtet werden oft die als ‚Naughty Nineties' bezeichneten 1890er Jahre, die aufgrund der Blüte des Ästhetizismus sowie entgegengesetzter naturalistischer Tendenzen als typischer Ausdruck einer *Fin-de-siècle*-Stimmung gewertet werden.

Wirklichkeitsbezug der Romane

Obgleich einige Künstler im Zuge der Dekadenz vormals unbefragt akzeptierte Doktrinen des Realismus ablehnten und ihre Werke nicht mehr in den Dienst moralischer Zwecke stellen wollten, bildet ein mehr oder weniger stark ausgeprägter Wirklichkeitsbezug ein wichtiges Kennzeichen vieler englischer Romane des 19. Jh.s.[3] Das bedeutet natürlich nicht, dass Literatur die Wirklichkeit bloß abbildete. Vielmehr herrschte ein komplexes Wechselverhältnis zwischen Realität und Romanen vor, das man am anschaulichsten als ein Antwortverhältnis konzipieren kann. Die Komplexität, die Widersprüche und Probleme der Wirklichkeit

---

[3] Als Titel des Buches wurde die wohl üblichste, aber keinesfalls unproblematische Formulierung *Englischer Roman des 19. Jh.s* gewählt, obgleich auch Werke von schottischen und walisischen Autoren berücksichtigt werden und es daher eigentlich ‚britische' Literatur heißen müsste. Werke von irischen Autoren werden weitgehend ausgeblendet, da in derselben Reihe in Kürze eine Überblicksdarstellung über die irische Literatur erscheinen wird.

stellten Zeitgenossen vor offene Fragen, auf die Romane im Medium der Fiktion unterschiedliche Antworten gaben, die wiederum auf die Realität zurückwirkten.

Ausdifferenzierung von Genres

In einigen Genres wie Schauer- oder Abenteuerromanen ist der Bezug zur geschichtlichen Wirklichkeit allerdings recht gering. Auch bei realistischen Romanen ist es oft nur ein bestimmter Wirklichkeitsausschnitt, der Eingang in die Werke findet. So spielen etwa JANE AUSTENS Romane im Milieu der *landed gentry*, das die Themen und die Herkunft der Figuren prägt. Ein völlig anderer Bereich der Realität wird hingegen in den Romanen von ELIZABETH GASKELL erörtert, in denen die Folgen der Industrialisierung nicht nur die Themen, sondern auch *setting* und Figurenkonstellation bestimmen.

Neue Synthesen

Bereits im Verlauf des 19. Jh.s setzte jedoch eine Tendenz ein, die der Differenzierung der Genres und der Fragmentarisierung der dargestellten Wirklichkeitsbezüge zuwiderlief. Literatur erfüllte immer mehr die Funktion eines ‚reintegrierenden Interdiskurses', in dem die Ausdifferenzierung in eine Vielzahl spezialisierter Diskurse in einer neuen Synthese vereinigt wurde. Viele spätere Romane entziehen sich einer eindeutigen Gattungszuordnung, weil in ihnen verschiedene aktuelle Themenbereiche angesprochen werden. So ist z. B. nicht jeder Roman, in dem ein Verbrechen aufgedeckt wird, deshalb ein Detektivroman. Vor allem Romane von GEORGE ELIOT oder ANTHONY TROLLOPE zeichnen ein breites Panorama der Gesellschaft, in dem viele zeitkritische Themen verarbeitet werden.

3 *The Victorian Frame of Mind:* Mentalitätsgeschichtliche Rahmenbedingungen

Das viktorianische Weltbild

In der älteren Forschung herrschte die Annahme vor, dass es ein relativ geschlossenes, einheitliches viktorianisches Weltbild gäbe, das ähnlich klar strukturiert sei wie das von E. M. W. TILLYARD in *The Elizabethan World Picture* (1943) so schlüssig charakterisierte elisabethanische Weltbild.[4] Bahnbrechend für die Verbreitung dieser Vorstellung eines viktorianischen Zeitgeistes war ein einflussreiches Werk von WALTER E. HOUGHTON, *The Victorian Frame of Mind, 1830–1870* (1957). In diesem Buch wendet sich HOUGHTON gegen die Vorstellung, dass die Werte der Viktorianer

---

4 Unlängst hat NEWSOME einen erneuten Versuch unternommen, *The Victorian World Picture* (1997) in einem Buch zusammenzufassen. Das Werk wird jedoch trotz seines Erscheinungsdatums von Ansatz und Methodik her als veraltet beurteilt.

fragmentarisch und zusammenhanglos seien, und zeichnet statt dessen ein differenziertes, widersprüchliche Ansichten zulassendes, nichtsdestotrotz aber homogenes und kohärentes Bild des ‚viktorianischen Bewusstseins'.

Dogmatismus und Rigidität

Zu den typisch viktorianischen Eigenarten zählt für HOUGHTON eine Engstirnigkeit, die er u.a. als Reaktion auf den raschen gesellschaftlichen Wandel und daher als Zeichen für eine tiefsitzende Unsicherheit deutet. Das Bedürfnis nach Orientierung an Autoritäten und althergebrachten Meinungen war ihm zufolge weit verbreitet und schlug sich u.a. in den hierarchischen Gesellschaftsstrukturen nieder. Für Offenheit gegenüber Neuem war nicht viel Platz; einmal anerkannte Dogmen wurden stur gegen einen vermeintlich gefährlichen Relativismus verteidigt. Schließlich war man der Ansicht, dass Menschen grundsätzlich in der Lage seien, die Wirklichkeit zu durchschauen. Als weise geltenden ‚men of letters' wurde mehr Respekt entgegengebracht als heute den fünf Weisen der Wirtschaft, und Persönlichkeiten wie JOHN RUSKIN oder THOMAS CARLYLE erwarteten bedingungslose Anerkennung von ihrem Publikum.

Heroes and hero-worship

Nach HOUGHTON suchten gerade solche Viktorianer, deren christlicher Glaube durch aufkeimende Zweifel erschüttert wurde, nach säkularen *priests*, die ihnen verbindliche Werte nahe brachten und vorlebten. Die Bewunderung von Helden galt als sehr positiv, konnte man sich dadurch doch Vorbilder zu eigen machen, denen nachgeeifert werden sollte. In einem seiner bekanntesten Bücher, *On Heroes, Hero-Worship, and the Heroic in History* (1841), bezeichnete CARLYLE die Heldenverehrung als „*the basis of all possible good, religious or social, for mankind*" (Lecture 4). Historische Helden – vorzugsweise Eroberer oder Generäle, deren Ruhm auf Durchsetzungskraft und Gewalt beruhte – wurden ebenso verehrt wie die mythischen Ritter von Arthurs Tafelrunde. In den Schulen standen Kenntnisse über die Antike und die sagenumwobenen Taten der Heroen HOMERS hoch im Kurs, und Essays wurden gern über Themen wie Ehre, Ruhm oder Heldentum geschrieben.

Ernsthaftigkeit

Seriousness und *earnestness* wurden zu Schlüsselbegriffen der frühviktorianischen Zeit. Die Hochschätzung von Ernsthaftigkeit hatte teilweise religiöse Wurzeln, denn Aufrichtigkeit, Gewissenhaftigkeit und Wachsamkeit wurden als unerlässliche Charakteristika guter Christen angesehen. Versuchungen zu widerstehen erforderte HOUGHTON zufolge unablässige Energie, und oft beschworene ‚soldiers of Christ' verausgabten sich im täglichen Kampf gegen das Böse in sich und in der Umwelt. Schon HOUGHTON wies darauf hin, dass es neben dieser Ernsthaftigkeit auch eine ausgeprägte Neigung zur Heuchelei gab, die aber ihrerseits von Viktorianern unermüdlich angeprangert wurde. Eine Übersicht über die wichtigsten Merkmale des *Victorian frame of mind* gibt die folgende, an HOUGHTON orientierte Tabelle.

1. Emotional Attitudes	• Optimism • Anxiety
2. Intellectual Attitudes	• The Critical Spirit – and the Will to Believe • Anti-Intellectualism • Dogmatism • Rigidity
3. Moral Attitudes	• The Commercial Spirit • The Worship of Force • Earnestness • Enthusiasm • Hero-Worship

Kritik an einem einheitlichen viktorianischen Bewusstsein

Im Gegensatz zu HOUGHTON geht die heutige Forschung davon aus, dass man nicht von einem einheitlichen viktorianischen ‚Bewusstsein' sprechen kann; vielmehr erweist es sich als nötig, eine Reihe von Differenzierungen vorzunehmen. Dies wird besonders deutlich in sozialer Hinsicht, denn HOUGHTON bezieht sich fast ausschließlich auf eine geringe Zahl von Intellektuellen aus der oberen Mittelschicht; durchschnittliche Bürger sowie Vertreter der Industrie, der Aristokratie (mit Ausnahme LORD TENNYSONS) und vor allem der Unterschichten kommen nicht zu Wort. Außerdem gab es regionale Unterschiede; insbesondere zwischen dem Lebensstil in London und den großen, rasch wachsenden Industrie- und Handelszentren auf der einen Seite und der ländlichen Bevölkerung auf der anderen Seite lagen kulturelle Welten. In der neueren Forschung wird zudem wieder stärker die Unterteilung in die Zeit vor und nach der Epochenschwelle 1859 hervorgehoben, die HOUGHTON für nicht wichtig hält. Schließlich tauchen Frauen außerhalb des Kontextes der Familie (unter dem Punkt *Love*) in seinem Buch so gut wie nicht auf.

Die Bedeutung der Religion

Sehr wichtig für ein Verständnis des viktorianischen Zeitalters ist die große Bedeutung religiöser Überzeugungen. Welcher christlichen Glaubensrichtung man angehörte, bestimmte oftmals die sozialen Kontakte und den Lebensstil. *Church* (die anglikanische Staatskirche, die häufig noch in *high* und *low church* unterteilt wird) und *chapel* (eine Metonymie für protestantische Nonkonformisten) waren streng voneinander getrennt. Religion ist auch ein Grund für die Ernsthaftigkeit, das ausgeprägte Pflichtbewusstsein und die vielfältigen Formen der privaten Wohltätigkeit. In der zweiten Hälfte des Jh.s verbreiteten sich zwar Zweifel an der christlichen Offenbarung, aber die Beschäftigung mit religiösen Fragen behielt einen hohen Stellenwert für viele Aspekte des sozialen Lebens – nicht zuletzt für die Schulbildung.

Janusgesicht des Viktorianismus

Das 19. Jh. wird ebenso wie das viktorianische Zeitalter häufig als Epoche des Übergangs bezeichnet, in der ältere, teils feudale Vorstellungen durch moderne Ansichten ersetzt wurden. Da sich die Entwicklung aber nicht geordnet vollzog, gab es zur gleichen Zeit vielfach entgegengesetzte Ideale. Zwei der dominanten Gegensätze bilden der Widerspruch zwischen dem Leitbild der *self-help* und dem Einsatz für soziale Reformen sowie die Verherrlichung des Mittelalters bei einem gleichzeitigen Glauben an Fortschritt.

Das Ideal der *self-help*

Von Konservativen wie MARGARET THATCHER wird gern auf die viktorianische Wertschätzung der Selbsthilfe hingewiesen. Jeden freien Augenblick zur Selbstbildung nutzen, sparsam mit den eigenen Mitteln haushalten, nie andere um Hilfe bitten und hart arbeiten, dann – so die Ideologie der *self-help* – folgen der gesellschaftliche Aufstieg des Einzelnen und der nationale Fortschritt auf dem Fuße. Arbeit kam in diesem Rahmen ein besonderer Wert zu: Dauernde, zäh auf die Erreichung eines Ziels ausgerichtete Tätigkeit formte vermeintlich den Charakter und diente der Selbstbildung. Faulheit wurde folgerichtig aus religiösen, psychologischen und sozialen Gründen angeprangert; denn nur wenn jeder seinen Beitrag leistete, konnte sich die Gesellschaft weiterentwickeln und einen höheren Zivilisationsstand erreichen. Der vorherrschende kulturelle Imperativ, der heute oft auf die Formel ‚*Enjoy!*' oder ‚*Have fun!*' gebracht wird, lautete im 19. Jh., wie THOMAS ARNOLD (1864–1930) betonte: „‚*WORK.*' *Not, work at this or that – but, Work.*"[5]

Age of Reform

Trotz dieser Betonung der Selbsthilfe wird die Zeit zwischen den 1820er und 1880er Jahren von Historikern mit gewissem Recht als *Age of Reform* bezeichnet. Zu dieser Zeit wurden neben überfälligen Wahlrechtsreformen grundlegende Gesetze erlassen, die insgesamt den Anfang des britischen Wohlfahrtsstaats kennzeichnen: In Städten wurden Verwaltungen aufgebaut, die sich für Kanalisation und Schutz vor Krankheiten einsetzten; mehrere Gesetze beschränkten die Arbeitszeit für Kinder und Frauen und sorgten für eine Besserung der häufig katastrophalen Zustände am Arbeitsplatz; die Armenfürsorge wurde reorganisiert, die allgemeine Schulpflicht eingeführt, und sogar Frauen bekamen einige Rechte.

---

5 Thomas ARNOLD: *Passages in a Wandering Life*. London 1900, S. vi; zit. nach HOUGHTON (1957): 243). Um zu verhindern, dass die Liste der zusätzlich zitierten Literatur zu sehr anschwillt, werden Aussagen aus Briefen, Essays oder Tagebüchern der Autoren wo immer möglich nach Werken der Sekundärliteratur zitiert; das gleiche Verfahren gilt für Zitate aus nicht-fiktionalen Werken.

Fortschritts-glaube	Ein ähnlich starker Gegensatz bestand zwischen dem Fortschrittsglauben und der Idealisierung mittelalterlicher Verhältnisse. Einerseits gaben große technische Neuerungen Anlass dazu, an einen rasch voranschreitenden Fortschritt zu glauben. Besonders die *Great Exhibition* von 1851, in der herausragende Errungenschaften der Technik staunenden Besuchern aus dem ganzen Land präsentiert wurden, bestärkte den Nationalstolz auf die Leistungen der britischen Wirtschaft, die zu dieser Zeit noch eine weltweit führende Rolle einnahm. Die beliebten Geschichtswerke THOMAS BABINGTON MACAULAYS, die die Entwicklung Englands seit dem späten 17. Jh. als unaufhaltsamen Aufstieg darstellten, bekräftigten diesen weit verbreiteten Fortschrittsglauben.
Verherr-lichung des Mittelalters	Andererseits wurden viele Begleiterscheinungen der Industriellen Revolution – die Zustände in Fabriken, das Aufkommen von Slums, Anonymität – sehr kritisch betrachtet. Im Gegensatz dazu wurde das Mittelalter in nostalgischer Rückschau als eine Zeit verklärt, in der die Welt noch in Ordnung gewesen sei: Demzufolge waren damals die sozialen Beziehungen noch intakt, die Armenfürsorge funktionierte, tapfere Ritter traten für Recht und Ordnung ein, die Dorfgemeinschaft hielt zusammen, und die Aristokraten waren verantwortungsbewusste Führer. Diese Verherrlichung des Mittelalters – die mit der Realität selbstverständlich nur wenig zu tun hatte – wurde von verschiedenen politischen Gruppen funktionalisiert, die sich auf frühere Zustände beriefen, um Reformen herbeizuführen. Einigen Romanen gelang es sogar, den Fortschrittsoptimismus mit der Idealisierung der Vergangenheit zu vereinen, indem sie eine Welt entwarfen, in der die vermeintlichen Vorzüge des Mittelalters in einer utopischen Zukunft wiederhergestellt wurden. In dieser Konzeption der Zukunft als einer Rückkehr zur Vergangenheit zeigt sich das Janusgesicht des Viktorianismus besonders deutlich.
Kultur-themen	Einige Kulturthemen wurden während des gesamten 19. Jh.s sehr kontrovers diskutiert. Die brisantesten Themen der Zeit spielen auch in den meisten Romanen eine große Rolle; um Wiederholungen zu vermeiden, werden daher einige der wichtigsten Kulturthemen der Epoche im Folgenden kurz skizziert, die für ein Verständnis vieler Romane von grundlegender Bedeutung sind.
Self-renun-ciation	Viktorianischen Auffassungen zufolge oblag es jedem einzelnen, die eigenen Wünsche oder Bedürfnisse zu unterdrücken oder zu negieren und sich dem Gemeinwohl unterzuordnen. Pflichtbewusstsein und Ernsthaftigkeit führten in Verbindung mit christlichen Glaubensvorstellungen dazu, dass *self-sacrifice, self-renunciation* und *self-discipline* großgeschrieben wurden. Insbesondere bei den anglikanischen *evangelicals*, die sich neben kirchlichen Refor-

3 *The Victorian Frame of Mind*: Mentalitätsgeschichtliche Rahmenbedingungen men sehr um Wohltätigkeit und soziale Verbesserungen bemühten, war jede Art von Vergnügen oder Genuss per se suspekt; jeder Augenblick sollte für religiöse Zwecke oder soziale Wohltätigkeit genutzt werden. Dem Genießen stand man entsprechend skeptisch gegenüber. So berichtet VIRGINIA WOOLF über ihren Vorfahren JAMES STEPHEN, einen der Führer der evangelikalen Clapham Sect, ihm habe seine erste Zigarre so gut geschmeckt, dass er sofort gelobte, nie mehr eine weitere zu rauchen. Die große Bedeutung der *self-renunciation* zum Wohle anderer wurde nicht nur Kindern von *evangelicals* eingebläut und häufig auch eingeprügelt, denn besonders die *public schools* waren bekannt für ihre grausamen Körperstrafen.

Altruismus

Ebenso großer Wert wurde auf Altruismus gelegt. Besonders Mädchen sollten lernen, egoistische Gefühle zu unterdrücken und sich ganz auf das Wohlergehen der Geschwister, Eltern und Verwandten zu konzentrieren. Aber auch Jungen wurden oftmals systematisch zur Negierung der eigenen Bedürfnisse erzogen. Selbstdisziplin wurde nach den 1830er Jahren zu einer dominant männlichen Eigenschaft, aber *self-renunciation* und Altruismus bestimmten die Selbstbilder vieler Viktorianer, von Müttern über Soldaten und Reformer bis zum *empire builder*.

Der Kult um die Familie

Im 19. Jh. entwickelte sich ein regelrechter Kult um die Familie, die als Hort der Gefühle und Moral in einer geradezu religiösen Weise verehrt wurde. Im Gefolge der Trennung von Heim und Arbeitsplatz wurde die Häuslichkeit emotional stark aufgewertet. Je mehr die wirtschaftlichen Funktionen der Familie in den Hintergrund traten, desto stärker wurden die persönlichen Bindungen betont: Liebe galt nun als Basis jeder guten Ehe, und Kinder standen im Zentrum der Aufmerksamkeit.[6] Obgleich ekstatische Lobpreisungen für die unvergleichlichen Vorzüge der Familie als gottgewollter Institution das ganze Jh. durchziehen, kam es in dieser Zeit zu signifikanten Änderungen des familiären Zusammenlebens, die Männer ebenso betrafen wie Frauen.

---

6 Die vielen enthusiastischen Äußerungen über den hohen Wert der familiären Gemeinschaft dürfen allerdings nicht darüber hinwegtäuschen, dass das idealisierte häusliche Leben ausschließlich in den mittleren Schichten auch nur annähernd verwirklicht wurde. Traute Gemeinsamkeit war für Familien aus den unteren Schichten nur selten realisierbar, denn oftmals mussten Frauen und Kinder lange Stunden in den Fabriken arbeiten, und danach blieb nur wenig Kraft für irgendwelche Vergnügungen. Auch in den Oberschichten war ein inniges Verhältnis zwischen Mutter und Kind nicht an der Tagesordnung, da ein ganzer Stab von Bediensteten mit der Betreuung und Erziehung der Kinder betraut war. Selbst Frauen aus der oberen Mittelschicht überließen die Betreuung der Kinder teilweise Hausangestellten, während sie selbst viel Zeit mit sozialem Engagement verbrachten.

Der *Angel in the House*	Im Zuge der Aufwertung der Familie kam es zu einer Idealisierung der Ehefrau und Mutter, die als *Angel in the House* verehrt wurde. Diese Bezeichnung für das verklärte Frauenbild dieser Epoche wurde durch COVENTRY PATMORES gleichnamiges Langgedicht (1854–62) geprägt. Die wichtigste Aufgabe der als rein und untadelig geltenden Frauen war es, das Haus zu einem Hort der Ruhe, Erholung und Integrität zu machen. Diese Funktionen von Frauen verherrlichte auch JOHN RUSKIN (1819–1900) in dem hoch geschätzten Essay *Sesame and Lilies* (1864, ersch. 1865), in dem Frauen großer Einfluss auf Männer attestiert wurde. RUSKIN zufolge walteten Frauen in einem abgeschlossenen Bereich, in dem sie – im Gegensatz zum harten weltlichen Geschäft, dem Männer täglich ausgesetzt waren, – ihre natürliche Sanftmut, Reinheit und Moral aufrecht erhalten konnten. Männer werden bei RUSKIN mit Kriegern verglichen, die abgekämpft nach Hause kommen, um von den engelgleichen Frauen gepflegt zu werden. Die moralische Verantwortung für männliches Fehlverhalten, sogar für Fragen von Krieg und Frieden, trugen für Ruskin die Frauen.
Der *Angel in the House* als Schnittpunkt der Diskurse	So einfach wie in dieser verklärten Theorie war das Familienleben in der Wirklichkeit natürlich nicht. Das im Bild des *Angel in the House* enthaltene Konfliktpotential beruhte darauf, dass dieses Ideal zwei heterogene Diskurse vereinigte, sodass es, wie ELIZABETH LANGLAND (1995: 8) dargelegt hat, zu einer „*intersection of class and gender ideologies*" kam. Die Idealisierung der Frau gründete zudem auf dem Widerspruch, dass Frauen viele verantwortungsvolle Aufgaben zugewiesen wurden, sie aber gleichzeitig ihren Männern untergeordnet blieben. Schlecht mit dieser untergeordneten Position zu vereinbaren waren auch die wirtschaftlichen Pflichten der Frauen, die Bedienstete beaufsichtigen, Arbeitsverträge aufsetzen, die richtigen sozialen Kontakte knüpfen und für den guten Ruf der Familie sorgen sollten. Diese widersprüchlichen Anforderungen an Frauen, die einerseits ihrem Mann gehorchen, andererseits aber Autorität ausüben sollten, ließen sich nicht leicht miteinander vereinbaren.
Wandel des familiären Zusammenlebens	Das Lob auf die Familie beherrschte zwar das gesamte Jh., wurde aber gegen dessen Ende immer mehr zu einem Lippenbekenntnis, das dem tatsächlichen Verhalten in vielerlei Hinsicht widersprach. Während Männer zu Anfang des Jh.s noch viel Zeit zu Hause verbrachten, setzten spätere Generationen ganz andere Prioritäten.[7] Die zweite Hälfte des 19. Jh.s war die große Zeit der *clubs*, in denen Männer, die es sich finanziell leisten konnten, ihre Abende in der

---

[7] Die bahnbrechende Arbeit zur Rolle von Männern in der Familie ist TOSH (1999).

Gesellschaft Gleichgesinnter verbrachten. Zudem stieg das Heiratsalter von Männern stark an, und viele blieben Junggesellen.

Die Stellung der Frau

Trotz der relativ großen häuslichen Macht, die zumindest Frauen aus der Mittel- und Oberschicht besaßen, wurden verheirateten Frauen zu Beginn des Jh.s zahlreiche Rechte vorenthalten: Sie hatten kein Eigentum, durften keine Verträge unterschreiben und waren in rechtlicher Hinsicht völlig von ihrem Ehemann abhängig. Es wurde zwar eine Reihe von Reformen durchgesetzt, aber selbst in den 1880er Jahren hatten verheiratete Frauen noch deutlich weniger Rechte als ihre Männer. Auch das Ideal der auf Liebe gegründeten Ehe blieb oft ein Wunschtraum, denn wie die vielen Klagen über den ‚marriage market' belegen, spielten finanzielle Erwägungen weiterhin eine große Rolle. Nicht zuletzt blieb das Ideal der Ehe für viele Frauen auch wegen des demographischen ‚Frauenüberschusses', der die Situation unverheirateter Frauen zu einem bedeutenden Kulturthema werden ließ, unerreichbar. Frauen, die ohne die Unterstützung eines Partners für ihren Lebensunterhalt aufkommen mussten, blieb aufgrund der niedrigen Löhne manchmal nur der Ausweg in die Prostitution, die im 19. Jh. zu einem gesellschaftlichen Problem wurde.

Macht der gesellschaftlichen Normen

In der viktorianischen Zeit war der Druck der öffentlichen Meinung wesentlich größer als im 18. oder 20. Jh. Um soziale Sanktionen zu vermeiden, war ein hoher Grad an Konformität zu dem, was als ‚richtig' und ‚angemessen' erachtet wurde, absolut notwendig. Gleich am Anfang seines Essays *On Liberty* wandte sich JOHN STUART MILL (1806–73) gegen diese „*social tyranny more formidable than many kinds of political oppression*". Schon Gerüchte über mögliche Fehltritte junger Frauen ließen deren Heiratschancen dahinschwinden, und Gemunkel über fehlende Respektabilität oder mangelnde Kreditwürdigkeit konnte empfindliche finanzielle und soziale Folgen nach sich ziehen. *Propriety* und *respectability* sind daher bedeutende Leitbegriffe viktorianischer Kultur. Diese Macht der Gesellschaft über die Individuen, die in einem eng gespannten Netz von Normen gleichsam eingesperrt waren, schlägt sich in vielen Romanen in dem häufigen Gebrauch von Gefängnismetaphorik nieder.

Viktorianische Leitbegriffe

Eine stichwortartige Übersicht über weitere Grundbegriffe, Werte und Normen der viktorianischen Kultur, die in späteren Kapiteln anhand von Romanbeispielen noch genauer erörtert werden, gibt die folgende Tabelle:

	Viktorianische Leitbegriffe
Allgemein-menschliche Werte	- *Self-renunciation* bzw. *self-sacrifice:* die Aufopferung eigener Bedürfnisse zum Wohle von anderen - *Self-improvement:* das Bemühen um Besserung in moralischer und intellektueller Hinsicht - *Duty:* die Hervorhebung von Pflichtbewusstsein, das einen hohen Wert darstellte, wobei viele Aufgaben klassen- und geschlechtsspezifisch waren
Normen für Männer	- *Paternalism:* Pflicht des Mannes, sich um Schutzbefohlene (Frauen, Kinder, Bedienstete, untere Schichten) zu kümmern und im Gegenzug Gehorsam zu verlangen; insbesondere die ‚Erziehung' der Unterschichten – bei gleichzeitiger Aufrechterhaltung der sozialen Kontrolle – war ein bedeutendes Kulturthema des 19. Jh.s - *Gentlemanliness:* männliches Ideal, das auf Reichtum beruhte und moralische Stärke mit zuvorkommenden Umgangsformen verband - *Chivalry:* Ritterlichkeit, insbesondere im Umgang mit Frauen - *Muscular Christianity:* Ideal einer männlichen Christlichkeit, die Stärke und Tatendrang mit christlichen Werten vereinte
Frauenbilder	- *Angel in the House:* idealisierte Vorstellung von der selbstaufopfernden, nur um das Wohl der Familie besorgten, moralisch reinen Ehefrau und Mutter - *Fallen Woman:* Prostituierte oder Frau mit unehelichem Kind, mit der jeder Kontakt verpönt war - *New Woman:* seit den 1880er Jahren Bezeichnung für Frauen, die Zugang zu Bildung forderten, Sport trieben, sich im Beruf bewährten und sich durch Selbstständigkeit auszeichneten
Kollektive Selbstbilder	- *Liberty:* politisches Ideal, das Engländer seit dem späten 17. Jh. als besonderes Merkmal der eigenen Nation beanspruchten - *Empire:* bis in die 1870er Jahre verpönter Begriff, der dann rasch zu einem positiven Bestandteil des britischen Selbstbildes wurde - *The White Man's Burden:* vermeintliche Pflicht der Weißen (insbesondere der Angelsachsen), sich mit großem Einsatz für die ‚Zivilisierung' anderer Ethnien zu engagieren

4 Soziale und literarische Rahmenbedingungen

Evangelicalism und der Kampf gegen die Unterhaltung

Im späten 18. Jh. war der Reformeifer der mittleren Schichten, die einen gesitteten, strikten Lebenswandel durchsetzen wollten, wieder aufgeflammt. Die *reformation of manners*-Bewegung stand in engem Zusammenhang mit religiöser Erneuerung: Die *evangelicals* engagierten sich in vielen gesellschaftlichen Reformbewegungen, etwa für die Befreiung von Sklaven oder die Verbesserung der Zustände in Gefängnissen. Christlichkeit sollte gelebt werden und sich in aktiver Nächstenliebe ausdrücken. Die Kehrseite solcher Bemühungen war eine rigide Ablehnung von Vergnügungen aller Art. Unterhaltung galt als Zeitverschwendung, und vor der Lektüre von Romanen wurde vielfach gewarnt. Der Erfolg der *evangelicals* zeigt sich unter anderem darin, dass Vergnügungsstätten sonntags ebenso geschlossen bleiben mussten wie das British Museum. Renitente Zeitgenossen, die den Sonntag nicht mit dem gebührenden religiösen Ernst begingen, mussten mit Sanktionen der Nachbarn rechnen oder wurden vor Gericht gezerrt. Für die Einhaltung öffentlicher Moral kämpfte auch die *Society for the Suppression of Vice*, die sich auch gegen die Vergnügungen der unteren Schichten einsetzte, die in der Tat häufig mit Gewalttätigkeit, Grausamkeit und exzessivem Alkoholgenuss einhergingen.

Puritanismus und Dissent

Auch andere religiöse Gruppen machten sich für die Durchsetzung eines gottgefälligen Lebenswandels stark. Viele Anhänger gewannen insbesondere die Dissenter, d. h. Protestanten, die nicht der anglikanischen Staatskirche angehörten, wie Methodisten, Baptisten und Kongregationalisten. Da Angehörige dieser Glaubensgruppen und die *evangelicals* einen asketischen, geradezu sinnenfeindlichen Lebenswandel befürworteten, werden sie in der älteren Forschung häufig als ‚Puritaner' bezeichnet. Dies wird heute abgelehnt, da der Begriff eine Sammelbezeichnung für protestantische Nonkonformisten des 17. Jh.s ist, die mit den anglikanischen *evangelicals* und den Dissentern des 19. Jh.s nicht über einen Kamm geschoren werden sollten.

Die Hegemonie der mittleren Schichten

Insgesamt bemühten sich die mittleren Schichten mit unermüdlichem Einsatz darum, die Werte von Respektabilität, Pflichtbewusstsein, Selbsthilfe und Disziplin auch dem Adel und den unteren Schichten nahe zu bringen. Ihr Feldzug war so erfolgreich, dass die viktorianische Zeit als „zenith of the bourgeoisie" (EVANS 1983: 276) bezeichnet worden ist. Das Verhältnis zu den Unterschichten trug dabei vielfach paternalistische Züge und implizierte die Pflicht zur Hilfe sowie das Bestreben, die teilweise katastrophalen Lebensbedingungen von Armen zu verbessern – wenn auch auf der Basis der von der Bourgeoisie gesetzten Bedingungen.

Moral und Zeitgeschmack	In der viktorianischen Zeit hatten Menschen, die das Leben genießen wollten, daher mit Ablehnung und Widerstand zu kämpfen. Die Hochschätzung des Wertes der *earnestness*, die sich in fast allen Lebensbereichen zeigte, schlägt sich auch in vielen Veröffentlichungen nieder. Unangefochten an der Spitze des Buchmarkts standen in der ersten Hälfte des Jh.s religiöse Publikationen; erst in den 1880er Jahren wurden mehr Romane als religiöse Schriften veröffentlicht.
Lesepublikum und Bildungsinstitutionen	Dass sich renommierte Romanciers nicht an die unteren Schichten wendeten, lag u. a. an der mangelnden Schulbildung vieler Arbeiter, die nur mit Mühe lesen konnten. Es gab zwar eine Fülle von Schulen, die sich darum bemühten, das Niveau der Bildung der unteren Schichten zu heben (etwa *dame schools*, *factory schools*, *Sunday schools*), aber deren Qualität war häufig sehr schlecht. Oft bestand das Ziel v. a. darin, die Schüler zu ehrerbietigen, gläubigen und nützlichen Mitgliedern der Gesellschaft zu machen. Obgleich es viele Gesetze zur Verbesserung der Bildung gab, wurde die Schulpflicht landesweit erst 1880 (nicht, wie häufig angenommen, 1870) eingeführt, und erst zu dieser Zeit war sichergestellt, dass mittellose Schüler keine Gebühren zu entrichten hatten. Der Absatz von kurzen, spannenden *chapbooks* oder *broadsides* belegt aber, dass eine nicht zu unterschätzende Zahl von Mitgliedern der unteren Schichten trotz dieser widrigen Umstände einige Kenntnisse erworben hatte.
Der Preis von Büchern: *threedecker novels*	Zeit und Geld für die Lektüre von Romanen hatten zu Beginn des Jh.s nur die mittleren und oberen Schichten. Aufgrund der hohen Preise war der Kauf von Büchern aber eine Seltenheit. Romane bestanden bis in die 1880er Jahre überwiegend aus drei (manchmal vier) Bänden, mit ca. 300 Seiten pro Band. Solche *threedecker* kosteten meist 31s/6d; billigere einbändige Ausgaben wurden erst frühestens ein Jahr nach dem Ersterscheinen für sechs oder sogar nur zwei Schilling verkauft.
Die Herrschaft der Leihbibliotheken	Dass sich kaum jemand leisten konnte, Neuerscheinungen zu kaufen, lag im Interesse von *circulating libraries*, die ihren Mitgliedern für einen jährlichen Beitrag ermöglichten, Bücher aus ihren Beständen auszuleihen. Diese Bibliotheken entschieden oft über Wohl und Wehe künstlerischer Karrieren, denn sie kauften – sofern ein Roman ihren Vorstellungen entsprach – einen beträchtlichen Bestandteil der Erstauflage auf. Berühmt-berüchtigt wurde vor allem die Leihbibliothek *Mudies* (gegründet 1842), die schnell zum Marktführer avancierte.
	In den 1830er Jahren verlegten sich einige Romanciers darauf, ihre Werke zuerst in mehreren Folgen in Zeitschriften oder selbstständigen Formen von Fortsetzungen zu veröffentlichen. Sehr

Publikationsformen: Zeitschriften und Fortsetzungen	großen Erfolg hatte CHARLES DICKENS mit den *Pickwick Papers* (1836–37), die als preiswerte kleine Heftchen monatlich auf den Markt kamen. Diese Publikationsart, die den Kreis der Leser beträchtlich erweiterte, wurde bis in die 1870er Jahre praktiziert. Größere Popularität erlangte jedoch die Erstveröffentlichung von Romanen als Fortsetzungen in – wöchentlich oder monatlich erscheinenden – Zeitschriften. Fast alle bedeutenden viktorianischen Romanciers veröffentlichten ihre Werke zunächst in Zeitschriften, von denen *Blackwood's Edinburgh Magazine* (seit 1817), *The Fortnightly Review* (1865), *Macmillan's Magazine* (1859), *Cornhill Magazine* (1860) und *The Nineteenth Century* (1877) die bekanntesten sind. Für renommierte Romanciers bot diese Veröffentlichungsweise den Vorteil zusätzlicher Einnahmen, und unbekannte Autoren konnten hoffen, auf diese Weise ‚entdeckt' zu werden. Diese Publikationsform hatte zudem den Vorteil, dass Autoren – und die Leihbibliotheken! – schon vor dem Druck der Buchausgabe herausfinden konnten, ob ein Werk beim Publikum Anklang fand oder nicht.
Folgen der periodischen Veröffentlichung in Magazinen	Da es nicht üblich war, Romane nach deren Ersterscheinen in Magazinen noch einmal grundlegend zu überarbeiten, schlagen sich die Erfordernisse der periodischen Veröffentlichungsform meist im Endprodukt nieder. Autoren sahen sich nicht nur genötigt, unter großem Zeitdruck zu arbeiten, sie mussten auch auf Leserwünsche eingehen. Dementsprechend bauten sie populäre Teile aus oder nahmen Figuren, die auf Widerspruch stießen, aus dem weiteren Handlungsverlauf heraus; bei dramatisch sinkenden Absatzzahlen sahen sie sich bisweilen gezwungen, den Roman als Ganzes vorzeitig zu einem Ende zu bringen. Die Fortsetzungsstruktur schlug sich außerdem in der Form der Romane und in der meist geschickt geplanten Informationsvergabe nieder. Der oft lange Zeitraum der Veröffentlichung ist etwa der Grund für die Einfügung von Erinnerungshilfen (z. B. knappe Wiederholungen oder herausstechende Merkmale von Figuren) und für die klare Einteilung in Kapitel. Diese sollten so gestaltet sein, dass Leser mit Spannung auf die nächste Fortsetzung warteten. Mehrbändige Romane endeten außerdem gern mit einem sogenannten ‚cliff-hanger', in dem das Schicksal der Helden so ungewiss war, als ob sie an einer Klippe über einem Abgrund hingen.
Indirekte Zensur: Mrs Grundy	Die Veröffentlichung in Magazinen hatte allerdings einen schwerwiegenden Nachteil, denn sie öffnete einer indirekten Zensur Tür und Tor. Die Lektoren der Leihbibliotheken legten schon sehr strenge moralische Maßstäbe an, aber durch die Magazine wurden Autoren einer noch schärferen Kontrolle unterworfen. Bereits bei kleinen Abweichungen von geltenden Vorstellungen von Schicklichkeit hagelte es Leserbriefe an die Zeitschriften, in denen

sich Abonnenten darüber beschwerten, dass die Beiträge nun nicht mehr von allen Familienmitgliedern gelesen werden könnten. Besonders beliebt war der Hinweis auf die Moral junger Frauen, die vermeintlich schon durch vageste Anspielungen auf anstößige Themen korrumpiert werden könne. Zum Symbol für die strikte Moral solcher viktorianischer Leser ist ‚Mrs Grundy'[8] geworden, die von aufgebrachten Lesern und Kritikern gerne zitiert wurde, um die Verbreitung von vermeintlich unsittlichen Ansichten im Keim zu ersticken.

A gigantic moral conspiracy

Obgleich es Gesetze gab, die es ermöglichten, den Vertrieb angeblich sittenwidriger Literatur zu verhindern und Autoren wie Verleger zu bestrafen, war diese öffentliche Form der Zensur im 19. Jh. vergleichsweise bedeutungslos. Wesentlich wichtiger war die indirekte ‚private' Zensur, in der die kommerziellen Interessen von Leihbibliotheken und Zeitschriften eine unheilige Allianz eingingen, die die Veröffentlichung anstößiger Literatur zu unterbinden wusste. PETER KEATING (1989: 252) spricht zu Recht von einer „*gigantic moral conspiracy with publishers, libraries, reviewers, editors, and easily-shocked readers*", die Autoren an der Veröffentlichung von Literatur, die nicht in das enge moralische Korsett gepresst werden konnte, hinderte.

5 Realismusdebatte und literarische Tabus

Unterhaltung und moral purpose: Literarische Normen

In Anlehnung an die Doktrin von HORAZ war der oberste Grundsatz damaliger Anforderungen an Literatur, dass sie gleichzeitig belehren und erfreuen sollte. Die moralische Wirkung von Kunst stand im Zentrum vieler öffentlicher und privater Stellungnahmen zu Literatur, die eine belehrende, humanisierende Wirkung haben sollte. WALTER BESANT stellte 1884 zu Recht fest: „*a moral purpose [...] has become practically a law of English Fiction*".[9] Je nach den Schwerpunkten einzelner Autoren stand dabei der Aufruf zu sozialem Engagement für die unteren Schichten (CHARLES KINGSLEY, CHARLES DICKENS, ELIZABETH GASKELL) oder das Werben um Sympathie und Verständnis für Mitmenschen (z. B. GEORGE ELIOT) im Vordergrund. Der Lesestoff der unteren Schichten und die Lesepraxis der Mittelschicht widersprachen diesem hehren Prinzip

---

8 Der Name stammt aus THOMAS MORTONS Drama *Speed the Plough* (1798), in dem sich die Figuren häufig auf die Ansichten einer Mrs Grundy beziehen, die allerdings selbst nicht auf der Bühne auftaucht und zu dieser Zeit noch verlacht wird.

9 Zit. nach GREINER & KEMMLER (1997: 103–5, hier S. 104). Die folgenden Zitate aus der Realismusdebatte werden, so möglich, aus diesem Sammelband übernommen. Zu viktorianischen und ästhetizistischen Kunstauffassungen und insbesondere zur Bedeutung von moralischer Didaxe vgl. das hervorragende Werk von HORSTMANN (1983).

allerdings oft, und Leser wie CHARLES DARWIN erwarteten von Romanen v. a. einen angenehmen Zeitvertreib: *„I like all if moderately good, and if they do not end unhappily – against which a law ought to be passed."* (Zit. nach GILMOUR 1986: 9)

Romanciers als *teachers* Autoren wurden nicht selten als ‚teachers' oder ‚preachers' bezeichnet, denen die Aufgabe zukam, ihre Leser auf ästhetische, unterhaltsame und kurzweilige Weise zu belehren. Dass damalige und heutige Auffassungen von ‚unterhaltsam' nicht immer übereinstimmen, liegt auf der Hand. Insbesondere Leser mit rigiden moralischen Wertvorstellungen bevorzugten eine Art von Literatur, die sich nur geringfügig von den populären religiösen Schriften unterschied. In GEORGE ELIOTS Roman *Adam Bede* (1859) wird die Erwartungshaltung solcher Leser, die an diesem Werk wohl nur wenig Freude haben werden, thematisiert: *„'This Rector of Broxton is little better than a pagan!' I hear one of my lady readers exclaim. 'How much more edifying it would have been if you had made him give Arthur some truly spiritual advice. You might have put into his mouth the most beautiful things – quite as good as reading a sermon.'"* (II, 17)[10]

Funktionen und Probleme realistischer Darstellung GEORGE ELIOT wehrte sich wie viele andere Autoren des 19. Jh.s gegen eine solche simplifizierende Auffassung von Belehrung. Eine bildende Wirkung hat ihrer Ansicht nach nur solche Kunst, die Wirklichkeit auf ernsthafte und aufrichtige Weise wiedergibt, die ‚realistisch' ist. In den Debatten um realistische Romane werden die Begriffe ‚truth', ‚fidelity', ‚accuracy' und ‚sincerity' immer wieder beschworen; Romane sollten die Welt wirklichkeitsgetreu abbilden. Da aber bekannterweise selbst Historiker große Schwierigkeiten haben, die Realität ‚objektiv' wiederzugeben, können Romane, die *per definitionem* fiktive Ereignisse erzählen, die Realität schlechterdings nicht ‚wahrheitsgemäß' abbilden. Realistische Romane können nicht mehr als den Eindruck von Realitätsnähe und wahrer Darstellung erwecken. Schon ANTHONY TROLLOPE wies in seiner Autobiographie (1883) darauf hin, dass ein Romancier den Dialog von Figuren nie wortgetreu aus alltäglichen Unterhaltungen übernehmen dürfe: Eine Abbildung der vielen unvollständigen Sätze oder grammatikalischen Ungereimtheiten würde nicht realistisch, sondern komisch wirken. Worauf es ankam sei vielmehr, *„to produce upon the ear of his readers a sense of reality."* (12) Damit nimmt TROLLOPE implizit jene Vorstellung vorweg, die der Theoretiker ROLAND BARTHES als ‚l'effet de réel', ‚Realitäts-' bzw. ‚Realismuseffekt', bezeichnet hat.

---

[10] Da viele viktorianische Romane heute in mehreren Ausgaben auf dem Markt sind, wird das in Überblicksdarstellungen zum 19. Jh. übliche Verfahren gewählt, bei Zitaten nicht Seitenzahlen, sondern Buch- und Kapitelzahlen anzugeben. Das vorliegende Zitat stammt dementsprechend aus Buch II, Kapitel 17.

Die Realismusdebatte

Die scheinbar simple Forderung, realistische Romane zu verfassen, erweist sich bei näherer Betrachtung nicht zuletzt deshalb als recht komplex, weil bereits während des 19. Jh.s ganz unterschiedliche Auffassungen darüber bestanden, was denn ‚realistisch' sei. So gab es eine Fülle von Romanen, deren ‚Realismus' umstritten war. Romanzen, Romane, die im Verbrechermilieu oder in den obersten Gesellschaftszirkeln spielten, Sensationsromane oder Schauerromane wurden von vielen Kritikern abgelehnt, weil sie nicht realistisch seien. Verteidiger solcher Genres wandten sich jedoch gegen diese Abwertung. OUIDA, so der Künstlername einer Verfasserin von Abenteuer- und Liebesromanen, wehrte sich etwa gegen die Vorstellung, dass nur Dinge, die dem damaligen englischen Alltagsleben entnommen waren, als real gelten sollten. Für sie war eine exotische Blume ebenso real wie eine Kartoffel und eine spannende Handlung ebenso wahrscheinlich wie eine triste, öde und langweilige Geschichte eines ereignislosen Lebens. Sie plädierte daher für eine Ausweitung des Stoffes, der nicht auf die Erfahrungswelt der englischen Mittelschicht begrenzt sein sollte: *„The world is not exclusively composed of the English middle class, varied with a few American young ladies."* (Zit. nach GREINER & KEMMLER 1997: 95) Ob ein Werk von zeitgenössischen Lesern als ‚realistisch' eingestuft wird, hängt somit maßgeblich von deren Vorstellungen von Realität ab. Im 19. Jh. bezeichnete man meist solche Werke als ‚realistisch', die sich mit durchschnittlichen Menschen in alltäglichen Situationen befassten, wobei dem Einfluss der Umwelt auf Denken und Handeln der Figuren relativ große Bedeutung beigemessen wurde.

Romanze und Realismus

Angeheizt wurde die Realismusdebatte durch die große Popularität von verschiedenen Genres, die von Kritikern als nicht realistisch und minderwertig gebrandmarkt wurden. Ein Eintrag der *Encyclopaedia Britannica* von 1842 teilt Erzähltexte dementsprechend in zwei Gattungen ein, die realistische *novel* und die ‚antirealistische' *romance*: *„[T]he ROMANCE, in which the interest of the narrative turns chiefly on marvellous and uncommon incidents; and the NOVEL, in which the events are accommodated to the ordinary train of human events, and the modern state of society"* (zit. nach GREINER & KEMMLER 1997: 56). Obgleich viele der als trivial und eskapistisch geltenden Genres unter dem Oberbegriff ‚Romanze' subsumiert wurden, gab es auch eine Reihe hoch geschätzter Autoren, deren Werke dieser Gattung zugeordnet wurden. Wie DAVID MASSON, ein bekannter viktorianischer Literaturkritiker und Universitätsprofessor, 1859 hervorhob, gehörte auch CHARLES DICKENS zu dieser *„Ideal or Romantic school"* (zit. nach WHEELER 1985: 6).

Die Brisanz dieser Unterscheidung	Diese Einstufung von DICKENS verdeutlicht bereits, dass man die Unterschiede zwischen Romanze und Roman nicht überbetonen sollte und dass die Übergänge in der Praxis oft fließend waren. Gerade Autoren sozialkritischer Romane bedienten sich häufig romanzenhafter Plots, und auch die Verfasser von Romanzen bemühten sich um detailgetreue Darstellung der Außenwelt. Was aus heutiger Sicht auffällt, ist daher die weitgehende Einigkeit in Bezug auf Darstellungsformen. Das eigentliche Gegenstück zu realistischen Darstellungsformen, das illusionsdurchbrechende Erzählen, das die Fiktionalität der Darstellung offen legt und häufig nur wenig Bezüge zur Außenwelt hat, war im 19. Jh. bezeichnenderweise sehr selten. Bei der Realismusdebatte ging es primär um abweichende Realitätsvorstellungen, darum, ob ein völlig unmoralischer Schurke oder eine spannende Handlung in exotischen Ländern noch als lebensecht bezeichnet werden können. Wie DICKENS betonte, konnte das, was für den einen Leser hoffnungslos übertrieben war, dem anderen realistisch erscheinen. Ebenso wie ANTHONY TROLLOPE hob auch ROBERT LOUIS STEVENSON 1883/1884 die Gemeinsamkeiten zwischen Roman und Romanze hervor: „*All representative art [...] is both realistic and ideal*" (zit. nach GREINER & KEMMLER 1997: 96). Dennoch blieb die Abgrenzung von Realismus und Romanze für Zeitgenossen ein brisantes Thema, an dem sich etwa die Geister von CHARLES DICKENS und WILLIAM THACKERAY schieden.
Die Furcht vor der Korrumpierung der Leser	Was Kritiker und Leser bei ihrem Lob für vermeintlich ‚realistische' Romane meist unterschlugen, war, dass in solchen Werken keineswegs alle Facetten der zeitgenössischen Wirklichkeit wahrheitsgemäß dargestellt werden durften. Vielmehr waren der realistischen Darstellung schon durch die Vorherrschaft der Zeitschriften und Leihbibliotheken enge Grenzen gesetzt. Eine moralische Wirkung konnten nach vorherrschenden Auffassungen nur solche Werke entfalten, die „*no corrupting descriptions of vice*" (Whitwell Elvin, zit. nach GREINER & KEMMLER 1997: 73) enthielten, denn der wirklichkeitsgetreuen Darstellung von ‚vice' schrieb man eine korrumpierende Wirkung zu.
Tabuisierung von Themen	Die Liste von Inhalten, die unter den Sammelbegriff der Untugend fielen, war so lang, dass viele Themen im 19. Jh. tabuisiert waren. Da Romane meist zuerst in Zeitschriften veröffentlicht wurden, mussten sich Autoren, wie THOMAS HARDY verbittert konstatierte, einer „*censorship of prudery*" (zit. nach GREINER & KEMMLER 1997: 144) beugen, die die vermeintliche Korrumpierung unreifer junger Leserinnen zu verhindern suchte. Diese Zensur verbot an erster Stelle die Darstellung von Sexualität, von erotischen Gefühlen und von jeder Art der Homoerotik. Sie untersagte aber auch die Thematisierung einer Fülle von weiteren Lastern und Verzweif-

lungstaten, von Flüchen und Blasphemie, deren Wirkung potentiell als jugendgefährdend bezeichnet werden konnte. Obgleich die Darstellung von Körperfunktionen und Obszönitäten während des gesamten Jh.s verpönt blieb, lehnte sich zu Ende des Jh.s eine ganze Reihe von Autoren gegen die weitreichende Tabuisierung von Inhalten auf und erschloss eine Vielzahl neuer Themen.

6 Merkmale und Bauformen des realistischen Erzählens

Prinzipien realistischen Erzählens

Realistische Romane zeichnen sich durch eine Reihe von typischen Merkmalen aus, die Lesern den Eindruck wirklichkeitsgetreuer Abbildung vermitteln sollten. Die folgenden Hinweise zum realistischen Erzählen im 19. Jh. beziehen sich v. a. auf Romane, die vor den 1880er Jahren veröffentlicht wurden, denn danach vollzog sich ein im letzten Kapitel dargestellter ästhetischer und kultureller Wandel, der auch literarische Rahmenbedingungen wie Veröffentlichungsarten berührte. Die wichtigsten Bauformen realistischer Romane sind in der folgenden Übersicht zusammengefasst, die danach durch einige erläuternde Hinweise zu diesen und weiteren Erzählkonventionen ergänzt wird.

Prinzipien realistischen Erzählens	
Grundprinzip	stark ausgeprägter Wirklichkeitsbezug, große Lebensnähe, Mimesis
Handlungsverlauf	ereignisreicher, kausallogisch verknüpfter Plot; die einzelnen Episoden gehen folgerichtig auseinander hervor
Figuren	lebensecht, nach damaligen psychologischen Kenntnissen glaubwürdig
Raumdarstellung	viele Realitätsreferenzen auf die zeitgenössische Wirklichkeit und Details über die Einrichtung von Häusern, technische Errungenschaften, modische Kleidung, etc., die auf eine romanexterne Wirklichkeit verweisen (,Heteroreferentialität')
Ebene der Vermittlung	Transparenz und Unauffälligkeit der erzählerischen Vermittlung; Sprache und Stil erscheinen wie ein durchsichtiges Medium, durch das das Geschehen wie durch eine Fensterscheibe betrachtet werden kann
Verschleierung der Fiktionalität	Erwecken des Eindrucks, als hätten sich die Ereignisse tatsächlich so zugetragen – oder hätten sich zumindest so zutragen können

Mehrsträngigkeit	Bis Ende der 1880er Jahre war eine mehrsträngige Handlungsführung ein weiteres Merkmal vieler realistischer Romane; schließlich mussten mehrere Bände mit vielen Seiten möglichst kurzweilig gefüllt werden. In vielen Romanen werden alternierend unterschiedliche Handlungsstränge vorgestellt, die lediglich durch einzelne Figuren miteinander verbunden werden, in anderen sind weniger wichtige *subplots* eingebettet in einen übergeordneten Handlungsstrang. Diese Tendenz zu Mehrsträngigkeit und epischer Breite ist ebenfalls auf die oben skizzierte Publikationsform und die Rezeptionsgewohnheiten damaliger Leser zurückzuführen; Autoren konnten es sich leisten, gemächlich verschiedene Handlungsstränge zu entfalten.
Zeitdarstellung	In der überwiegenden Mehrheit realistischer Romane des 19. Jh.s wird das Geschehen in chronologischer Reihenfolge erzählt. Dies gilt besonders für den Bildungsroman, in dem die Entwicklung des jeweiligen Helden im Mittelpunkt steht. Doch auch in Werken, die verschiedene individuelle Schicksale oder gar den Mikrokosmos eines Dorfes schildern, wird die Handlung meist chronologisch entfaltet. Diese Chronologie wird aber punktuell durchbrochen durch Rückblenden – etwa um die Lebensgeschichte einer neu hinzugekommenen Figur nachzuliefern – oder durch die sukzessive Entfaltung unterschiedlicher Handlungsstränge, was gewisse Sprünge in der Chronologie erfordert. In *sensation novels*, in denen es um die Enthüllung von Verbrechen und Geheimnissen geht, herrscht ein etwas abgewandeltes Muster vor, das als ‚analytisches Erzählen' bezeichnet wird und bei dem mysteriöse Umstände, die in der Vergangenheit liegen, erst im Verlauf des Romans aufgedeckt werden. Der Prozess der Enthüllung wird jedoch auch in solchen analytisch strukturierten Romanen meist in chronologischer Folge geschildert.
Illusionistische Raumdarstellung	Realistische Romane des 19. Jh.s zeichnen sich durch eine illusionistisch gestaltete Raumdarstellung aus: Durch zahlreiche konkrete Details wird der Eindruck erweckt, als würden reale Orte, Landschaften und Innenräume beschrieben. Oft sind die Romane geographisch genau situiert, wie etwa der Untertitel von ELIZABETH GASKELLS Roman *Mary Barton: A Tale of Manchester Life* (1848) verdeutlicht. Bisweilen werden aber auch dann, wenn kundige Leser die beschriebene Gegend genau lokalisieren können, nicht immer die realen Ortsnamen verwendet. THOMAS HARDYS *Wessex novels* sind zwar in einer genau lokalisierbaren Gegend im Süden Englands angesiedelt, als Schauplatz der Handlung ist aber das fiktive Wessex angegeben. Allerdings haben die dargestellten Räume auch im realistischen Roman oft symbolische Funktionen; über sich selbst hinaus verweisen etwa die Naturbeschreibungen in Romanen der BRONTËS und viele Orte in Romanen von CHARLES

DICKENS, in denen z. B. das labyrinthische Straßengewirr und die Kanalisation in den Slums von London symbolische Bedeutung bekommen.

Funktionen der Raumdarstellung

Häufig steht die Raumdarstellung realistischer Romane im Dienste der Figurencharakterisierung. Größe und Einrichtungen der Häuser sowie der Wohnort sind zugleich Indikatoren für den gesellschaftlichen Stand und den Charakter der Handelnden. Ob reiche Figuren ein turbulentes Leben in London oder eine zurückgezogene, beschauliche Existenz auf dem Lande bevorzugen, sagte Zeitgenossen oft mehr als viele Worte, und die geographische Lage der Wohnung – im teuren West End oder in Slums im Osten – ist ein wichtiges Anzeichen für den sozialen Stand der Figuren.

Figuren: Tendenz zur Individualisierung

Eine ‚realistische' Figurendarstellung wurde allgemein als sehr wichtig angesehen. Selbst Autoren, deren Figuren als zu ‚idealistisch' oder ‚romantisch' kritisiert wurden, beharrten auf der Lebensechtheit ihrer Figuren. Insgesamt ist mit PAUL GOETSCH davon auszugehen, dass realistische Autoren zu einer „*Individualisierung der Figuren*"[11] tendieren. Besonders brisant war im 19. Jh. die Frage, welche Rolle persönliche Anlagen des Individuums gegenüber äußeren Faktoren wie Erziehung, sozialem Stand und gesellschaftlichem Umfeld bei der Prägung des Charakters spielten. Das Interesse an dieser Frage schlägt sich oft in der Figurenkonstellation nieder, wenn etwa ausgelotet wird, warum Geschwister oder Freunde trotz ähnlicher Umwelteinflüsse völlig unterschiedliche Persönlichkeiten geworden sind.

Typisierung, Idealisierung und das Verhältnis zu Helden

Gerade bei sozialen Romanen, die gesellschaftliche Missstände anprangern, wird die Individualität der Figuren häufig von klassen- oder gruppenspezifischen Merkmalen überlagert. Besonders bei DICKENS werden Figuren darüber hinaus teilweise so stark idealisiert, dass einige Frauenfiguren geradezu verklärt erscheinen. Obgleich einige Autoren ein gebrochenes Verhältnis zu Helden hatten – wie etwa der Untertitel von THACKERAYS Roman *Vanity Fair, Or, A Novel Without a Hero* (1847–48) zeigt, – finden sich auch in realistischen politischen oder sozialen Romanen veritable Heroen, so z. B. in BENJAMIN DISRAELIS Roman *Coningsby* (1844).

Normrepräsentanten

Eine Tendenz zur Idealisierung weisen v. a. Normrepräsentanten auf, die auf der Figurenebene zentrale Werte des Romans verkörpern oder propagieren. Solche Figuren, die oftmals einen Ausbund an Tugenden darstellen und heutigen Lesern durch ihr untadeli-

---

11 GOETSCH (1977: 90). Diese hervorragende Studie bezieht sich zwar auf das Drama, aber die folgende Darstellung realistischer Darstellungskonventionen in Bezug auf Dialog, Körpersprache, Figur und Raum folgt den Überlegungen von GOETSCH, die lediglich für den Roman des 19. Jh.s adaptiert werden.

ges Verhalten und ihren Hang zu Belehrungen wie auktoriale Sprachrohre erscheinen, übernehmen häufig die Funktionen eines Mentors. Solche Normrepräsentanten finden sich weniger in Romanzen oder Abenteuergeschichten als in realistischen Romanen, so z. B. der untadelige Mr Knightley in JANE AUSTENS *Emma* (1815), der fehlerlose und stark idealisierte Titelheld in GEORGE ELIOTS *Daniel Deronda* (1876) und Edward Hallin in MRS HUMPHREY WARDS Roman *Marcella* (1894).

Figurensprache: Individualisierung und Tilgung von Auffälligkeiten

Wie schon TROLLOPE betonte, kann ein Romancier nicht einfach die – notwendig fehlerhafte – gesprochene Umgangssprache abbilden; es geht vielmehr darum, mithilfe bestimmter Darstellungskonventionen einen Eindruck der Wirklichkeitsnähe zu vermitteln. Dies geschieht zunächst durch die Tilgung von rhetorischen Auffälligkeiten und Merkmalen poetischer Diktion; TROLLOPE forderte zudem *„above all, let the speeches be short"* (12). Die Individualisierung der Figuren erfordert, dass die Sprache ihrer Repliken und Gedanken *„auf glaubwürdige Weise dem Charakter, seiner Herkunft, seinem Milieu und der jeweiligen Situation"* (GOETSCH 1977: 11) angepasst wird. Im Roman des 19. Jh.s dient die Sprache häufig als ‚class marker', und v. a. Figuren aus den unteren Schichten werden durch ihren Dialekt und Soziolekt implizit charakterisiert. Außerdem schlagen sich die rigiden Vorstellungen von Schicklichkeit dadurch in Dialogen nieder, dass tabuisierte Aspekte ausgeblendet bzw. lediglich angedeutet werden.

Funktionen der Körpersprache

Ähnlich wie die Figurensprache dienen auch Gestik und Mimik von Figuren in erster Linie deren Individualisierung, wobei auch hier großer Wert auf ‚natürliche' Gebärden gelegt wurde. Körpersprache und Kleidung charakterisieren die Figuren implizit und entsprechen deren Persönlichkeit, sozialer Schicht sowie der jeweiligen Situation. Da die präzisen Vorschriften darüber, welche Kleidung zu spezifischen Anlässen getragen und welche Gestik an den Tag gelegt werden musste, heute weitgehend unbekannt sind, wird die Bedeutung von Kleidung und Körpersprache für die Charakterisierung oft unterschätzt. Sowohl perfekte Umgangsformen als auch signifikante Abweichungen von geltenden Normen im Bereich der nonverbalen Kommunikation sind jedoch bedeutende Mittel der Figurendarstellung. Weitere Funktionen von Gestik und Mimik liegen darin, die Figurenrepliken zu begleiten und zu unterstützen. Beliebt war die Beschreibung von plötzlichem Erröten und Erblassen, das den Gefühlszustand auch ohne ausführliche Erläuterungen untrüglich verrät.

Gerechte Sympathieverteilung

Die Figurencharakterisierung war in hohem Maße von vorherrschenden Moral- und Literaturauffassungen geprägt. Um bildende und erbauliche Romane zu produzieren, musste ein Autor das Interesse und Mitgefühl der Leser erwecken, die sich ebenso wie er selbst in seine Figuren hineinversetzen sollten. Wie TROLLOPE in seiner Autobiographie bemerkte, galt ein Roman als völlig wertlos, *„unless the reader can sympathise with the characters"* (12). Leser sollten sich mit den Figuren identifizieren, die Helden bewundern, die guten, aber unglücklichen Charaktere bemitleiden und die Schurken verabscheuen. Laster durften keinesfalls neutral oder gar positiv gezeichnet werden; schließlich sollten Leser belehrt und nicht korrumpiert werden. Die Frage der Sympathielenkung war daher von entscheidender Bedeutung für die moralische Wirkung von Kunst. Nicht umsonst entspricht die Figurencharakterisierung in vielen Romanen dem, was WOLFGANG ZACH (1986) die Doktrin der gerechten Sympathieverteilung genannt hat: Da man davon ausging, dass Leser Werte der Figuren, mit denen sie sich identifizierten, verinnerlichten und nachahmten, wurden gute Figuren möglichst positiv und anziehend, Schurken hingegen abstoßend dargestellt.

Poetische Gerechtigkeit

Ein weiteres Darstellungsprinzip vieler Romane, das heutigen Wirklichkeitsauffassungen zufolge wenig ‚realistisch' anmutet, war das der poetischen Gerechtigkeit. Handlungsverlauf und Schlussgebung vieler realistischer Romane entsprachen bis in die 1880er Jahre den Gesetzen der *poetic justice*. Wie sehr diese Doktrin zum Gemeinplatz verkam, zeigt die folgende Ansicht von Miss Prism, der heuchlerisch-konventionellen Gouvernante in OSCAR WILDES parodistischem Drama *The Importance of Being Earnest* (1895): *„The good ended happily, and the bad unhappily. That is what Fiction means."* (2. Akt) Die Reaktionen von Lesern und Kritikern gaben ihr recht: So wurde THOMAS HARDY dazu veranlasst, seinen Roman *The Return of the Native* (1878) mit einem *happy ending* zu beschließen; eine gute Figur musste damaligen Erwartungen zufolge belohnt werden. Die Doktrin der poetischen Gerechtigkeit steht in engem Zusammenhang mit der geschlossenen Form vieler Romane des 19. Jh.s, die in der Regel mit der ‚Belohnung' (meist Eheschließung und Reichtum) der ‚guten' Figuren und der ‚Bestrafung' (Tod oder finanzieller sowie gesellschaftlicher Ruin) der ‚schlechten' Figuren enden. Außerdem bestätigt die glückliche Heirat am Ende der Romane *„die religiösen, juristischen, moralischen und ökonomischen Ordnungsstrukturen der Gesellschaft"* (SCHABERT 1997: 522).

Form und Inhalt

Wie eng vorherrschende Werte und Erzählverfahren aufeinander bezogen waren, mögen einige Beispiele verdeutlichen. So fand der Fortschrittsglaube sein Pendant in der teleologischen Handlungsführung. Das Ideal der *self-renunciation* prägte häufig Figurenkonzeption sowie Kontrast- und Korrespondenzrelationen, wobei die Gegenüberstellung von selbstlosen und egoistischen Figuren zu den epochenspezifischen Konventionen zählte. In dem stereotypisierten *happy ending* vieler *love-and-marriage plots* manifestiert sich die große Bedeutung der Familie.

Dominante Erzählmodelle

Bis zum Ende des 19. Jh.s, als eine wachsende Zahl von Romanciers mit der personalen Erzählsituation experimentierte, herrschten zwei Erzählmodelle vor: die fiktionale Autobiographie, deren berühmtester Vorläufer DANIEL DEFOES *Robinson Crusoe* (1719) war, und die Schilderung des Geschehens aus der Perspektive eines übergeordneten auktorialen Erzählers, dessen Funktionen schon von HENRY FIELDING (1707–1754) zur Mitte des 18. Jh.s entwickelt worden waren. Der Eindruck der ‚Lebensechtheit' und der mimetischen Abbildung der Wirklichkeit wurde im 19. Jh. in beiden Erzählformen aufrechterhalten. Das Ideal formulierte GEORGE ELIOT in ihrem Roman *Adam Bede*, in dem der Erzähler kundtut, er wolle so wahrheitsgemäß berichten „*as if I were in the witness-box narrating my experience on oath*" (II, 17).

Fiktionale Autobiographien

Dieser Absicht bleiben fast alle Ich-Erzähler des 19. Jh.s treu: Sie geben ihre Beobachtungen oder ihre Erlebnisse so wieder, als ob sie vor Gericht unter Eid stünden. Der fiktive Wahrheitsanspruch wird jedoch dadurch eingeschränkt, dass Ich-Erzähler – wie man bereits im 19. Jh. wusste – nicht völlig ‚objektiv' sein können; sie können lediglich wiedergeben, was sie subjektiv für wahr halten. Diese Einschränkung betrifft in erster Linie die Auswahl der Ereignisse, denn Ich-Erzähler können nur das zweifelsfrei schildern, was sie selbst erlebt haben, und werden selbst dabei häufig zum Opfer ihrer eigenen Ängste oder der Betrügereien der anderen Figuren. Zu den typischen Merkmalen fiktionaler Autobiographien zählen darüber hinaus die für viele Werke „charakteristische ‚Rhetorik der Erinnerung'" (LÖSCHNIGG 1999: 176) sowie die zeitliche Distanz und moralische Spannung zwischen dem ‚erzählenden Ich' und dem ‚erlebenden Ich': Während der meist ältere und gereifte Erzähler auf sein Leben zurückblickt und aus seinen Erlebnissen gelernt hat, macht sich das noch unerfahrene ‚erlebende Ich' oft vergebliche Hoffnungen, kann die Situation nicht immer angemessen einschätzen und hat des öfteren eine Reihe negativer Eigenschaften, die es erst im Verlaufe seiner Erfahrungen langsam ablegt.

Merkmale der Ich-Erzählsituation

Weitere grundlegende Merkmale der Ich-Erzählsituation ergeben sich aus der Zugehörigkeit des Ich-Erzählers zur Welt der Figuren. Ich-Erzähler unterliegen den physikalischen und erkenntnistheoretischen Grenzen realer Menschen. Erstens ist die Bewusstseinsdarstellung daher auf die Gedanken und Gefühle des Ichs beschränkt, Einblicke in das Bewusstsein anderer Figuren fehlen. Zweitens überblicken Ich-Erzähler lediglich das vergangene

Geschehen, und auch das nur insofern, als sie sich an die Ereignisse erinnern können oder durch Gewährsleute darüber unterrichtet worden sind. Drittens können Ich-Erzähler nicht gleichzeitig an mehreren Schauplätzen sein und wissen über das Geschehen an anderen Orten nur durch Informationen aus anderen Quellen. Die Informationsvergabe ist daher streng an den Wissensstand, die Erinnerungen und die Bewusstseinsperspektive der Erzählinstanz gebunden. Ein Ich-Erzähler kann sich nur für die Authentizität des Selbsterlebten verbürgen.

Infragestellung des Wahrheitsanspruchs

Obgleich der Wahrheitsanspruch in der viktorianischen Zeit besonders ernst genommen wurde, gab es auch im 19. Jh. einige Ausnahmen, die sich den gängigen Konventionen widersetzten. So ist EMILY BRONTËS Roman *Wuthering Heights* (1847) keine fiktionale Autobiographie, hat aber gleich mehrere Ich-Erzähler, die das Geschehen nach ihren eigenen Auffassungen zutreffend schildern, jedoch offensichtlich nicht in der Lage sind, eine ‚wahrheitsgetreue' Darstellung der von ihnen beobachteten Ereignisse zu liefern. Auch WILLIAM THACKERAYS fiktionale Autobiographie *The Memoirs of Barry Lyndon, Esqu.* (1844) missachtet die Konventionen, denn der Erzähler dieses Romans gehört zu den wenigen ‚unzuverlässigen' Erzählern des 19. Jh.s. In vielen Romanzen und Abenteuergeschichten, die häufig die ‚I-as-witness'-Form aufweisen, wird der Wahrheitsanspruch hingegen trotz der unwahrscheinlichen oder phantastischen Ereignisse in der Regel (wenn auch nicht immer) aufrechterhalten.

Auktorial erzählte Romane

Im Gegensatz zum Ich-Erzähler der fiktionalen Autobiographie ist der auktoriale Erzähler insofern privilegiert, als er nicht selbst in das Geschehen verwickelt ist, sondern das Schicksal der Figuren aus distanzierter, übergeordneter Perspektive schildert. Diese Erzählsituation kommt dem Bedürfnis nach Belehrung insofern entgegen, als auktoriale Erzähler die Ereignisse ‚von oben herab' beobachten und von dieser Position aus lehrreiche Kommentare abgeben können. Sie haben Einblick in die Bewusstseinsvorgänge sämtlicher Figuren; sie überblicken alle Schauplätze und den gesamten Handlungsverlauf, durch den sie den Leser kommentierend geleiten. Qua Konvention sind sie allwissend, machen davon aber nicht immer Gebrauch, sondern enthalten dem Leser häufig Informationen vor. WERNER WOLF (1998) hat darüber hinaus gezeigt, dass die vielen Erklärungen, mit denen auktoriale Erzähler die Motivationen der Figuren, kausale Verknüpfungen und größere Zusammenhänge erläutern, sich häufig widersprechen: So doktrinär und einseitig, wie uns die ältere Forschung hat glauben lassen, waren auch viktorianische Erzähler nicht. Die wichtigsten Merkmale der auktorialen Erzählsituation sind in der folgenden Matrix zusammengefasst:

Merkmale der auktorialen Erzählsituation
• Erzähler steht außerhalb der erzählten Welt, ist nicht am Geschehen auf der Ebene der Figuren beteiligt
• Außenperspektive auf die Figuren herrscht vor
• Erzählerbericht und Kommentar als vorherrschende Erzählweisen
• Erzähler ist ‚explizit', d. h. wird als individualisierter Sprecher und als (fiktive) Person fassbar

• Erzähler erfüllt eine Reihe von erzähltechnischen Funktionen:
   – beschreibt den Schauplatz (Beschreibung)
   – ordnet das Geschehen zeitlich ein
   – führt die Figuren ein und charakterisiert sie
   – schildert die Ereignisse (Bericht)

• Erzähler setzt sich mit den Figuren und ihren Handlungen auseinander:
   – gibt Erklärungen für ihr Verhalten
   – bewertet die Figuren und ihre Handlungen
   – macht kritische, humoristische und ironische Kommentare

• Erzähler verfügt über übermenschliche Fähigkeiten und ist in verschiedener Hinsicht privilegiert:
   – hat Einblick in das Bewusstsein aller Figuren
   – hat Überblick über den gesamten vergangenen, gegenwärtigen und zukünftigen Handlungsverlauf (Rückblicke und Vorausdeutungen)
   – kann gleichzeitig an mehreren Schauplätzen sein bzw. weiß über das Geschehen an verschiedenen Orten Bescheid (fiktive Allgegenwart)

• Erzähler reflektiert über die Ebene der erzählerischen Vermittlung:
   – spricht über sich und gibt seine Einstellungen preis
   – spricht den fiktiven Leser direkt an (Leseranreden)
   – thematisiert den Erzählvorgang und reflektiert über das Erzählen

• Erzähler verallgemeinert und belehrt die Leser durch Sentenzen

Auktoriale Erzähler als übergeordnete Orientierungsinstanzen

Im 19. Jh. erfüllte der auktoriale Erzähler häufig die Funktion einer verbindlichen Deutungs- und moralischen Orientierungsinstanz, die mit Kommentaren und Wertungen rezeptions- und sympathielenkend eingreift. Der erkenntnistheoretische Skeptizismus, der sich seit der Jh.mitte langsam verbreitete, ist oft als ein Grund dafür angeführt worden, dass viele Romane zu Ende des Jh.s auf die übergreifende Perspektive eines ‚allwissenden' Erzählers verzichten.

Vor dem Hintergrund dieser Merkmale, die für einen großen Teil der Romane des 19. Jh.s relevant sind, werden im Folgenden die wichtigsten Genres und Entwicklungstendenzen erörtert. Die Darstellung beruht somit auf den hier skizzierten Charakteristika; in den folgenden Kapiteln wird daher lediglich auf Modifizierungen und Abweichungen näher eingegangen.

Der Roman im Zeitalter der Romantik (1800–1830)

Romantik und Roman

Gleichgültig, ob man den Beginn der Romantik auf das Jahr 1798 datiert, in dem WILLIAM WORDSWORTH (1770–1850) und SAMUEL TAYLOR COLERIDGE (1772–1834) das berühmte Vorwort ihrer zweiten Ausgabe der *Lyrical Ballads* veröffentlichten, oder bereits auf das Jahr 1789, als im Gefolge der Französischen Revolution radikales Gedankengut bis in die unteren Schichten hereingetragen wurde, mit dem Roman scheint diese Epoche, die bis in die dritte Dekade des 19. Jh.s hineinreicht, nicht viel zu tun zu haben. Das verbreitete Bild der Romantik ist vor allem geprägt durch die Lyrik, insbesondere durch die *lake poets*, durch intensive Natur- und Landschaftsbeschreibungen, und durch die philosophische Dichtung PERCY BYSSHE SHELLEYS (1792–1822). Weitere Merkmale, die gemeinhin mit der Romantik verbunden werden, sind Subjektivierung und Psychologisierung, das Interesse an Wahnzuständen und dem Mysteriösen, der Verlust des Glaubens an eine geordnete, grundsätzlich gutartige Welt und die Erfahrung von Entfremdung. Dass auch zu Beginn des 19. Jh.s Romane geschrieben wurden, gerät angesichts dieses von der Lyrik beherrschten Bildes der Epoche leicht in Vergessenheit.

Tendenzen und Genres

Schon in der letzten Dekade des 18. Jh.s kam es im Zuge der Französischen Revolution zu einer zunehmenden Politisierung des Romans und zur Entstehung einer neuen Subgattung, dem ‚politischen Roman';[1] die dominante Form dieses Genres wurde allerdings erst in den 1830er Jahren ausgeprägt. Darüber hinaus erfreuten sich bereits seit den 1760er Jahren Sitten- und Erziehungsromane, Schauerromane und seit Beginn des 19. Jh.s auch historische Romane großer Popularität.

Satirische Dialogromane: Thomas Love Peacock

Zu den wenigen Autoren des 19. Jh.s, die sich herkömmlichen Zuordnungen völlig entziehen, zählt THOMAS LOVE PEACOCK (1785–1866), der in seiner Jugend von romantischen Idealen geprägt wurde. Zunächst veröffentlichte er Gedichte, die von seinem späteren Freund SHELLEY sehr geschätzt wurden. Bekannt ist PEACOCK heute v. a. aufgrund seiner eigenwilligen satirischen Romane, die zeittypische Themen aufgreifen und in geistreicher Form der Lächerlichkeit preisgeben. Sein erster Roman, *Headlong Hall* (1815), enthält bereits viele Merkmale seiner späteren Werke: Die Romane beginnen mit einer Versammlung von Gästen auf einem Landsitz (bzw. Schloss oder Kloster), wo die Figuren in vie-

---

[1] Zu den Anfängen des politischen Romans in Großbritannien vgl. FELDMANN (1995).

len Gesprächen ihre durchaus merkwürdigen Meinungen über aktuelle Theorien, Begebenheiten, Sitten oder Modeerscheinungen austauschen. Der meist nur ansatzweise erkennbare, um Liebe und Werbung kreisende Plot ist den Dialogen untergeordnet, in denen mehr oder weniger typisierte und karikierte Figuren ganz gegensätzliche Ansichten vertreten. Obgleich einige der Themen – wie die damals anerkannte Pseudowissenschaft der Phrenologie oder die Theorien von ROBERT MALTHUS – heute nur noch von kulturgeschichtlichem Interesse sind, lassen die vielen Entblößungen allgemein menschlicher Marotten auch PEACOCKS spätere Romane – etwa *Crotchet Castle* (1831) und *Gryll Grange* (1860) – heute noch lesenswert erscheinen.

Nightmare Abbey: Parodie auf romantische Attitüden

In seinem Roman *Nightmare Abbey* (1818) nahm PEACOCK eine Reihe von romantischen Attitüden aufs Korn. Dieser Roman war auch deshalb schnell beliebt, weil er viele zeitgenössische Anspielungen enthält und einige Eigenarten bekannter Dichter – als Scythrop Glowry bildet SHELLEY die zentrale Figur des Romans – ebenso karikiert wie die literarische Vorliebe für das Mysteriöse und Morbide. Neben der satirischen Entblößung der typischen Merkmale der Romantik gibt auch dieser Roman allgemeine Unsitten der Zeit – etwa Eheschließungen aus finanziellen Gründen oder die einseitige Erziehung junger Frauen – der Lächerlichkeit preis. Wie sehr die Satire auf literarische Konventionen mit allgemeinen Themen verbunden wird, zeigt etwa folgende Erzähleräußerung:

„Here would Scythrop take his evening seat, on a fallen fragment of mossy stone, with his back resting against the ruined wall, – a thick canopy of ivy, with an owl in it, over his head, – and the Sorrows of Werter in his hand. He had some taste for romance reading before he went to the university, where, we must confess, in justice to his college, he was cured of the love of reading in all its shapes" (2).

◼ Der Schauerroman: Charles Maturin und Mary Shelley

Anfänge und Hauptrepräsentanten

Wie die deutsche Übersetzung des englischen Begriffs *Gothic novel* signalisiert, handelt es sich bei dem Schauerroman um ein dominant wirkungsästhetisch definiertes Genre, das darauf abzielt, beim Leser eine furcht- bzw. schreckenerregende Wirkung hervorzurufen. Die Entwicklung des Schauerromans begann bereits in den 1760er Jahren und vollzog sich, wie INGEBORG WEBER gezeigt hat, *„im Spannungsfeld von Aufklärung und Romantik".*[2] Während das Übernatürliche in HORACE WALPOLES Roman *The Castle of*

---

[2] WEBER (1983: 5). Die folgende Darstellung orientiert sich eng an dieser ausgezeichneten Studie

Otranto (1765) noch ganz im Dienste von Vernunft und Moral – mithin im Geiste der Aufklärung – stehe, werde erst in MATTHEW LEWIS' *The Monk* (1796) jener Bruch mit den Werten der Aufklärung vollzogen, der für die weitere Gattungsentwicklung bestimmend war; WALPOLE und LEWIS sind zugleich zwei der Hauptrepräsentanten der Gattung. Zu den bedeutenden Schauerromanen des 18. Jh.s zählen außerdem CLARA REEVES Roman *The Old English Baron: A Gothic Story*, der zuerst 1777 anonym unter dem Titel *The Champion of Virtue: A Gothic Story* erschien, und die Werke ANN RADCLIFFES, *The Mysteries of Udolpho* (1794) sowie *The Italian, or The Confessional of the Black Penitents: A Romance* (1797). Auf ANN RADCLIFFE (1764–1823) geht auch die wegweisende Unterscheidung zwischen *terror* und *horror* zurück, die noch heute von Bedeutung ist, da man *„gewöhnlich die beiden großen Phasen der* GOTHIC NOVEL *als* SCHOOL OF TERROR *(von Horace Walpole bis Ann Radcliffe) und* SCHOOL OF HORROR *(ab Matthew Gregory Lewis) gegeneinander abgrenzt"* (WEBER 1983: 40).

School of Terror vs. School of Horror

Die beiden Ausprägungen des Schauerromans, die *School of Terror* ebenso wie die *School of Horror*, weisen eine Reihe von Gemeinsamkeiten auf: Beide sind eng mit der Romanze verbunden, und beide haben zum Ziel, durch eindringliche Schilderung der Nöte und Ängste des Opfers Angstzustände des Lesers hervorzurufen. Außerdem weisen beide in Bezug auf Handlungsführung und Werte sowie die Zielsetzung, die Gefühle des Lesers anzusprechen, viele Parallelen zum empfindsamen Roman auf.[3] In der späteren Phase der *School of Horror* erfolgt aber keine rationale Auflösung der übernatürlichen Ereignisse mehr. Während der Schrecken in den früheren Romanen noch dadurch domestiziert wurde, dass er zu guter Letzt auf ‚natürliche', d. h. rationale Weise erklärt wurde, gleicht die fiktive Wirklichkeit in den späteren Romanen dem erregten Seelenleben der dämonischen Schurken: Der Schrecken bleibt, und das Übernatürliche entzieht sich jeder ‚natürlichen' Erklärung. Darüber hinaus verlagert sich der Auslöser des Schauers in der späteren Phase weg vom Übernatürlichen hin zum dämonischen Schurken und dessen grauenhaftem Innenleben. Diese Figur wird gleichzeitig weniger einseitig gezeichnet als die früheren Bösewichter der *School of Terror*; vielmehr erfolgt eine psychologisierende Darstellung, die nuancierte Einblicke in die Nöte von Täter und Leidtragenden gibt. Zudem gewinnt die Beziehung zwischen Opfer und Peiniger eine Dynamik: Das Opfer trägt streckenweise auch zur Pein des Schurken bei. In der folgenden Matrix sind die Gattungsmerkmale der im 19. Jh. vorherrschenden *School of Horror* kurz zusammengefasst.

---

[3] Vgl. Wolf (1989).

Gattungskonventionen der *School of Horror*	
Raum	entlegen, einsam, alt, verwahrlost, düster, mit unterirdischen Gewölben und labyrinthischen Gängen; oftmals in Italien oder Spanien, beliebt waren auch Folterkammern der Inquisition
Zeit	Gegenwart oder nahe Vergangenheit
Figurendarstellung	nuancierte, ambivalente Charakterisierung der Hauptfiguren; keine Typisierung oder Schwarz-Weiß-Zeichnung; psychologisierte Bewusstseinsdarstellung
Figurenkonstellation	enge Wechselbeziehung zwischen Peiniger und Opfer; streckenweise fügt auch das Opfer dem Schurken Leid zu
Handlung	Häufung von mysteriösen, übernatürlichen Ereignissen; kalkulierter Spannungsaufbau mit vielen Spannungsbögen
Themen	Exploration von tiefen, bedingungslos ausgelebten Gefühlen wie Rache, Gier, Sexualität und Stolz

Ambivalenz der Moral

In den späteren Schauerromanen werden die Gebote der gerechten Sympathieverteilung und der *poetic justice* weitgehend missachtet. Während der Schurke in den früheren *Gothic novels* noch recht eindimensional gezeichnet und am Ende angemessen bestraft wurde, bleibt die Schlussgebung der Romane, die zur *School of Horror* zu zählen sind, ebenso offen wie die Frage, ob er denn eindeutig zu verurteilen sei. Diese moralische Ambivalenz geht mit einer Verinnerlichung des Schreckens einher: Das Böse erscheint oft als Ausdruck der (verdrängten) inneren Triebe des Schurken, ist also im Menschen selbst angelegt. Diese Entwicklung hat INGEBORG WEBER (1983: 112) prägnant zusammengefasst: „Mit der Romantisierung der Gattung verwischen die moralischen Konturen, wird das Verhältnis von Peiniger und Opfer reversibel. Die innere wie die äußere Wirklichkeit vermitteln den Eindruck des Chaotischen, Abgründigen. Im Leidenszusammenhang allen Lebens geht die Unschuld verloren, gewinnt das Böse an Faszination als Ausdruck des Widerstandes gegen die Permanenz des Schreckens."

Mary Shelley: *Frankenstein*

Die damals gerade zwanzig Jahre alte MARY SHELLEY (1797–1851), die Tochter von MARY WOLLSTONECRAFT und WILLIAM GODWIN, wurde von ihrem Mann PERCY BYSSHE SHELLEY dazu angeregt, den Roman *Frankenstein; or, The Modern Prometheus* (1818, überarbeitet 1831) zu schreiben. Obgleich die wiederholten Gräueltaten des Monsters, das viele Unschuldige dahinmordet, konventionelle Elemente der *School of Terror* aufgreifen, signalisiert bereits die Erzählsituation, dass die Beurteilung des Geschehens und des Schurken ähnlich ambivalent ist wie in den meisten Werken der *School of*

Horror: Die Geschichte wird erzählt von Robert Walton, einem Polarforscher, der das Monster und seinen Schöpfer am Nordpol findet; danach folgt ein Bericht des Naturwissenschaftlers Victor Frankenstein und daran anschließend eine Ich-Erzählung des Monsters. Die Handlung wird also nicht von einem übergeordneten, moralisierenden Erzähler vermittelt, sondern von Beteiligten, wobei die Ich-Erzählung dem Monster die Gelegenheit gibt, seine subjektive Sicht der Dinge darzulegen und auf diese Weise um Verständnis für sich zu werben.

Romantische Bewusstseinsspaltung: Das Doppelgängermotiv

Die Schöpfung des hässlichen Monsters, das Frankenstein aus Knochen und Leichenteilen zusammensetzt, ist in mehrfacher Hinsicht bedeutsam. Erstens bildet sie eine Variante des Motivs der mysteriösen Geburt; die Schurken späterer Schauerromane wachsen nicht in behüteten Familien auf, sondern sind schon früh extremen Einflüssen ausgesetzt. Zweitens wird sie zum Ausgangspunkt einer tiefgreifenden Wissenschaftskritik, und drittens wird das – nicht zufällig namenlose – Monster zum Doppelgänger seines Schöpfers. Frankenstein erkennt in dem künstlichen Menschen einen Teil seiner selbst, den er verdrängt hat. Darüber hinaus gleichen sich beide immer mehr: Sie sind beide nicht von Natur aus ‚böse', und besonders das Monster erzählt eindringlich, dass es nur durch nicht erwiderte Zuneigung und Einsamkeit zu seinen grauenhaften Taten getrieben wurde. Das Monster leidet ebenso wie Frankenstein, dessen engste Freunde es getötet hat; beide sind erfüllt von alles überlagernden Hass- und Rachegefühlen. Am Ende der Verfolgungen stehen sich zwei Geschöpfe einander gegenüber, deren Psyche und Seelenleben fast identisch sind.

Charles Maturin: *Melmoth the Wanderer*

Als gelungenster Schauerroman der Epoche gilt *Melmoth the Wanderer: A Tale* (1820) von CHARLES ROBERT MATURIN (1782–1824), einem Sohn nach Irland ausgewanderter französischer Eltern, der eng mit SIR WALTER SCOTT und LORD BYRON befreundet war. MATURINS Roman vereinigt eine Fülle von gattungstypischen Situationen wie den Pakt mit dem Teufel sowie angst- und schreckenerregende Szenen in unterirdischen Gängen und Verliesen. Die verschachtelte Erzählsituation integriert sechs unterschiedliche Handlungsstränge, in denen sich Melmoth darum bemüht, unschuldige Menschen, die teils durch seine Mithilfe in arge Not und hoffnungslose Situationen geraten sind, zu korrumpieren; sein Ziel ist dabei, sich aus seinem Pakt mit dem Teufel zu lösen, indem er diesem einen Ersatz für sich selbst anbietet.

Seine diabolische Absicht ändert aber nichts daran, dass Melmoth sehr anziehend gezeichnet ist. Schon die für dämonische Schurken typischen magischen, alle in ihren Bann schlagenden Augen üben eine große Faszination auf andere aus, während sein eben-

Attraktivität und Ambivalenz des romantischen Rebellen

falls typisches, unmenschliches, grauenerregendes Lachen angesichts verheerenden menschlichen Leids eher abstoßend wirkt. Allerdings befindet sich Melmoth selbst in einer eindringlich geschilderten Notsituation, denn er möchte verständlicherweise um jeden Preis aus seinem Pakt heraus. Melmoth ist insofern ein romantischer Rebell, als er sich gegen sein Leid auflehnt und dabei gesellschaftliche und moralische Tabus durchbricht. Die Ambivalenz des Bösen zeigt sich auch darin, dass er selbst nicht völlig immun gegen humane Gefühle ist. Die Liebe zu Immolee, die er zunächst als ein potentielles Opfer ausgewählt hat, löst großmütige Emotionen in ihm aus und er fasst schließlich den Entschluss, seine Geliebte zu verschonen. Die anarchische, von Ungerechtigkeit und dem Leiden Unschuldiger geprägte Welt dieses Romans gibt somit zumindest den Ansatz für Hoffnung, und Melmoth gelingt es nicht, eines seiner Opfer zu einem Teufelspakt zu überreden.

2 Der Siegeszug des historischen Romans: Sir Walter Scott

Das Interesse an der Geschichte

Es sind viele Gründe angeführt worden, um das enorme Interesse zu erklären, das im 19. Jh. der Geschichte entgegengebracht wurde. So hat man auf den raschen Wandel durch die beginnende Industrielle Revolution verwiesen, der die Wirkung historischer Veränderungen ebenso ins Bewusstsein hob wie der Eindruck der Französischen Revolution; auch die nostalgische Verklärung der ‚guten alten Zeiten' und der um die Jh.wende aufflammende Nationalismus mögen eine Rolle gespielt haben. Das Interesse an Geschichte schlug sich jedenfalls schon seit den 1760er Jahren in den Verkaufszahlen von Geschichtswerken und in der Anziehungskraft nieder, die mittelalterliche Burgen auf abenteuerlustige Reisende ausübten. Die Präsenz, die historische Stoffe auf dem Buchmarkt des 19. Jh.s hatten, ist kaum zu überschätzen; die Spannbreite reichte von wissenschaftlichen Werken über romanzenhafte Abenteuergeschichten bis zu hochrangigen historischen Romanen. Fast jeder Romancier beschäftigte sich zumindest in einem Werk auch mit historischen Sujets, so etwa CHARLES DICKENS, CHARLOTTE BRONTË, WILLIAM THACKERAY, ELIZABETH GASKELL, CHARLES KINGSLEY, GEORGE ELIOT und WALTER PATER.

Definition des historischen Romans

Begonnen hat dieser Siegeszug des historischen Romans mit Sir WALTER SCOTT (1771–1832), dessen Werke auch für die Gattungsdefinition eine weitreichende Bedeutung hatten. Historische Romane werden primär inhaltlich definiert. Zu den am häufigsten angeführten Kriterien zählen der zeitliche Abstand von zwei

Generationen (ca. 60 Jahre) zwischen dem erzählten Geschehen und der Zeit der Abfassung des Romans, die Einbeziehung eines historisch verbürgten Sachverhalts und die Präsenz von mindestens einer historischen Persönlichkeit. Problematisch sind diese Kategorien u.a. deshalb, weil keine Einigkeit darüber besteht, was als historisches Ereignis einzustufen ist (meist sind politische oder militärische Sachverhalte gemeint, seltener sozial-, kultur- oder mentalitätsgeschichtliche Phänomene), und in welcher Form historische Personen anwesend sein müssen: Reicht es schon aus, wenn über sie gesprochen oder an sie gedacht wird? Als gewichtigstes – wenngleich nicht ausschlaggebendes – Kriterium wird oft die produktive Spannung zwischen der Vergangenheit und der Gegenwart angesehen: Das erzählte Geschehen soll in einem Bezug zur Zeit der Abfassung stehen. Angesichts des Mangels an einer präzisen Definition bietet es sich an, solche Romane als ‚historisch' einzustufen, die mit den Mitteln der Fiktion etwas darstellen, das dem Bereich der Geschichte zugeordnet ist (vgl. BORGMEIER & REIZ 1984: 12).

Waverley als erster historischer Roman

Die bedeutendsten Vorgänger der historischen Romane SCOTTS sind Schauerromane der *School of Terror* und MARIA EDGEWORTHS Regionalroman *Castle Rackrent* (1801), in dem die Geschichte einer irischen Familie aus der verzerrten Perspektive eines Bediensteten geschildert wird. Dass SCOTTS *Waverley* (1814) gleich mehrere Elemente des historischen Romans aufweist, zeigt bereits der aussagekräftige Untertitel *'Tis Sixty Years Since*, in dem der zeitliche Abstand von rund zwei Generationen und die Spannung zwischen der Gegenwart und der Zeit, in der die Handlung spielt, prägnant ausgedrückt werden. SCOTTS Held Edward Waverley wird in die Wirren des Jakobitischen Aufstands von 1745/46 verwickelt, in dem der Thronprätendent CHARLES EDWARD STUART versuchte, die Dynastie der Hannoveraner zu stürzen. Von SCOTTS Auseinandersetzung mit historischen Fragestellungen zeugen auch die Figuren, die sich – teilweise als Historiker – in *Waverley* mit der Erforschung der Geschichte beschäftigen.

Waverley: ‚mittlerer Held' und Geschichtsdarstellung

Wie in anderen historischen Romanen SCOTTS kommt Waverley die Funktion zu, englische Leser mit den historischen Begebenheiten Schottlands vertraut zu machen. Der mittlere Held „*steht zwischen kontroversen Geschichtstendenzen, bereist verschiedenartige Geschichtsräume, er beobachtet, reagiert und läßt sich vielseitig beeinflussen*" (SCHABERT 1981: 63). Waverley weist relativ wenig charakteristische Merkmale auf; seine bedeutendste Eigenart liegt in dem Schwanken zwischen Jakobiten und Royalisten. Diese Unentschlossenheit macht ihn zu einem geeigneten Medium, Lesern die Motive beider politischer Lager nahe zu bringen. Sein Schwanken zwischen zwei Frauen verdeutlicht zudem einen weiteren charakteristischen Zug von Scotts historischen Romanen, die den politischen Geschehnissen eine untergeordnete Stellung zuweisen: *„In klarer Realisierung der Leistungsmöglichkeiten der Romangattung legte Scott den Schwerpunkt eindeutig auf die Schilderung des privaten Lebensbereiches, wie dieser von den spektakulären geschichtlichen Vorgängen tangiert wird. Entsprechend sind die ‚Helden' seiner Romane nicht die historisch beglaubigten Gipfelfiguren der Geschichte"* (MÜLLENBROCK 1980: 25).

Figurendarstellung

Um das Alltagsleben zu veranschaulichen, führte SCOTT eine außergewöhnliche Fülle von Figuren ein. In *Waverley* erhalten nicht weniger als 90 Figuren einen – häufig suggestiven – Namen, weitere treten als Repräsentanten ihres Standes auf. In dem breiten Panorama der Gesellschaft sind vom Landadel über sämtliche bedeutenden Berufsgruppen bis zum *„robber and fool"* (HUMPHREY 1993: 46) alle Bevölkerungsgruppen vertreten, wobei es SCOTT gelingt, an einzelnen Individuen typische Züge aufscheinen zu lassen. Bemerkenswert ist v. a. seine vergleichsweise individualisierende Darstellung von Menschen aus den unteren Schichten, die von damaligen Romanautoren, die bis zum Ende des 19. Jh.s fast alle aus der Mittelschicht stammten, meist sehr einseitig beschrieben oder ganz vernachlässigt wurden. Das Geschehen wird in SCOTTS Romanen vorwiegend szenisch vergegenwärtigt, wobei sich die Figuren durch ihre Sprache und Handlungen auf anschauliche Weise implizit selbst charakterisieren; die Dialoge stellen SCOTTS Gespür für die verschiedenen Register der Umgangssprache des 18. Jh.s unter Beweis. Ein bleibendes Verdienst von SCOTT besteht darin, *„den Menschen als erster in seinem zeitspezifischen Fühlen und Handeln beschrieben zu haben."* (MÜLLENBROCK 1980: 26)

The Heart of Midlothian

Als der beste der 27 historischen Romane von SCOTT gilt *The Heart of Midlothian* (1818). Wie andere um diese Zeit veröffentlichte Werke SCOTTS – etwa *Guy Mannering* (1815), *Old Mortality* (1816), *The Legend of Montrose* (1819) und *The Bride of Lammermoor* (1819) – befasst sich auch dieser Roman mit der schottischen Geschichte, in diesem Fall mit den *Porteous Riots* im Jahre 1736. Die aus den unteren Schichten stammende Heldin Jeanie Deans wandert nach London, um ihre Schwester vor der Hinrichtung zu bewahren, und erlangt in einer Audienz von der Königin eine Begnadigung des unschuldigen Mädchens. Anders als die anderen Heldinnen SCOTTS ist Jeanie eine vitale, charakterstarke Figur, die sich wohltuend von den idealisierten, tugendhaften und langweiligen Protagonistinnen seiner anderen Romane abhebt. *Midlothian* ist insofern typisch für SCOTTS Werke, als das Privat- und Alltagsleben durchschnittlicher Menschen im Vordergrund steht. Durch dieses Vorgehen konnte historische Genauigkeit bei der Schilderung der

Sitten und politischen Ereignisse mit einer imaginativen, häufig auf Elemente des Abenteuerromans zurückgreifenden Darstellung des Schicksals der fiktiven Helden verbunden werden.

Scotts Bestseller und seine Arbeitsweise

Waverley war nicht nur der erste historische Roman, sondern auch „*the FIRST bestseller*" (HUMPHREY 1993: 3). In einer Zeit, in der Romane nur von einem kleinen Teil der Bevölkerung gekauft werden konnten, gingen die Romane SCOTTS über den Ladentisch wie warme Semmeln; die ersten vier Auflagen von *Waverley* wurden während der sechs Monate nach dem Erscheinen verkauft, weitere Auflagen folgten 1815, 1816, 1817 und 1821, und das, obwohl die Verkaufszahlen der folgenden Romane (z. B. *The Antiquary* (1816) und *Rob Roy* (1818)) die von *Waverley* noch übertrafen. Dieser Erfolg belohnte einen Autor, der durch sein Schreiben viel Geld verdienen wollte, hatte aber auch seine Schattenseiten, denn SCOTT fand nur noch selten Zeit zu einer Überarbeitung der häufig sehr schnell geschriebenen, in der Regel drei- oder vierbändigen Romane. Obgleich er mit unterschiedlichen Typen von Erzählern experimentierte, hatte SCOTT wenig Interesse an der Form, so dass die Struktur manchmal allzu sehr von den anschaulichen Episoden und tableauartigen Szenen bestimmt wird; außerdem passte er sich stark an den damaligen Publikumsgeschmack an. Dabei wird oft vergessen, dass seine Romane nicht bloß große Verkaufserfolge waren, sondern auch Leser wie GOETHE, BALZAC, HUGO und TOLSTOI begeisterten.

Scotts zweite Schaffensphase

In seiner fünf Jahre umfassenden, aber ertragreichen ersten Schaffensphase, auf der sein Ruhm heute v. a. beruht, befasste SCOTT sich in erster Linie mit Krisensituationen der Geschichte Schottlands im 17. und 18. Jh. Die Romane seiner zweiten Schaffensphase, in der er sich in erster Linie mittelalterlichen Stoffen zuwendete, erfreuten sich jedoch im 19. Jh. wesentlich größerer Beliebtheit. Die Eigenarten dieser Phase zeigen sich besonders an SCOTTS populärstem Roman, *Ivanhoe*, dessen Einfluss bis in die Comic-Strips des 20. Jh.s fortwirkt.

Ivanhoe

Obgleich sämtliche historische Romane SCOTTS zur *Waverley*-Serie gehören, unterscheiden sich die seit *Ivanhoe* (1819) veröffentlichten Romane schon durch die Konzentration auf das Mittelalter (zu dem damals auch das 16. Jh. gezählt wurde) von ihren Vorgängern. Über die Alltagsgeschichte des Mittelalters war einfach nicht genug bekannt, um sie anschaulich beschreiben zu können. Zudem war es SCOTT in seinen späteren Romanen nicht möglich, die Figuren durch ihre Sprechweise zu charakterisieren, denn das mittelalterliche Englisch hätte niemand verstanden. Diese Lücken füllte SCOTT durch die stärkere Betonung politischer Vorgänge sowie den verstärkten Rückgriff auf Romanzenelemente, theatralische Ausdrucksweise, zeitlose Figurentypen und märchenhafte Züge. Diese Werke waren große Publikumserfolge, und besonders *Ivanhoe „hat nicht nur das bereits vorhandene Interesse am Mittelalter noch verstärkt, sondern darüber hinaus das Mittelalterverständnis weiter Bevölkerungsschichten wesentlich beeinflußt."* (MÜLLENBROCK 1980: 34) Als historische Romane reichen diese Werke, in denen auch Stereotype über den Orient eine Rolle spielen, jedoch nicht an ihre Vorgänger heran.

Der Dialog zwischen Roman und Geschichtsschreibung

SCOTTS Werke beeinflussten nicht nur den historischen Roman in Europa, sondern auch die Geschichtsschreibung. Der bekannteste englische Historiker des 19. Jh.s, THOMAS BABINGTON MACAULAY (1800–59), orientierte sich bewusst an SCOTTS Stil und bemühte sich um eine anschauliche Vergegenwärtigung der historischen Vorgänge. Mit der Veröffentlichung seiner fünfbändigen Geschichte Englands *History of England from the Accession of James II* (1849–59) verband MACAULAY den Wunsch, ‚den aktuellsten Roman für einige Tage von den Tischen junger Damen zu vertreiben'. Im Gegensatz zu deutschen Gelehrten bemühten sich englische Historiker bis zum Ende des 19. Jh.s darum, durch eine unterhaltsame Darstellungsweise ein möglichst breites gebildetes Publikum zu erreichen. Während des gesamten Jh.s blieben historische Romane, die oft sehr gut recherchiert waren, und Geschichtswerke, die häufig sehr gut lesbar waren, eng aufeinander bezogen und standen in einer Art Konkurrenzverhältnis.

3 Weibliche Sitten- und Erziehungsromane: Jane Austen, Mary Brunton und Susan Ferrier

Ansehen des Romans und didaktische Wirkungsintention

Um die Werke von Autorinnen zu Beginn des 19. Jh.s einschätzen zu können, muss man sich vergegenwärtigen, wie gering das Ansehen des Romans zu dieser Zeit noch war. Wie sehr man sich quasi dafür entschuldigen musste, einen Roman zu lesen – geschweige denn zu schreiben! – wird in JANE AUSTENS Roman *Northanger Abbey* (1818) deutlich, in dem typische Reaktionen auf Romanlektüre festgehalten werden. Der verächtliche Ausruf „*it is only a novel!*" (Kap. 5) ist ebenso aufschlussreich wie die Verteidigungsstrategie vieler Leser und Romanciers, die gern hervorhoben, so gut wie nie Romane zu lesen. Um dieser Abwertung zu begegnen, betonten Autorinnen häufig die Absicht, Leser auf unterhaltsame Weise belehren zu wollen. Wie MARY BRUNTON in ihrer Widmung des Romans *Self-Control* (1811) schrieb, könne ein Roman diejenigen erreichen, denen der Sinn nicht nach ernsthafter Unterrichtung stehe: „*When the vitiated appetite refuses its proper food, the alternative may be administered in a sweetmeet.*"

Werke Jane Austens

Viele weibliche Entwicklungsromane des frühen 19. Jh.s tragen schwer an dieser Last der moralischen Belehrung. Erziehungsromane waren zumeist gespickt mit didaktischen Kommentaren, die den Eindruck erwecken sollten, dass die Fiktion ausschließlich im Dienst von Religion und Moral stehe.

Im Gegensatz zur aufdringlichen Moral vieler anderer Romane ist das Werk JANE AUSTENS (1775–1817) durch einen ironischen Ton und eine solche Ambivalenz gekennzeichnet, dass über die Einstellungen der Autorin bis heute ebenso gestritten wird wie über den konservativen, fortschrittlichen oder feministischen Gehalt ihrer Romane. AUSTENS Romane sind als weibliche Entwicklungs- und Erziehungsromane, Liebesromane, Bekehrungsgeschichten, Sozialkomödien (im Englischen wird oft die Bezeichnung *comedy of manners* verwendet), Charakter- und Eheromane bezeichnet worden. Schon als Jugendliche verfasste AUSTEN ca. 30 kurze Skizzen, Romane und Dramen, die häufig imitativen und parodistischen Charakter haben. Obgleich unklar ist, wann sie genau mit der Arbeit an ihren sechs bedeutenden Romanen begann, nimmt man heute an, dass sie 1797–98 die Arbeit an dem Roman *Northanger Abbey* (der u.a. die beliebten Schauerromane parodierte) aufnahm und ihn 1803 einem Verleger zur Veröffentlichung anbot; dieses Frühwerk erschien nach einer weiteren Überarbeitung postum gemeinsam mit ihrem letzten Roman *Persuasion* 1818. Auch ihr zweiter Roman, *Sense and Sensibility*, erschien nach verschiedenen Umarbeitungen erst 1811, obgleich sie mit der Arbeit an der ersten Fassung bereits 1795 begann.

Erzählte Welt und Figuren

Der Wirklichkeitsausschnitt, auf den sich AUSTENS Romane beziehen, ist eng begrenzt: Die Handlung spielt im ländlichen Süden Englands, und die Figuren stammen meist aus dem gut situierten, teils aber verarmten Landadel, der *gentry*. Die weiblichen Figuren, die im Mittelpunkt der Romane stehen, haben einen engen Wirkungskreis; Ausflüge nach London oder Bath sind seltene Abwechslungen. Im Mittelpunkt von AUSTENS Werken stehen die Erfahrungen und Gefühle einer kleinen Zahl von Figuren, wobei oft die Entwicklung der Heldinnen von ihrer Jugend bis zur Eheschließung geschildert wird. Wie die neuere Forschung betont, ist die erzählte Welt keineswegs völlig abgeschottet gegenüber sozialen und politischen Veränderungen; vielmehr verweisen etwa Offiziere und Soldaten, die als Figuren in mehreren Romanen eine untergeordnete Rolle spielen, auf bedeutende politische Ereignisse dieser Zeit wie die napoleonischen Kriege und auf militärische Aktionen, die dem Ausbau des Britischen Empire dienten.

Die Erzählkunst Austens: Erzähler und erlebte Rede

In erzähltheoretischer Hinsicht sind AUSTENS realistische Romane gekennzeichnet durch spritzige, witzige Dialoge, die virtuose Wiedergabe von Gedanken und Gefühlen sowie das Zurücktreten des auktorialen Erzählers, der nur selten verallgemeinernde oder moralisierende Kommentare abgibt. Greifbar wird die Erzählinstanz v. a. an treffenden, bisweilen ironischen Charakterisierungen der Figuren, die deren Schwächen schonungslos offen legen. Von ihrer ‚Allwissenheit' macht sie nur begrenzten Gebrauch, denn das Geschehen wird häufig aus der Perspektive von Figuren wiedergegeben, so dass Leser zunächst die (Fehl-)Einschätzungen der Figuren kennen lernen. Die Verbindung eines zurückhaltenden auktorialen Erzählers und der minutiösen Darstellung der Innensicht von Figuren ermöglichte es AUSTEN, die erzählte Welt gleichzeitig ‚von außen' und ‚von innen' zu schildern; daher wird oft betont, dass ihr Werk die Vorzüge der Romane HENRY FIELDINGS und SAMUEL RICHARDSONS vereint. Die Synthese von Erzähler- und Figurenrede manifestiert sich in dem häufigen Gebrauch der ‚erlebten Rede', einer Form von freier indirekter Gedankenwiedergabe, bei der der Erzähler Bewusstseinsprozessen einer Figur in deren Sprache Ausdruck verleiht. AUSTEN galt lange als Begründerin der erlebten Rede, die sich neueren Forschungen zufolge jedoch bis ins späte 17. Jh. zu den Romanen APHRA BEHNS zurückverfolgen lässt; dass AUSTEN diese Technik verfeinerte und weiterentwickelte, steht aber außer Frage.

Verstand und Gefühl: Eheschließungen

Partnerwahl und Eheschließungen spielen in allen Romanen AUSTENS eine große Rolle. Die komödienhafte Struktur der Plots bedingt, dass die tugendhafte Heldin trotz aller Widrigkeiten am Ende doch durch die Heirat mit ‚dem Richtigen' belohnt wird. Sie muss sich aber zunächst häufig zwischen verschiedenen Männern entscheiden (wobei der attraktivste nicht immer der beste ist) oder einsehen, dass sie vorschnell einen Heiratsantrag abgelehnt hat. In den Romanen werden meist mehrere Ehen einander gegenübergestellt, wobei anhand der Erfahrungen der Verwandten oder Freundinnen der Heldin offenkundig wird, welche Erwägungen bei dem Entschluss zur Heirat eine Rolle spielen sollten. Neben der Liebe sind gegenseitiger Respekt, zueinander passende Charaktereigenschaften, und nicht zuletzt ein ausreichendes Vermögen notwendige Voraussetzungen einer guten Ehe.

Sense and Sensibility

Der erste veröffentlichte Roman AUSTENS, *Sense and Sensibility*, übt implizit Kritik an den stereotypen Eigenschaften der Heldinnen empfindsamer Romane. Die gefühlsbetonte, empfindsame Marianne (*sensibility*) bildet einen offenkundigen Kontrast zu ihrer Schwester, der vernünftigen und pflichtbewussten Elinor (*sense*). Im Verlaufe der Verstrickungen des Plots entwickeln sich beide weiter, aber Marianne muss sich grundlegend wandeln, bevor sie am

Ende des Romans verheiratet wird. Marianne, die ihrem Verehrer höchst unschicklicherweise ihre Zuneigung nicht völlig verheimlicht hat, wird fast wahnsinnig, als sie von seiner Heirat mit einer reichen Erbin und von der Tatsache erfährt, dass er eine ehemals angesehene junge Frau verführt und mittellos im Stich gelassen hat. Sie fasst daraufhin den Entschluss, ihre Gefühle fortan zu unterdrücken: „*my feelings shall be governed [...] I shall now live solely for my family*" (46). Am Ende heiratet sie den zunächst ungeliebten, vernünftigen, wesentlich älteren Colonel Brandon. Die Beschreibung „*that Marianne found her own happiness in forming his*" (50) tut der Konvention des *happy ending* Genüge, aber angesichts der Figurenkonstellation und der früheren Gefühle Mariannes bleibt der Romanschluss ambivalent.

Pride and Prejudice

Wie in anderen Romanen AUSTENS spielt auch in *Pride and Prejudice* (1813) die Entwicklung der weiblichen Hauptfigur eine große Rolle. Wie der Titel anzeigt, muss Elizabeth Bennet – ebenso wie ihr künftiger Ehemann Darcy – Stolz und Vorurteil ablegen, bevor sie verantwortungsbewusst über ihr Leben entscheiden kann. Der erste Teil des Romans beschreibt in eher distanziert-komischer Weise Elizabeths Fehlurteile, während der zweite Teil von ihren Reflexionen über ihre Fehler und die Einsicht in die Qualitäten des zuvor abgelehnten Darcy geprägt ist. Der potentielle Konflikt zwischen Selbstbestimmung und Sozialisation, der infolge der von Frauen erwarteten Unterordnung unter ihren Ehemann von besonderer Brisanz war, wird im glücklichen Ende dadurch gelöst, dass Elizabeth ebenso wie fast alle anderen Heldinnen AUSTENS in die Gesellschaft integriert wird, ohne ihrer Individualität Zwang antun zu müssen.

Die Macht des *decorum*

Decorum, die Macht gesellschaftlicher Konventionen, ist in den Romanen AUSTENS entscheidend dafür, was ‚man' tut, worüber ‚man' spricht, und wie ‚man' über andere denkt. Obgleich sich das Urteil derjenigen, die in *Pride and Prejudice* Sprachrohr der öffentlichen Meinung sind, mehrfach als einseitig oder unberechtigt erweist, werden nicht moralische Normen als solche kritisiert, sondern lediglich deren engstirnige Auslegung durch klatschsüchtige Figuren. Wenn etwa schlecht über Elizabeth Bennet geredet wird, weil sie zu Fuß bei schlechtem Wetter ihre kranke Schwester besucht, so zeigt dies die Oberflächlichkeit jener Figuren, die den Wert von *benevolence*, Nächsten- und Geschwisterliebe falsch einschätzen. Sogar die Themen privater Kommunikation sind streng durch das *decorum* reglementiert; so spricht Elizabeth mit ihrer Tante nicht über das, was beide am meisten interessiert, „*yet Elizabeth was longing to know what Mrs Gardiner thought of him [Darcy], and Mrs Gardiner would have been highly gratified by her niece's beginning the subject.*" (45) Was LISELOTTE GLAGE (1984: 44) über *Pride* and Prejudice sagt, hat für viele Romane des 19. Jh.s Gültigkeit: „Die verbale Kommunikation erfolgt nach den strikten Regeln der sozialen Hierarchie, auch und insbesondere in der Familie, und des schichtenspezifischen Kodex."

Mansfield Park

Der Roman *Mansfield Park* (1814) wird häufig als Beginn einer zweiten Schaffensphase AUSTENS gewertet. Die Arbeit an diesem Roman reicht nicht in das 18. Jh. zurück, auch unterscheidet ihn ein etwas ‚düsterer' Ton sowie eine stärkere Berücksichtigung sozialer und politischer Entwicklungen von den früheren Romanen. In der Tat macht die Heldin Fanny Price anders als die anderen Protagonistinnen AUSTENS keine Entwicklung durch; sie ist von Beginn an vorbildlich, furchtsam und tugendhaft. Dass Pflicht und Prinzipien Fanny wesentlich wichtiger sind als Vergnügungen, wird ohne ironische Brechung geschildert. Allerdings ist fraglich, ob diese Heldin das Zentrum der Normkonstitution bildet, oder ob der Kontrast zwischen Fanny und den egoistischen Bertram-Schwestern im Vordergrund steht, die beide eine einseitige Erziehung genossen haben und primär darauf aus sind, sich mit den hart erworbenen ‚*accomplishments*' einen reichen Ehemann zu angeln. *Mansfield Park* ist einer der Romane, in denen AUSTEN schonungslos die Konventionen des *marriage market* entblößt.

Emma

Austens vorletzter Roman, *Emma* (1815), gilt als ihr Meisterwerk. Die nicht gerade sympathische Heldin Emma Woodhouse, die gleich im ersten Satz des Romans als „*handsome, clever, and rich*" und zudem als arg verwöhnt charakterisiert wird, muss lernen, dass ihre Einmischungen in das Leben anderer verheerende Folgen für alle Beteiligten haben. Wie die anderen späten Romane AUSTENS zeichnet sich *Emma* dadurch aus, dass die Interpretationen und (Fehl-)Einschätzungen der Worte und Handlungen von Figuren – mithin die begrenzte Durchschaubarkeit komplexer Charaktere – zu einem wichtigen Thema werden. Emma steht jedoch der in jeder Hinsicht vorbildliche Mentor Mr Knightley als guter Geist zur Seite, der dieser Möchtegernehestifterin ab und zu die Leviten liest, die zu guter Letzt einsichtige Emma aber schließlich heiratet. Das *happy ending* dieses Romans löst jedoch nicht alle Konflikte vollständig auf. So wird der despotische Vater, der Emma zunächst mit aller Macht von einer Heirat abbringen will, weil er die Tochter als seine Altenpflegerin eingeplant hat, nur durch einen Zufall zu einer halbherzigen Änderung seiner Meinung veranlasst. Dass die Ehe zwischen Emma und dem ritterlichen Gentleman Mr Knightley auch als Kommentar auf die etablierten Romankonventionen gelesen werden kann, deutet etwa die ambivalente Art und Weise an, wie die Antwort Emmas auf den ernsthaften, nicht gerade überschwänglichen Heiratsantrag ihres Mentors wiedergegeben wird: „*What did she say? – Just what she ought of course. A lady always does.*" (49)

Fortschrittlich oder konservativ? Die Einstufung AUSTENS als konservative Erbin des Romanciers RICHARDSON oder als Vorläuferin der Moderne ist umstritten. Heute wird die Ambivalenz von AUSTENS Frauen- und Weltbild betont, wie REIMER JEHMLICH (1995: 108) in seinem Überblick über die Austen-Forschung konstatiert: „Als fortschrittliche Komponenten werden u. a. genannt: die durchgehend weibliche Erzählperspektive, die ‚unfeminine' Intelligenz und Scharfzüngigkeit der Protagonistinnen in PRIDE AND PREJUDICE und EMMA, die Bloßstellung eitel-tyrannischer Patriarchen, insbesondere in NORTHANGER ABBEY, MANSFIELD PARK und PERSUASION, sowie die eng damit zusammenhängende Kritik am patriarchalischen Familienideal; als eher traditionalistisch werden gewertet: die ‚romantischen' HAPPY ENDINGS, die passiv-geduldigen Protagonistinnen in SENSE AND SENSIBILITY, MANSFIELD PARK und PERSUASION sowie, genereller, die Dominanz des sozialen DECORUM gegenüber individualistischen Strebungen."

Weibliche Erziehungsromane Das Interesse an der Erziehung der Heldinnen zu pflichtbewussten und nützlichen Mitgliedern der Gesellschaft teilte JANE AUSTEN mit vielen Zeitgenossinnen, die seit dem letzten Viertel des 18. Jh.s eine wahre Flut von weiblichen Erziehungsromanen veröffentlichten. In diesen Romanen führt die Sozialisation der Heldinnen nicht zu deren Selbstentfaltung, sondern zu ihrer Anerkennung sozialer und ethischer Grundwerte. Durch welche Merkmale sich dieses Genre auszeichnet, geht aus der folgenden Definition von SILVIA MERGENTHAL (1997: 102) hervor: „Es handelt sich bei diesen Romanen um gynozentrische Texte, die eine didaktische Intention verfolgen. Diese didaktische Intention kann als eine vorwiegend moraldidaktische beschrieben werden; sie gilt vornehmlich, aber nicht ausschließlich, dem Wesen, der Rolle und der gesellschaftlichen Funktion der Frau." Autorinnen von Erziehungsromanen betrachteten die Entwicklung eines Individuums v. a. vom moralischen Standpunkt aus und hoben die Notwendigkeit hervor, irrationale Neigungen durch eine rational begründete Selbstdisziplin zu unterdrücken. „The education of women, rational love, egalitarian marriages, an ethic of care – these are the cornerstones of the feminine Romantic ideology."[4]

Rationalität vs. Gefühl: Selbstdisziplin Im Gegensatz zu männlichen Autoren der Romantik ging es vielen Romanautorinnen nicht um die Zelebrierung von Gefühl oder Imagination, sondern um die Erziehung zur Rationalität, die sich gegenüber egoistischen Wünschen oder Trieben durchsetzen sollte. Das Thema der Selbstdisziplin, das schon die Werke von

---

[4] ANNE K. MELLOR, „A Novel of Their Own: Romantic Women's Fiction, 1790–1830." In: RICHETTI (1994: 327–351, S. 339). Aufsätze aus Sammelbänden werden aus Platzgründen nicht eigens im Literaturverzeichnis aufgeführt; deshalb werden in den Fußnoten jeweils der vollständige Titel und die entsprechenden Seitenzahlen angegeben. Der Name des Herausgebers und das Erscheinungsjahr ermöglichen die Identifikation des jeweiligen Bandes.

Frances Burney (1752–1840) bestimmte, wurde von englischen Autorinnen im Gefolge von Elizabeth Inchbalds weiblichem Entwicklungsroman *A Simple Story* (1791) sehr häufig verarbeitet. Auch die Irin Maria Edgeworth verfasste mit *Vivian* (1812) und v. a. *Patronage* (1815) Werke, in denen Selbstdisziplin eine große Rolle spielte.

Kennzeichen der Romane Mary Bruntons

Ebenso wie Austen stand auch die Schottin Mary Brunton (1778–1818), deren Romane von dem damaligen Publikum sehr geschätzt wurden, in der Tradition des 18. Jh.s. Schon die Titel der beiden vollendeten Romane Bruntons sprechen für sich: *Self-Control* (1811) und *Discipline* (1814). Im Gegensatz zu Austen beschränkte sich Brunton aber nicht auf die Darstellung eines behüteten Lebens in Südengland. Vielmehr lernen ihre Heldinnen einen großen Figurenkreis kennen, müssen sich alleine bewähren, reisen und bestehen Abenteuer in Schottland und Amerika. Die spannenden und abwechslungsreichen Geschichten handeln von Leidenschaften, Lug und Trug, nach realistischen Maßstäben sind sie allerdings nicht sonderlich wahrscheinlich. Zeitgenössische Kritik an ihrer unrealistischen Handlungsführung nahm die Autorin aber deshalb gern in Kauf, weil die Belehrung der Leser ihrer Ansicht nach in möglichst unterhaltsamer Form erfolgen sollte.

***Discipline* als weiblicher Bildungsroman**

Im Gegensatz zu dem auktorial erzählten Roman *Self-Control* hat Bruntons *Discipline* die Form einer fiktionalen Autobiographie. Aus der Rückschau erzählt die geläuterte, reife Heldin ihre Entwicklung und geizt dabei nicht mit belehrenden und wertenden Kommentaren. Die verwöhnte, schöne, genusssüchtige und unbeherrschte Heldin Ellen Percy durchläuft einen Reifeprozess der seinen Ausgang mit dem Ruin und Selbstmord des Vaters nimmt, denn Ellen ist nun plötzlich mittellos und auf sich selbst gestellt. Die belehrende Absicht der Erzählerin beschränkt sich nicht auf die Betonung von christlicher Nächstenliebe und Selbstdisziplin, sondern äußert sich auch in dem Bemühen, ein angemessenes Bild von schottischen Sitten und den katastrophalen Zuständen in dem Edinburgher Heim für Geisteskranke zu zeichnen, in das die Heldin auf Betreiben ihrer bösartigen früheren Arbeitgeberin eingewiesen wird. Interessant sind auch die implizite Kritik an den mangelnden Möglichkeiten gebildeter Frauen, auf ehrbare Weise für den eigenen Lebensunterhalt aufzukommen, sowie die eindringliche Beschreibung der vielfältigen Schwierigkeiten, die die Heldin als Gouvernante zu meistern hat.

Susan Ferrier: *Marriage*

Susan Ferriers (1782–1854) erster und bekanntester Roman *Marriage* (1818) weist einige Übereinstimmungen mit Bruntons *Discipline* auf. In beiden Romanen steht die Erziehung von Frauen im

50 **KAPITEL 2** Der Roman im Zeitalter der Romantik (1800–1830)

Vordergrund, in beiden werden die tugendhaften Heldinnen am Ende mit einer glücklichen Ehe und Reichtum belohnt, in beiden stellt die Unterdrückung egoistischer Bedürfnisse einen hohen Wert dar, und beide Werke verdanken einen Teil ihrer Berühmtheit der Popularität von schottischen Schauplätzen, die seit den Romanen WALTER SCOTTS in Mode gekommen waren. Im Gegensatz zu BRUNTON legt FERRIER in diesem realistischen Roman keinen großen Wert auf den Plot; die ereignisarme Handlung wird durch die didaktische Wirkungsabsicht zusammengehalten und strukturiert. Darüber hinaus ist der Charakter der Heldin Mary schon von Beginn an durch eine gute Erziehung geprägt; sie muss die erlernten moralischen Prinzipien lediglich anwenden und an Erfahrung gewinnen. Zudem arbeitet FERRIER in *Marriage* sehr stark mit Kontrasten zwischen unterschiedlichen Figuren, wobei heutige Leser die Abwechslung und den *wit* der weltlichen Charaktere zu schätzen wissen. Nicht zuletzt weist *Marriage* auf die in den 1830er Jahren sehr beliebten *silver-fork novels* voraus, in denen das luxuriöse Leben der obersten Gesellschaftsschichten beschrieben wird.

3 Der prä- und frühviktorianische Roman (1830–1858)

Ausweitung der Leserschaft

Um die Mitte des 19. Jh.s kam es zu einer langsamen Ausweitung der Leserschaft. Neben dem Service der großen Leihbibliotheken hatten Angehörige der mittleren Schichten seit 1848 auch die Möglichkeit, Bücher in den von W.H. Smith betriebenen Bahnhofsbuchhandlungen als billige Taschenbücher zu kaufen bzw. für ein geringes Entgelt auszuleihen. Da Romane gemessen am Verdienst der unteren Schichten immer noch sehr teuer waren, wendeten sich Romanciers dominant an ein Publikum aus den mittleren Schichten, das zunehmend auch Kinder und Jugendliche umfasste. Besonders CHARLES DICKENS gelang es darüber hinaus, Leser aus den unteren Schichten zu erreichen.

Tendenzen und Genres

In den 1830er Jahren waren einige Subgenres, die heute als literarisch minderwertig eingestuft werden, sehr beliebt; so z. B. *silver-fork novels*, *Newgate novels*, Sensationsromane und Romanzen.[1] Viele Merkmale von *sensation novels* – etwa Verbrechen, dramatische Enthüllungen, geheimnisvolle Erbschaften, romanzenhafte Plots und Elemente des Schauerromans – lassen sich auch in bekannten Romanen des 19. Jh.s wiederfinden. Der Einfluss des Schauerromans zeigt sich etwa bis in die 1890er Jahre in Romanzen, *fantasies*, Kriminalromanen, Science Fiction und Utopien. Sehr beliebt waren die Seeromane von CAPTAIN MARRYAT, z. B. *Peter Simple* (1832–33), *Mr Midshipman Easy* (1836) und *Masterman Ready* (1841–42), in denen die Abenteuer mutiger junger Helden auf See ebenso anschaulich wie patriotisch geschildert werden.

Silver-fork novels

Seit den 1820er Jahren erfreute sich die *silver-fork novel*, auch *fashionable novel* oder *novel of fashion* genannt, wachsender Beliebtheit. Diese Romane, die von Autoren wie THOMAS HENRY LISTER (1800–42), CHARLOTTE BURY (1775–1861), CATHERINE GORE (1799–1861) und EDWARD BULWER-LYTTON in großer Zahl verfasst wurden, zeichnen sich durch eine detaillierte Beschreibung des Lebensstils der Oberschicht aus. Die Figuren sind meist oberflächlich und recht stark typisiert; *stock figures* bilden etwa die kaltherzige Schönheit, der leidenschaftliche Liebhaber und v. a. der modebewusste Dandy. Die Sucht nach exquisiten Vergnügungen und exklusivem Luxus bildet ein wichtiges Thema dieser Romane, in denen von Umgangsformen über Kleidung, Einrichtung, Mahlzeiten und Moden alles Wissenswerte über die obersten

---

1 Vgl. zum folgenden WHEELER (1985: 14–20).

Kreise der Gesellschaft in fiktionaler Form vermittelt wird. Auch der spätere Premierminister BENJAMIN DISRAELI verfasste zwei *silver-fork novels*, *Vivian Grey* (1826–27) und *The Young Duke* (1831), die v. a. deshalb außerordentlich erfolgreich waren, weil er darin bekannte Persönlichkeiten auftreten ließ und den gehobenen Lebensstil durch Satire und Witz verfremdete.

Popularität der *silver-fork novels*

Da die *silver-fork novels* in den 1830er Jahren das populärste Subgenre des Romans bildeten, versuchte sich auch der spätere LORD BULWER-LYTTON, der zeitweise aufgrund eines Familienzwistes gezwungen war, sein Geld durch Schreiben zu verdienen, an dieser Gattung. Schon mit seinem Roman *Pelham* (1828), der die Mode seiner Zeit beeinflusste, machte sich der damalige Dandy BULWER-LYTTON als erfolgreicher Schriftsteller einen Namen. Seines Erachtens war eine Mischung aus Nachahmung und Neid für die Popularität dieses Genres verantwortlich. Zum einen ermöglichte die genaue Beschreibung des Lebensstils der *high society* es den aufstrebenden mittleren Schichten, den luxuriösen Lebensstil zu imitieren, zum anderen vermittelte die satirische Darstellung der Torheiten und Laster der oberen Zehntausend Lesern den Eindruck, dass deren Leben letztlich doch nicht besser sei als das eigene.

Newgate novels: Faszination des Verbrechens

Die Faszination, die Verbrechen ausübten, schlug sich nicht nur in Balladen, Zeitungen und Einblattdrucken nieder, sondern auch in sogenannten *Newgate novels*, die nach dem berühmt-berüchtigten Londoner Gefängnis benannt wurden. Diese Subgattung zeichnet sich durch eine romantisierende Darstellung der Verbrecher aus, die oft als attraktive Gentlemen gezeichnet wurden. Neben frei erfundenen Räubern wurde auch das Leben von Kriminellen aus dem 18. und 19. Jh. zum Thema dieser meist auf Sensationen setzenden Romane. Aus der Masse der frühen Verbrecherromane ragt BULWER-LYTTONS *Paul Clifford* (1830) deshalb heraus, weil er der erste einflussreichere Roman ist, der auf einem reformatorischen Impetus beruht. Paul wird als illegitimes Kind aufgezogen, zu Unrecht verhaftet und dadurch auf die schiefe Bahn gebracht. Dieser spannende Roman, der ein – völlig unwahrscheinliches – glückliches Ende hat, illustriert BULWER-LYTTONS Auffassung, dass gesellschaftliche Rahmenbedingungen Menschen zu Verbrechern machen und eine Änderung der Verhältnisse vonnöten ist.

Thomas Carlyle: *Sartor Resartus*

Neben diesen populären Erscheinungsformen des Romans erschien 1833–34 ein Werk, das gleichermaßen dem Erbe der Romantik verpflichtet ist und Themen behandelt, die von späteren Autoren wieder aufgegriffen wurden: THOMAS CARLYLES (1795–1881) *Sartor Resartus: The Life and Opinions of Herr Teufels-*

dröckh, das dem Leben und Werk des fiktiven deutschen Professors Diogenes Teufelsdröckh gewidmet ist, verarbeitet Teile von CARLYLES Biographie in ironischer Form. Viele Einstellungen CARLYLES finden in diesem höchst unkonventionellen Roman ihren Niederschlag, allen voran seine Hochschätzung deutscher Kultur und der Philosophie des deutschen Idealismus. Auf die Prosa der Romantik verweisen die konsequente Subjektivierung und die fragmentarische Form, die nur durch den fiktiven Herausgeber eine lockere Ordnung erhält. CARLYLES Beschäftigung mit Fragen der Erziehung, der Entfremdung des Individuums in der kapitalistischen Gesellschaft und dem Elend der Armen nimmt bedeutende Themen vieler Romane des 19. Jh.s vorweg. Großen Einfluss auf spätere Romanciers hatte seine Kritik an der Situation der unteren Schichten und sein Misstrauen gegenüber der Demokratisierung, die seines Erachtens keine Verbesserungen herbeiführen konnte; vielmehr setzte CARLYLE sein Vertrauen auf heldenhafte Führer sowie die Rückbesinnung auf religiöse und moralische Werte.

Die Hinwendung zum Mittelalter

In den 1830er Jahren verstärkte sich ein bis in das 18. Jh. zurückreichender Trend, der bis ins frühe 20. Jh. anhalten sollte: Die teils nostalgisch, teils sozialkritisch motivierte Hinwendung zum Mittelalter. Mittelalterliche Architektur wurde modern, und mittelalterliche Sitten wurden als vorbildlich gepriesen. Im Zentrum der Verherrlichung des Mittelalters stand die Vision eines gemeinschaftlichen, geordneten Soziallebens, in dem die Beziehungen zwischen Arm und Reich noch intakt waren. Im Gegensatz zur wettbewerbsorientierten, von Profitstreben bestimmten Marktwirtschaft, in der Armen – wie das äußerst unpopuläre Armengesetz von 1834 bestätigte – nur sehr widerwillig eine minimale Unterstützung zugestanden wurde, erschienen mittelalterliche Zustände, besonders die vermeintlich freundschaftliche und freigiebige Armenunterstützung durch die Klöster, in einem positiven Licht. Eines der einflussreichsten Werke, die diesen Kontrast zwischen idealisiertem Mittelalter und vermeintlich mechanistischer Gegenwart veranschaulichte, war THOMAS CARLYLES *Past and Present* (1843).

1 Historische Romane: Edward Bulwer-Lytton und frühe Nachfolger Scotts

Merkmale populärer historischer Romane der 1830er Jahre

Der Verkaufserfolg der Romane SCOTTS und das große Interesse an historischen Stoffen, allen voran an der englischen und schottischen Geschichte, veranlasste eine ganze Reihe von Autoren dazu, historische Romane zu verfassen. Die große Mehrzahl dieser Werke erreichte damals ein breites Publikum; sie waren oft gut recherchiert und quollen über von antiquarischen, kulturgeschichtlichen Details. Meist lag ihnen jedoch die Annahme zugrunde, dass sich Mentalitäten, die kollektiven Weisen des Denkens und Fühlens, nicht verändern. Die sensationell wirkende, von Melodramatik, Intrigen und Hinrichtungen geprägte Handlung ist oft nur lose mit dem minuziös geschilderten historischen Hintergrund verbunden, und die in großer Zahl auftretenden historischen Persönlichkeiten beeinflussen den fiktiven Verlauf der Ereignisse nicht. Solche Romane wurden im Dutzend von Autoren wie G.P.R. JAMES (1801–60), EMMA ROBINSON (1814–90) und WILLIAM HARRISON AINSWORTH (1805–82) verfasst und fanden bis in die Mitte des Jh.s eine breite Leserschaft. Auch die frühen historischen Romane BULWER-LYTTONS gehören zu dieser Gruppe von Romanen, die zu dieser Zeit *„den weitaus größten Anteil an der Romanproduktion"* (MÜLLENBROCK 1980: 44) hatten.

Edward Bulwer-Lytton

EDWARD GEORGE EARLE LYTTON BULWER (1803–73), der seit dem Antritt seines adligen Erbes im Jahre 1843 EDWARD BULWER-LYTTON hieß und in Literaturgeschichten meist unter diesem Namen figuriert, ist lange unterschätzt worden, weil er eine Fülle von anspruchslosen, kommerziell einträglichen populären Romanen und Dramen verfasste. Neben dieser Massenware schrieb er jedoch eine Reihe von interessanten literatur- und zeitkritischen Essays sowie ernstzunehmende Komödien und Romane. Mit der Veröffentlichung seines historischen Romans *Rienzi: The Last of the Roman Tribunes* (1835) setzte BULWER-LYTTON neue Schwerpunkte, die er in *The Last of the Barons* (1843) und *Harold, the Last of the Saxon Kings* (1848) vertiefte.

Kennzeichen der historischen Romane Bulwer-Lyttons

Die historischen Romane BULWER-LYTTONS waren durchgehend auf dem Stand der damaligen Geschichtswissenschaft; Bewunderer glaubten sogar, sie seien präziser und kenntnisreicher als die naturgemäß ‚trockeneren' Geschichtsbücher. Im Gegensatz zu früheren Romanen ist die Handlung in BULWER-LYTTONS späteren Werken von den Ergebnissen seiner historischen Forschungen vorgegeben; Imagination und fiktive Gestaltung kamen erst bei der Darstellung des Bewusstseins, der Gefühle und Motive der historischen Persönlichkeiten ins Spiel. Wie HANS-JOACHIM MÜLLENBROCK (1980: 47) ausführt, hatte dies *„eine fragwürdige Zweiteilung von historisch akkurater Außenseite einerseits und dichterisch frei verfügbarer Innenseite andererseits"* zur Folge. Die frei erfundenen Figuren üben keinen Einfluss auf die geschichtlichen Ereignisse aus – dies würde ja die historische Genauigkeit beeinträchtigen – und sind zudem wenig individualisiert.

Obgleich BULWER-LYTTON geschichtliche Vorgänge nur selten verfälschte, nutzte er seine Romane als Medium politischer Propa-

Bulwer-Lyttons Romane als politische Propaganda

ganda. Die häufig in Epochen des Übergangs angesiedelte Handlung illustrierte Verhaltensweisen und Probleme, die auch in der viktorianischen Zeit aktuell waren. Diese Funktionalisierung ist besonders an den Motiven der geschilderten historischen Persönlichkeiten greifbar: „*Harold zum Beispiel gleicht in seiner Mentalität weniger dem historischen König als einem konservativ-fortschrittlichen Staatsmann des frühen 19. Jahrhunderts.*" (MÜLLENBROCK 1980: 49) Darüber hinaus nutzte BULWER-LYTTON – ähnlich wie CARLYLE – den Kontrast zwischen mittelalterlichen Idealen sowie ritterlichen Helden auf der einen und der einförmigen Gegenwart auf der anderen Seite, um seinen konservativen Werten Gewicht zu verleihen. Die mittelalterliche Gesellschaft war für BULWER-LYTTON „*durch die tiefe und emotional verankerte Zusammengehörigkeit zwischen der Aristokratie und dem Volk geprägt*".[2] Die unverhohlene Bewunderung von Helden und der Glaube an die ‚natürlichen' patriarchalischen Bindungen zwischen Adel und Volk gehen mit Vorbehalten gegenüber der Demokratie einher, die BULWER-LYTTON mit vielen seiner Zeitgenossen, nicht zuletzt THOMAS CARLYLE und BENJAMIN DISRAELI, teilte.

2 Der weibliche Entwicklungsroman: Anne, Charlotte und Emily Brontë

Die Brontë-Schwestern

Das Leben der Geschwister BRONTË unterschied sich in mehrfacher Hinsicht von dem anderer junger Frauen ihres Standes. Ihr Vater war zwar Pfarrer in Haworth, aber aufgrund seiner angespannten finanziellen Situation hatten seine Kinder fast keine sozialen Kontakte; die daraus resultierende Isolation wurde durch die karge Landschaft in Yorkshire und den frühen Tod der Mutter und von zwei älteren Schwestern noch verstärkt. Gemeinsam mit ihrem Bruder PATRICK BRANWELL BRONTË (1817–48) begannen die drei Schwestern ANNE (1820–49), CHARLOTTE (1816–55) und EMILY BRONTË (1818–48) schon früh damit, in Gedichten und Geschichten Reiche der Phantasie zu erschaffen. Da das Einkommen des Vaters kaum ausreichte, verließen die Schwestern zwischenzeitlich die Familie, um Fähigkeiten als Lehrerinnen zu erwerben. Der Plan, eine Schule in Haworth zu führen, scheiterte aber, so dass sie versuchten, ihren Lebensunterhalt durch Schreiben aufzubessern. Das Zusammengehörigkeitsgefühl der Schwestern zeigt sich schon darin, dass sie für ihre jeweils ersten Romane gemeinsam einen Verleger suchten, dem sie ihre Manuskripte unter den Pseu-

---

2 GERT STRATMANN, „Die Chronik großer Herzen und die Dampfmaschine – Edward Bulwer-Lytton: The Last of the Barons (1843)." In: Borgmeier & Reitz (1984: 77–94, S. 90).

donymen ACTON (Anne), CURRER (Charlotte) und ELLIS (Emily) BELL anboten. EMILY und ANNE starben bereits kurz nach der Veröffentlichung ihrer ersten Romane an Schwindsucht, allein CHARLOTTE wurde noch zu Lebzeiten berühmt, veröffentlichte drei weitere Romane und fand kurzes Glück in einer Ehe, starb aber ebenfalls sehr früh im Alter von 39 Jahren.

Besonderheiten der Romane

Bei aller Unterschiedlichkeit sind die Romane der BRONTËS gleichermaßen von der Bewunderung für die Romantik und einer eher intensiven als extensiven Darstellungsweise geprägt. Die panoramische Breite vieler viktorianischer Romane sucht man in ihren Werken vergeblich; statt dessen wählten die BRONTË-Schwestern Schauplätze und Charaktere, die aus ihrem persönlichen Erfahrungsbereich stammten. Ihre Themen – insbesondere die vielfältigen Einschränkungen, mit denen Frauen zu kämpfen hatten, – loteten sie anhand einer recht begrenzten Figurenkonstellation in psychologischer Tiefe aus.

Romantische Elemente in *Wuthering Heights*

EMILY BRONTËS einziger Roman, *Wuthering Heights* (1847), ist als der beste englische Roman der Romantik bezeichnet worden. In der Tat schlägt sich die ausgiebige Byron-Lektüre der jungen Autorin nicht nur in der Figur des dämonisch-attraktiven Heathcliff nieder, der nach der Zurückweisung durch die geliebte Catherine – die ihn ebenfalls leidenschaftlich liebt, aber die Annehmlichkeiten einer gutsituierten Ehefrau genießen möchte – sein Glück macht und nach seiner Rückkehr nach Wuthering Heights seinen Rachegelüsten freien Lauf lässt. Ähnlich wie WALTER SCOTT zeichnet EMILY BRONTË das Schicksal zweier Familien über zwei Generationen nach; an die Romantik erinnern aber v. a. die intensiven Naturdarstellungen, die oft gerühmte poetische Sprache, die ungebändigten Leidenschaften, die Adaption von Elementen des Schauerromans, Alpträume und Ausnahmezustände der Protagonisten sowie die kunstvolle Gestaltung kindlicher Perspektiven.

Eine amoralische Welt

Die in *Wuthering Heights* dargestellte Welt ist zutiefst amoralisch. Die Hauptfiguren Heathcliff und Catherine scheinen kein Gewissen zu haben, sie leiden und handeln, ohne je nach ethischen Werten zu fragen. Die von Heathcliff dominierte Welt ist von Rache, Machthunger, Brutalität, Erniedrigungen und Zerstörungswut geprägt. Durch die völlige Isolation von ‚normalen' Gemeinschaften – es gibt zwar ein Dorf in der Nähe, aber dessen Bewohner treten nie als Figuren in Erscheinung – fehlt jegliche soziale Verankerung der Hauptfiguren; Recht und Sittlichkeit scheinen außer Kraft gesetzt. Die nuancierte Darstellung der wilden Landschaft und Naturgewalten unterstreicht den Eindruck ungebändigter Leidenschaften. Im Gegensatz zur großen Mehrzahl viktorianischer Romane gibt es in *Wuthering Heights* keine

Darstellung zeitgenössischer Sitten, keine Anpassung an gesellschaftliche Normen, keinen Humor und keine Sozialkritik. Poetische Gerechtigkeit ist allenfalls in Ansätzen vorhanden. Es verwundert daher nicht, dass dieser ebenso unkonventionelle wie modern wirkende Roman bei den Zeitgenossen zunächst keinen Anklang fand.

Form und Zeitlosigkeit von *Wuthering Heights*

Dass der Roman heute zu den bedeutendsten Werken des 19. Jh.s gezählt wird, mag auch auf seine modernen Züge zurückzuführen sein. So tragen die verschachtelte Erzählsituation und die fragwürdige Zuverlässigkeit der beiden Erzähler dazu bei, dass Leser keine Gewissheit über die geschilderten Vorgänge erhalten. Diese Offenheit rührt daher, dass der Ich-Erzähler Lockwood befangen ist und über die zeitlich zurückliegenden Geschehnisse von der respektabel-konventionellen, über Notlügen nicht immer erhabenen Nelly Dean informiert wird, die manches nur von anderen Bediensteten gehört hat. Die Beweggründe der Protagonisten erfährt der Leser daher in mehrfacher Brechung von Erzählern, die den Ereignissen mit Unverständnis bzw. emotionaler Involviertheit gegenüberstehen. Dieser inhaltlichen Ungewissheit und komplexen Struktur des Romans – dem nichtsdestotrotz eine strikte Form und ein ausgeklügeltes zeitliches Raster zugrunde liegt – entspricht das offene Ende, in dem zwar die junge Generation in traute Häuslichkeit entlassen wird, aber weder eine klare Bewertung noch eine Auflösung der seltsamen Ereignisse erfolgt. EMILY BRONTËS einzigartiger Roman steht daher außerhalb der literarischen und moralischen Konventionen seiner Zeit.

Die Gouvernantenthematik: Anne Brontë: *Agnes Grey*

ANNE BRONTË zeichnet in *Agnes Grey* (1847) die Entwicklung der Titelheldin nach, die infolge der finanziellen Schwierigkeiten des Vaters als Gouvernante arbeitet. Ebenso wie der Werdegang von Lucy Snowe aus CHARLOTTE BRONTËS Roman *Villette* illustrieren die Erfahrungen von Agnes Grey die engen Grenzen, die gebildeten Frauen aus den mittleren Schichten gesetzt waren; sie konnten nur als Hausdame, Gouvernante oder Lehrerin eine einigermaßen respektable Anstellung finden. Unabhängigkeit und Selbstverwirklichung, vielfach sogar freundschaftliche Kontakte zu Gleichgestellten blieben diesen Frauen verwehrt, denn sie nahmen eine unsichere Position zwischen Bediensteten und ihren Arbeitgebern ein. Der einzige Ausweg aus dieser Situation, die CHARLOTTES Ansicht nach zur „*estrangement from one's real character*"³ führte, war die Ehe.

Im Gegensatz zu *Wuthering Heights* und *Agnes Grey* wurde CHARLOTTE BRONTËS *Jane Eyre* (1847) sofort ein großer Erfolg. Dies war

---

3 GASKELL, *Life of Charlotte Brontë*, I, 10, zit. nach GILMOUR (1986: 63).

58   Der prä- und frühviktorianische Roman (1830–1858)

Erfolg der fiktionalen Autobiographie: Jane Eyre

u. a. auf die gelungene Verquickung von Konventionen der fiktionalen Autobiographie und des Bildungsromans zurückzuführen; für die feinfühlige, nuancierte Darstellung der eigenen Entwicklung aus der Perspektive eines reiferen Ich lassen sich kaum Vorbilder finden. Einen intertextuellen Bezugsrahmen liefert das neben der Bibel populärste englische Buch des 18. und 19. Jh.s, JOHN BUNYANS Allegorie *The Pilgrim's Progress* (1678–84), in der die Jedermann-Figur Christian auf ihrem Weg zur *celestial city* verschiedenste Gefahren meistern muss. Auch Jane Eyre wird einer Reihe von Versuchungen und Gefährdungen ausgesetzt, anders als in BUNYANS Werk entwickelt sich die Heldin auf ihrer spirituellen Reise jedoch in Auseinandersetzung mit ihrer Umgebung weiter, ohne dabei vorgefertigten Rollenmustern zu entsprechen. *Jane Eyre* versucht daher, „*the Romantic quest for emotional fulfilment with the Christian search for salvation and true being*" (GILMOUR 1986: 66) zu verbinden. Zu den Kennzeichen dieses Romans zählen darüber hinaus die poetische Sprache, die intensiven Naturbeschreibungen und die Fülle von Metaphern und Symbolen, die zur Kohärenzstiftung beitragen.

Eine ungewöhnliche Heldin

Die Titelheldin Jane widerspricht damaligen Weiblichkeitsvorstellungen in verschiedener Hinsicht. Sie ist nicht hübsch – was trotz des Beispiels von Fanny Price in *Mansfield Park* immer noch höchst außergewöhnlich für eine Protagonistin war, die schließlich das Interesse der Leser auf sich ziehen sollte – und meistert die sich ihr stellenden Schwierigkeiten mit einer Mischung aus Rationalität, Selbstbewusstsein, geistiger Unabhängigkeit und Selbstdisziplin. Ungewöhnlich an Jane ist auch ihre Entschlossenheit, denn sie flieht vor dem geliebten Mann, dem reichen byronischen Helden Rochester, der sie unbedingt heiraten möchte, weil sie erfährt, dass im obersten Geschoss des Hauses seine seit vielen Jahren wahnsinnige Ehefrau Bertha lebt. Auch den Heiratsantrag von St. John Rivers, der sie als Helferin für seine missionarische Tätigkeit in Indien benutzen möchte, weist sie zurück.

Präsenz des Empire

Dass die Charakterisierung Berthas, die aus den westindischen Inseln stammt, in verschiedener Hinsicht an Stereotype über bedrohliche, irrationale und wollüstige Schwarze anknüpft, und Jane ernsthaft überlegt, ob sie Rivers bei der Verbreitung des Christentums in Indien unterstützen soll, wird häufig als Beleg für die große Bedeutung des Britischen Empire im englischen Roman des 19. Jh.s angeführt. Auch in vermeintlich unpolitischen Romanen, die um ‚private' Themen wie Liebe und Heirat sowie die Entwicklung der Hauptfiguren kreisen, wird die Existenz des Empire häufig implizit vorausgesetzt; außerdem tragen solche Romane teilweise zur Verbreitung rassischer Stereotype bei. Die Erfahrungen von Jane verdeutlichen zudem, dass die Kolonialisierung ferner

Völker auch Auswirkungen auf Frauen hat, die in England bleiben: Janes Schicksal wird maßgeblich von den Handlungen der Kreolin Bertha beeinflusst, und das Vermögen, dass sie zu guter Letzt zu einer reichen Frau macht, wurde ebenso wie das Einkommen der Bertrams in JANE AUSTENS *Mansfield Park* durch überseeische Handelsunternehmungen und die Ausbeutung kolonisierter Völker erwirtschaftet.

Jane Eyre als weiblicher Bildungsroman

Im Zentrum von *Jane Eyre* steht die Ausprägung eines weiblichen Selbstbewusstseins. An zentralen Punkten widersetzt sich Jane der Unterordnung unter männliche Vorherrschaft; immer wieder flieht sie aus Situationen, in denen sie sich gefangen fühlt und nimmt ein mehr als ungewisses Schicksal in Kauf, um ihre Selbstständigkeit zu wahren. Sie behauptet ihre Ebenbürtigkeit gegenüber dem sozial weit über ihr stehenden Rochester und heiratet ihn erst, als sie in der besseren Position ist: Jane kehrt als reife, reiche Erbin zu dem schwerkranken, erblindeten Geliebten zurück. Der Konflikt zwischen Gefühl und Selbstverwirklichung auf der einen und moralischen sowie sozialen Pflichten auf der anderen Seite wird im Happy End von *Jane Eyre* gelöst. Obgleich die Heldin durch ihre Selbstständigkeit, Urteilskraft und kompromisslose Wahrheitsliebe ein Frauenbild verkörpert, das gängigen Stereotypen widerspricht, erfüllt aber auch Jane zu Ende des Romans die traditionelle weibliche Aufgabe der aufopferungsvollen Pflege ihres Gatten im trauten Heim.

Charlotte Brontë: *Villette*

In ihrem letzten vollendeten Roman, *Villette* (1853), führt CHARLOTTE BRONTË viele der Themen von *Jane Eyre* in einer realistischeren Form weiter. In *Villette* gibt es keinen byronischen Rochester, keine wahnsinnige, bedrohliche Frau und keine geheimnisvolle telepathische Kommunikation zwischen Liebenden, und auch die letzten mysteriösen Reste der Schauerromantik entpuppen sich als harmlose Täuschungsversuche. Wie in *Jane Eyre* werden die Erfahrungen der Protagonistin Lucy Snowe von der gereiften Ich-Erzählerin drei Jahre nach dem Ende der Handlung aus der Rückschau nüchtern wiedergeben. Auch Lucy fühlt sich als Gefangene, auch sie muss für ihren Lebensunterhalt selbst aufkommen und ist einer fremden, feindseligen Umgebung ausgesetzt. Ebenso wie Jane muss auch Lucy ihre Gefühle beherrschen und ihre Liebe zu John Bretton überwinden; sie bangt bis zum Schluss des Romans darum, ob Paul Emanuel ihre Gefühle erwidert. Ob es zur Vereinigung der Liebenden kommt und Pauls Schiff dem sieben Tage tosenden Sturm widerstanden hat, erzählt Lucy nicht. Statt dessen hebt sie hervor, dass sie die drei Jahre des Wartens auf Paul, in denen sie mit Geschick und Erfolg eine Schule leitet, trotz der Abwesenheit des Geliebten sehr genossen hat: „*Reader, they were the happiest three years of my life.*" (42) Leser behalten

Lucy demnach als eine unabhängige, kompetente und selbstständige Frau im Gedächtnis.

Charlotte Brontës: *Shirley*

Im Werk CHARLOTTE BRONTËS stellt *Shirley* (1849) eine Ausnahme dar: Es geht nicht in erster Linie um die Entwicklung einer weiblichen Hauptfigur, das Gouvernanten-Thema spielt nur eine untergeordnete Rolle, der prägende Einfluss von sozialen Faktoren wird in Bezug auf unterschiedliche Figuren ausgeleuchtet, und der Roman wird als einziger von einem auktorialen Erzähler erzählt. Zumindest in einer Hinsicht hat sich die Autorin mit diesem Roman dem Zeitgeschmack angepasst, denn es handelt sich um einen Industrieroman, in dem die soziale Frage und das Elend der Arbeiter im Zentrum stehen. Obgleich auch CHARLOTTE BRONTË ihre Befangenheit als konservative Angehörige der mittleren Schichten nicht überwinden konnte und die Klassenkonflikte in paternalistischer Weise gelöst werden, weicht *Shirley* insofern von anderen Sozialromanen ab, als auch feministische Fragestellungen eingehend erörtert werden. Ein weiterer Unterschied zur damals vorherrschenden Ausprägung des Industrieromans besteht darin, dass die Handlung nicht in der Gegenwart angesiedelt ist, sondern in der Zeit der Aufstände der als 'Ludditen' bezeichneten Maschinenstürmer (1811–12).

Kritik an männlichen Auffassungen von Weiblichkeit

In den zahlreichen Diskussionen um die Rechte und Aufgaben von Frauen bietet besonders die rebellische, reiche Shirley den traditionellen, religiös verankerten Vorstellungen der gehorsamen, schweigsamen und untergeordneten Ehefrau beredt Paroli. So wehrt sie sich dagegen, von Männern beschützt oder in eines der Stereotype gepresst zu werden: „*'Men, I believe, fancy women's minds something like those of children. [...] their good woman is a queer thing, half doll, half angel; their bad woman almost always a fiend. Then to hear them fall into ecstacies with each other's creations, worshipping the heroine of such a poem – novel- drama, thinking it fine – divine!'*" (20) Mit ihrer letzten Äußerung übt Shirley daher Kritik an den Weiblichkeitsentwürfen männlicher Autoren.

Weiblichkeitsentwürfe der Brontës

Obwohl CHARLOTTE BRONTË in ihren Romanen ein eindringliches Bild der begrenzten Möglichkeiten von Frauen zeichnet, kann auch sie sich den vorherrschenden Werten nicht gänzlich entziehen. Den Unterschied zwischen einer ‚gefallenen' und einer reinen Frau erhält sie aufrecht, und die aufopfernde, fürsorgliche Rolle von Ehefrauen übt große Anziehungskraft auf ihre Heldinnen aus. Dennoch finden sich viele selbstbewusste und unabhängige Frauenfiguren in den Romanen von EMILY und CHARLOTTE BRONTË, die das Spektrum vorherrschender Weiblichkeitsentwürfe im englischen Roman maßgeblich erweitert haben.

3 Der politische Roman: John Galt und Benjamin Disraeli

Gattungsbestimmung des politischen Romans

Der politische Roman gehört zu den Subgenres, die durch ihr Thema und ihren Wirklichkeitsbezug definiert werden: Politische Romane setzen sich in realistischer Form mit Politik im engeren Sinne auseinander. Englische politische Romane des 19. Jh.s befassen sich primär mit dem Parlament und dessen Abgeordneten, Wahlkampfmechanismen, Parteien und politischen Doktrinen, seltener mit außerparlamentarischer Opposition. DORIS FELDMANN (1995: 361) zufolge weist der realistische politische Roman folgende Merkmale auf: Er „*zeigt mit Hilfe seiner Figuren, wie zeitgenössische Politik für den einzelnen zum (Identitäts-)Problem wird, mit Hilfe seiner Sprache, welche Rolle Politik für den Ausdruck von Bewußtsein und für die Ausbildung von Selbstbewußtsein spielt, und mit Hilfe seiner Handlung, wie politische Prozesse in das Leben von Individuen eindringen und es bestimmen.*"

Politische Romane der 1830er Jahre

Der realistische politische Roman setzt in England mit ROBERT PLUMER WARDS Werk *De Vere* (1827) und nicht erst mit DISRAELIS *Coningsby* (1844) ein. In den 1830er Jahren gab es eine Fülle von politischen Romanen, in denen viele politische Sujets aus verschiedenen Blickwinkeln dargestellt wurden. Solche Werke wurden nicht ausschließlich von männlichen Autoren verfasst; so schrieb BENJAMIN DISRAELI gemeinsam mit seiner Schwester SARAH DISRAELI *A Year at Hartlebury, or the Election* (1834), CATHERINE GRACE FRANCES GORE veröffentlichte 1834 *The Hamiltons, or Official Life in 1830*, und HARRIET ANNE SCOTT schrieb 1838 *The M.P.'s Wife and the Lady Geraldine*.

Aktualität politischer Romane: Die *Reform Bill*

Die Brisanz politischer Fragen lag in einer seit Ende der 1820er Jahre andauernden politischen Krise begründet, die in verschiedenen Städten zu Gewalttätigkeiten führte, bevor 1832 endlich der *Reform Act* verabschiedet wurde. Die entsprechende Gesetzesvorlage ('Reform Bill') hatte deshalb die Gemüter so erregt, weil das Parlament in einer Weise reformiert werden sollte, die Konservative für eine Zerstörung der englischen Verfassung hielten. Im Prinzip ging es um eine seit den 1770er Jahren geforderte Anpassung der parlamentarischen Repräsentation an die Bevölkerungsentwicklung: Sogenannten *rotten boroughs*, aus dem Mittelalter stammenden Wahlkreisen, in denen keine oder nur sehr wenige Wähler lebten, sollte das Recht entzogen werden, Abgeordnete nach Westminster zu entsenden, und im Gegenzug sollten neuen wirtschaftlichen Zentren wie Manchester oder Liverpool Repräsentanten zuerkannt werden. Darüber hinaus wurden die Eigentumsqualifikationen so geändert, dass neben kleinen Bauern nun auch der gehobenen Mittelschicht in den Städten das Wahlrecht zugesprochen wurde. Diese aus heutiger Sicht relativ moderaten

Änderungen, die 1867 und 1884/85 erweitert wurden, erschienen damals selbst vielen Whigs als sehr radikal, da die Gesetzesbestimmungen die Gewichtung zwischen ländlichen und städtisch-industriellen Interessen verschoben und das Selbstverständnis der Parlamentarier tangierten, die sich bis dato vehement dagegen gewehrt hatten, den Wünschen der Wähler nachzugeben.

John Galts Romane über die Reform Bill-Debatte

Im Januar 1832 veröffentlichte der schottische Schriftsteller JOHN GALT (1779–1839) seinen Roman *The Member: An Autobiography*, im Mai desselben Jahres einen spiegelbildlich auf die gleiche Thematik bezogenen Nachfolgeroman *The Radical: An Autobiography* (1832). Die beiden kurzen Romane rechtfertigen den *Reform Act* indirekt durch die satirische Entblößung von dessen Gegnern. Beide Romane haben die Form fiktionaler Autobiographien, wobei sich die jeweiligen Ich-Erzähler durch ihre überzogenen Positionen selbst desavouieren und als unzuverlässig zu erkennen geben. Archibald Jobbry, das Parlamentsmitglied in *The Member*, entspricht einem Schreckbild guter englischer Bürger, denn er ist ein *Nabob*, ein ursprünglich armer Schlucker, der im Britischen Empire im despotischen Indien oder den westindischen Inseln zu unerhörtem Reichtum gekommen ist und diesen nun nutzt, indem er sich einen Parlamentssitz erkauft. Jobbry entspricht dem Stereotyp insofern, als er Politik ausschließlich als Mittel zur finanziellen Bereicherung ansieht. Folgerichtig lehnt er den *Reform Act* ab, weil dieser die Korruption behindere. Auch Nathan Butt, der Ich-Erzähler von *The Radical*, entlarvt sich durch seine Kritik am *Reform Act* implizit selbst, denn ihm ist das Gesetz nicht radikal genug. GALT greift in seiner satirischen Zeichnung des Erzählers auf verbreitete Stereotypen von Radikalen zurück, die vermeintlich wirklichkeitsfremd waren und ebenso unsinnige wie undurchführbare theoretische Maximen möglichst mit Gewalt durchsetzen wollten. Beide Romane stellen Beiträge zur politischen Debatte dar, indem sie mit literarischen Mitteln für den *Reform Act* Stellung beziehen.

Benjamin Disraeli und das *Young England* Movement

Unter den Romanciers des 19. Jh.s nimmt BENJAMIN DISRAELI (1804–81; seit 1878 EARL OF BEACONSFIELD) schon deshalb eine besondere Rolle ein, weil er die Arbeit des Parlaments nicht nur aus eigener Anschauung kannte, sondern es sogar bis zum Premierminister (1868; 1874–80) brachte. Schon durch seine herausgehobene politische Stellung verlieh DISRAELI der Gattung des politischen Romans im Nachhinein ein höheres Prestige. Sein Hauptwerk ist die Romantrilogie *Coningsby, or the New Generation* (1844), *Sybil, or the Two Nations* (1845) und *Tancred, or the New Crusade* (1847). Die letzten beiden dieser Romane setzen sich allerdings primär mit sozialen Problemen bzw. mit Glaubens- und Rassenfragen auseinander. DISRAELIS Trilogie veranschaulicht die

Prinzipien einer neuen Gruppierung innerhalb der Tories, der sog. *Young England Movement*, der neben DISRAELI u.a. LORD JOHN MANNERS und GEORGE SMYTHE (später LORD STRANGFORD) angehörten. Diese Gruppe wandte sich gegen die sozialen Veränderungen im Gefolge der Industriellen Revolution, rief zur Rückbesinnung auf alte Traditionen auf und trat in paternalistischer Weise für die Belange der unteren Schichten ein.

Coningsby als politischer Roman

In *Coningsby* befasst sich DISRAELI so intensiv mit politischen Gegebenheiten, dass der erste Teil des Romans stark an ein Pamphlet erinnert: Es dominieren lange Reflexionen des Erzählers über die gegenwärtige Lage Englands, über die Geschichte der Parteien, die diesen kläglichen Zustand zu verantworten haben, über die chaotische Verabschiedung des *Reform Act* und über den Mangel an Führungspersönlichkeiten. Diese Reflexionen werden durchbrochen durch Dialoge zwischen Politikern, deren Ansichten die Kommentare des Erzählers zusätzlich illustrieren. Erst im Verlauf des Romans gewinnt die Handlung an Dynamik durch die Entwicklung Coningsbys, eines Nachfahren eines mächtigen Aristokraten, und dessen vermeintlich aussichtslose Liebe zu der Tochter eines führenden Industriellen. Gegen Ende des Romans werden die Hindernisse, die ihrer Verbindung im Weg stehen, aus dem Weg geräumt, sodass eine romantische Verbindung zwischen tugendhaftem Adel und einsichtiger Wirtschaftselite erfolgt.

Coningsby und die Bedeutung wahrer Helden

Der *Reform Act*, der die Macht der mittleren Schichten ausweitete, wird in *Coningsby* als das Ergebnis der kopflosen Politik von zwei abgewirtschafteten Parteien dargestellt. Dem Volk sei mit einer politischen Partizipation nicht gedient, es suche nach Führern: „*they asked to be guided; they asked to be governed.*" (II, 1) Verantwortliche Führung, Fortschritt und Erneuerungen seien von der Masse der Bevölkerung nicht zu erwarten; lediglich einige herausragende Persönlichkeiten, die mit großem Engagement hehre Ideale verfolgten, könnten Abhilfe schaffen. *Coningsby* beschreibt die Entwicklung eines solchen aristokratischen Helden, der seine standesgemäßen Pflichten ernst nimmt. Schon auf der Schule wird der Titelheld zum „*hero of Eton*" (III, 1); seine wichtigsten Führungsqualitäten entwickelt er aber erst nach einem Zusammentreffen mit dem mysteriösen Sidonia, der großen Einfluss auf Coningsby ausübt: „*'You seem to me a hero,' said Coningsby, in a tone of real feeling*" (III, 1). Ob Coningsby seinen Parlamentssitz, mit dem er am Ende des Buches belohnt wird, zu großen Taten nutzen wird, bleibt aber offen.

Die Verschmelzung von Gattungen deutet sich schon in DISRAELIS frühem *silver-fork* Roman *Vivian Grey* (1826–27) an, in dem Politik ebenfalls eine wichtige Rolle spielt. Verbindungen mit der

64 Der prä- und frühviktorianische Roman (1830–1858)

Gattungsvermischungen: Politischer Roman, historischer Roman und fashionable novel

Romanze gehen z. B. Chartistenromane ein, in denen die Bemühungen einer radikalen außerparlamentarischen Bewegung thematisiert werden. Deren Ziel war, eine sechs Punkte umfassende ‚Charta' durchzusetzen, die u. a. das allgemeine (Männer-)Wahlrecht forderte. In solchen Romanen werden Arbeiter, die einen großen Teil der ‚Chartisten' ausmachten, in heroischer Form verklärt. Die Grenze zwischen politischen und historischen Romanen ist ebenfalls fließend, denn die politischen Inhalte werden in vielen Werken in der nahen oder fernen Vergangenheit angesiedelt. Ein Beispiel für die Vermischung von *silver-fork novel*, politischem und historischem Roman bildet CATHERINE GRACE FRANCES GORES *The Cabinet Minister* (1839), in dem Lebenswandel und Politik der aristokratischen Elite Londons zu Beginn der Regentschaft GEORGS IV. beschrieben werden.

4 Sozialromane: Benjamin Disraeli, Charles Kingsley und Elizabeth Gaskell

Brisanz sozialer Probleme

Die Grenze zwischen Sozial- bzw. Industrieroman und politischem Roman ist insofern fließend, als sie davon abhängt, wie eng oder weit ‚politisch' definiert wird. Gerade soziale Fragen waren in den 1830er und 1840er Jahren, in denen um die Anfänge einer Arbeiter- und Sozialgesetzgebung gerungen wurde, eminent politische Fragen. Die Brisanz sozialer Probleme ergab sich aus der Bevölkerungsexplosion und den Konsequenzen der Industriellen Revolution, dem Verlust paternalistischer Bindungen zwischen Grundbesitzern und Pächtern, den miserablen Lebens- und Arbeitsbedingungen eines Teils der Fabrikarbeiter, katastrophalen sanitären und hygienischen Verhältnissen in dicht besiedelten Slums sowie der Armut eines Teils der Bevölkerung, die durch das von vielen Seiten kritisierte *New Poor Law* (1834) kaum gelindert wurde.

Sozialroman vs. Industrieroman

Für die Subgattung des Romans, die sich mit den negativen sozialen Auswirkungen der Industriellen Revolution beschäftigt, werden zwei Begriffe verwendet, die dieses Genre beide nur in unzulänglicher Weise kennzeichnen. Die Bezeichnung Industrieroman bzw. *industrial novel* ist insofern etwas irreführend, als nicht Industrie und Wirtschaft, sondern die sozialen Probleme der Arbeiter im Mittelpunkt stehen. Gegen die Bezeichnung ‚Sozialroman' kann demgegenüber eingewandt werden, dass sich fast alle Romane mit sozialen Phänomenen beschäftigen, so dass eine Fülle sehr unterschiedlicher Werke von Sittenromanen bis zu Utopien unter diesem Sammelbegriff zusammengefasst werden könnten.

Ebenso wie Autoren politischer Romane verfolgten viele Verfasser von *industrial novels* ein wirkungsästhetisches Ziel. Ihnen ging es

Propaganda und Sympathie in *industrial novels*

in erster Linie darum, die oberen und mittleren Schichten dazu zu bringen, sich für die Verbesserung der Situation der Armen einzusetzen. Verbreiteten Auffassungen gemäß ließ sich eine solche Wirkung am besten dadurch erreichen, dass man möglichst viel Sympathie und Mitleid für Arbeiter – im Roman wie in der Realität – hervorrief. Dies setzte der Darstellungsweise jedoch enge Grenzen, denn Arbeiter mussten gleichermaßen idealisierend und mitleiderregend gezeichnet werden; sie mussten den moralischen Standards der mittleren Schichten entsprechen und ohne eigenes Verschulden in Not geraten sein. „*To allow, for instance, a non-debased working man to swear, get drunk, abuse the government or indulge in any form of violence, without condemning him [...], would have tended to undermine the very sympathy which the author was trying to evoke.*" (KEATING 1971: 55) Die Absicht, Mitleid hervorzurufen, führte zudem zu einer ernsthaften, bisweilen zu Sentimentalität und Melodramatik neigenden Darstellung: Glückliche Arme brauchen keine Unterstützung.

Frühe viktorianische Sozialromane

Schon in den 1830er und 1840er Jahren befassten sich v. a. weibliche Romanciers mit dem sozialen Elend von Arbeitern. Ihr Bemühen, die Leser gleichzeitig aufzurütteln und zu informieren, schlägt sich in oftmals ausführlichen Fußnoten nieder, die die geschilderten Missstände dokumentieren. FRANCES TROLLOPE illustriert in *The Life and Adventures of Michael Armstrong, the Factory Boy* (1839–40) die brutale Behandlung von Kindern in Fabriken. In CHARLOTTE ELIZABETH TONNAS Roman *Helen Fleetwood* (1839–40) und in ELIZABETH STONES *The Young Milliner* (1843) geht es um die Ausbeutung von Frauen. Die Arbeitgeber sind in diesen Romanen meist sadistisch veranlagt und werden von den Erzählern kritisiert; oft werden solche Figuren am Ende angemessen für ihre Brutalität bestraft. Im Gegensatz zu späteren Gattungsausprägungen konzentrieren sich diese frühen Industrieromane auf schockierende, letztlich aber untypische Extremfälle. Nachdem die negativ gezeichneten Aufseher oder Besitzer bestraft sind, kommt es zu einer Besserung der Verhältnisse; zumeist handelt es sich um romanzenhafte Romanschlüsse, in denen die Heldinnen und Helden das Arbeiterleben hinter sich lassen: Die Titelheldin von TONNAS Roman *Helen Fleetwood* stirbt, während Michael Armstrong, der Protagonist von TROLLOPES Roman, ein Vermögen erbt.[4]

Die ‚condition of England'-Frage

Die Sorge um das Los der Arbeiter ging in der Regel nicht mit einem Verständnis für die Chartisten einher, die durch tiefgreifende politische Reformen eine Verbesserung der sozialen Situation erreichen wollten. Vielmehr wurde das Aufsehen, das die Forderungen der Chartisten erregten, häufig als Anzeichen der all

---

4 Vgl. KEATING (1971: 228f.) sowie WHEELER (1985: 19).

gemeinen Misere gedeutet und zum Anlass für eine weitausgreifende Diskussion um die ‚condition of England'. In dem oft zitierten Beginn des Kapitels „Condition-of-England Question" in seinem Werk *Chartism* (1839) beschwor CARLYLE eine Krisenstimmung, die seiner Kritik an der Wissenschaftsgläubigkeit, dem merkantilen Geist und dem Verlust ethischer Werte und paternalistischer Beziehungen Nachdruck verleihen sollte: *„A feeling very generally exists that the condition and disposition of the Working Classes is a rather ominous matter at present [...] if something be not done, something will DO itself one day, and in a fashion that will please nobody."* (1)

Ein Land mit zwei Nationen: Sybil

Auch BENJAMIN DISRAELI war der Ansicht, dass Veränderungen notwendig seien, die sich am Leitbild eines idealisierten mittelalterlichen Feudalismus orientieren sollten. Sein Roman *Sybil, or The Two Nations* (1845) veranschaulicht die Auffassung, dass sich die Lebensweisen von oberen und unteren Schichten so stark voneinander unterschieden, als ob sie auf unterschiedlichen Planeten lebten. In einer berühmt gewordenen Passage erfährt der Held des Romans, der adlige Egremont, auf den Ruinen eines alten Klosters, dass Königin VIKTORIA nicht über eine Nation regiere, sondern über zwei:

'Yes,' resumed the younger stranger after a moment's interval. 'Two nations; between whom there is no intercourse and no sympathy; who are as ignorant of each other's habits, thoughts, and feelings, as if they were dwellers in different zones, or inhabitants of different planets; who are formed by a different breeding, are fed by a different food, are ordered by different manners, and are not governed by the same laws.'
'You speak of –' said Egremont, hesitatingly.
'THE RICH AND THE POOR.' (II, 5)

Harmonie zwischen Adel und Volk

DISRAELI benutzte dokumentarisches Material aus Parlamentskommissionen, um seinen Lesern die Lage der Armen, die in rasch wechselnden Szenen mit dem Lebenswandel der Reichen kontrastiert wird, in drastischer Weise vor Augen zu führen. Gleichzeitig weist *Sybil* jedoch viele melodramatische und romanzenhafte Elemente auf. So folgt gleich nach Egremonts Belehrung eine romantisch-mysteriöse Szene, in der der Held zum ersten Mal die engelgleiche Sybil sieht. Durch diese vorbildliche Tochter eines Chartisten lernt Egremont die Lage der unteren Schichten kennen. Im Verlauf des Romans nähern sich diese beiden Repräsentanten von Adel und Volk aneinander an, um gemeinsam an einer Besserung der Verhältnisse zu arbeiten. Dass sich Sybil am Ende als Abkömmling eines Adelsgeschlechts entpuppt und Egremont somit eine standesgemäße Ehe schließen kann, ändert nichts an diesem Annäherungsprozess. DISRAELI war ebenso wenig wie CARLYLE oder CHARLES KINGSLEY der Auffassung, dass die unteren

Schichten das Wahlrecht oder eine Form politischer Mitsprache bekommen sollten; eine Besserung erhoffte er sich von einer nostalgisch verbrämten Zusammenarbeit von aufrechten, pflichtbewussten Adeligen und tugendhaftem Volk.

Christlicher Sozialismus: Charles Kingsley

CHARLES KINGSLEY (1819–75) gehörte einer religiös geprägten Bewegung an, die die ökonomischen Grundsätze und Praktiken des *laissez faire*-Kapitalismus aufgrund der katastrophalen Auswirkungen auf die Arbeiterschicht scharf kritisierte. Bei den *Christian Socialists* verband sich diese Ablehnung mit einer Kritik an der konservativen Position der anglikanischen Kirche, die sich nicht in ausreichender Weise für die unteren Schichten engagierte. Auch die ‚christlichen Sozialisten' sprachen sich nicht für staatliche Intervention oder strukturelle Veränderungen aus, sondern wollten den Missständen durch moralische und erzieherische Maßnahmen beikommen, denn ein Verlust christlicher Werte bildete ihres Erachtens den Kern des Übels. Neben FREDERICK DENISON MAURICE und STEWARD HEADLAM zählte KINGSLEY zu den Führern dieser – sehr heterogenen – Bewegung. Das Verdienst der ‚christlichen Sozialisten' liegt in ihrer kompromisslosen Anprangerung sozialer Missstände, der Anerkennung von Armen als gleichwertige Menschen sowie ihrem Einsatz für Schulen, sanitäre Reformen und die Bildung von Genossenschaften. Wie die Romane des anglikanischen Geistlichen KINGSLEY waren Schriften und Intentionen der *Christian Socialists* von dem Bemühen geprägt, den Lehren der Bibel Geltung zu verschaffen.

Yeast: A Problem

KINGSLEYS erster Roman, *Yeast: A Problem* (1848; 1851), schildert die Entwicklung des wohlhabenden Protagonisten Lancelot Smith vom relativ orientierungslosen Jugendlichen zum sozial verantwortungsbewussten Christen. Ähnlich wie Egremont wird Smith durch eine Begegnung mit einem Fremden, dem vorbildlichen Paul Tregarva, für das Elend der unteren Schichten sensibilisiert, das er zunächst auf dem Lande, später in London aus eigener Anschauung kennenlernt. Wie NORBERT PLATZ (1986: 129) hervorhebt, hat der Protagonist, der sich tatkräftig für eine Verbesserung der Situation der Armen einsetzt, trotz des parallelen Anwachsens seiner moralischen und körperlichen Stärke „noch verhältnismäßig wenig mit dem Verhaltensideal des ‚MUSCULAR CHRISTIAN' zu tun". Die idealisierte Darstellung der Heldin Argemone, die Smith eine aufopfernde Nächstenliebe vorlebt, entspricht hingegen völlig dem von KINGSLEY mitgeprägten Ideal des *Angel in the House*. Idealisierung geht in diesem Roman allerdings Hand in Hand mit Unterordnung, denn Smith belehrt die verehrte Argemone eines Besseren, als diese die intellektuelle Gleichheit der Geschlechter betont. Er besteht zwar auf seiner geistigen Überlegenheit, behauptet jedoch, zu ihr aufzusehen, weil sie „*infallible and inspired"* sei in allen *„questions of morality, of taste, of feeling"* (10).

Sichtweise der unteren Schichten: Alton Locke

KINGSLEYS zweiter Roman, *Alton Locke, Tailor and Poet: An Autobiography* (1850; 1855 in einer billigen einbändigen Ausgabe erschienen), geht insofern über die bislang vorgestellten Werke hinaus, als darin die Situation der Arbeiterschicht aus der Sicht eines Betroffenen geschildert wird. Leser aus den mittleren Schichten erhalten dadurch die Gelegenheit, die Perspektive eines Arbeiters zu übernehmen, der das Los seiner Klasse – *„die Unmenschlichkeit des Wettbewerbssystems auf dem Arbeitsmarkt; die Wohnbedingungen in den Slums; die Unzulänglichkeit des Erziehungssystems"*[5] – am eigenen Leibe erfährt. Allerdings wird nicht nur an Schilderungen der Lebensumstände in den Slums deutlich, dass Locke seine Umwelt letztlich durch die Brille der mittleren Schichten sieht. Zudem gleichen sich die Werte des Helden im Verlauf des Romans immer stärker an die der mittleren Schichten an. So wendet Locke sich vom Radikalismus ab und propagiert statt dessen die Grundsätze der christlichen Sozialisten: Genossenschaftliche Selbsthilfe und v. a. Zusammenarbeit mit den höheren Schichten seien vonnöten. Dass es konfligierende Klasseninteressen geben könnte, wird auch in diesem Roman nicht anerkannt. Darüber hinaus ist Locke insofern ein ‚gutes Vorbild' für Leser aus der Arbeiterschicht, als er sich als Autodidakt unter widrigsten Bedingungen Kenntnisse in unterschiedlichsten Disziplinen aneignet und trotz seiner Fähigkeiten nicht versucht, in die Mittelschicht aufzusteigen. Dennoch bietet *Alton Locke* eine eindringliche Analyse des Leids der Arbeiter, das durch die Schlussgebung nochmals betont wird, denn entgegen damaliger Konventionen hat der Roman kein glückliches Ende: Der Held stirbt an Bord eines Schiffes, bevor er sein Ziel Amerika erreicht.

Elizabeth Gaskell

Als überzeugte Unitarierin und Tochter und Ehefrau von Geistlichen sind die Romane und Wirkungsabsichten von ELIZABETH CLEGHORN GASKELL (1810–65) stark von ihrem Glauben beeinflusst. Ebenso wie DISRAELI und KINGSLEY trat sie in ihren Werken nicht für spezifische Reformen ein, sondern appellierte an die christliche Nächstenliebe ihres Publikums. Mehr als die beiden anderen Autoren versuchte GASKELL jedoch, die Gefühle ihrer Leser anzusprechen und Mitleid für die Arbeiter zu wecken. Neben einer sehr guten Biographie über CHARLOTTE BRONTË und dem historischen Roman *Sylvia's Lovers* (1863) verfasste GASKELL eine Reihe von Sittenromanen, von denen *Cranford* (1851–53) besonders populär wurde. Im Zentrum der lockeren Folge von Episoden

---

[5] PLATZ (1986: 146). PLATZ liefert auch sehr gute Analysen von Romanen von DISRAELI, DICKENS, GASKELL und ELIOT.

stehen die Marotten der liebenswert-exzentrischen Bewohnerinnen des Dorfes Cranford (in dem Männer rar sind), die mit viel Anteilnahme, Humor und Verständnis für die teilweise grotesken Zustände geschildert werden. Heute ist GASKELL v. a. bekannt als Autorin der beiden Sozialromane *Mary Barton* (1848) und *North and South* (1854–55). Mit einem wichtigen sozialen Problem ihrer Zeit beschäftigte sich GASKELL aber auch in ihrem Roman *Ruth* (1853).

Das Problem der ‚gefallenen Mädchen': *Ruth*

Die Figur des verführten jungen Mädchens, das in ihrer Naivität den leeren Versprechungen eines Mannes vertraut, ein Kind von ihm bekommt, und danach sitzen gelassen wird, ist schon seit JANE AUSTENS *Sense and Sensibility* ein fester Bestandteil des Romans des 19. Jh.s. Allerdings war der Typus des ‚gefallenen Mädchens' zuvor immer von untergeordneter Bedeutung; häufig tauchen solche Figuren nur in mitleidigen Gesprächen ‚ehrbarer' Figuren auf. Mit Ruth Hilton wird eine solche Frau erstmals zur Protagonistin eines englischen Romans. Dass dieses Buch trotz des Themas, das gesellschaftlichen Tabus sehr nahe kommt, im Großen und Ganzen positiv aufgenommen wurde, liegt an der idealisierten Darstellung der Heldin. Ruth ist rein, religiös, selbstlos, ein wahrer Ausbund an Tugend: Vor ihrer Verführung war sie sexuell völlig unwissend und kindlich; schon aufgrund der äußeren Umstände kann man sie kaum für ihre Tat verantwortlich machen. Zudem verbringt sie ihr Leben nach der Geburt ihres Sohnes im tiefen Bewusstsein ihrer Schuld und stirbt am Ende als Märtyrerin. GASKELL ging es in diesem Roman offensichtlich weniger um eine moralische Rehabilitierung ‚gefallener Mädchen' als um einen Aufruf zu mehr Verständnis und um eine harsche Kritik am *double standard*, demzufolge Frauen für ihren Fehltritt gesellschaftlich geächtet wurden, während man Männern dasselbe Vergehen als Kavaliersdelikt nachsah.

Einfühlsame Schilderung von Armut und Radikalismus: *Mary Barton*

Durch ihren ersten Roman, *Mary Barton: A Tale of Manchester Life* (1848), wurde GASKELL schlagartig berühmt, und noch heute werden die ersten Kapitel hoch gelobt: „*The opening chapters of the novel are one of the best portrayals of working-class life in nineteenth-century fiction*" (WHEELER 1985: 35). GASKELL gelang es, in diesem Roman, in dem soziale Probleme v. a. aus dem Blickwinkel ihrer Auswirkungen auf das häusliche Leben geschildert werden, Sympathie und Mitleid für das Elend der Armen zu wecken. Dass Job Legh, John Barton, Jem Wilson und Davenport als Individuen erscheinen, die sich in Bezug auf Intelligenz, Moral, Fähigkeiten und Einkommen stark voneinander unterscheiden, war in einer Zeit, in der Arbeiter als typische Repräsentanten ihrer Schicht erschienen, noch ungewöhnlich. Darüber hinaus widersprach diese Darstellungsweise dem vorherrschenden Glauben, dass

Menschen aus den unteren Schichten andere Auffassungsweisen, Moralvorstellungen und Eigenschaften haben als Mitglieder der Mittelschichten. Zu den Verfahren, mit denen GASKELL um Sympathie für die Arbeiter wirbt, gehören „wertungsfreie, fast schon soziologische Bestandsaufnahmen von Einzelheiten [...], affektiv aufgeladene Schilderungen des Elends [...], erklärende historisch-ökonomische Diskurse über den Klassengegensatz, vorwurfsvolle Klagereden, [...] kontrastive Gegenüberstellungen von Armut und Reichtum und schließlich zahlreiche rührende Beispiele solidarischen Verhaltens und kultureller Betätigungen." (Seeber 1999: 272)

Ambivalenz der Wertung

Anhand des Schicksals des Chartisten und Gewerkschaftlers John Barton, den Arbeitslosigkeit und Armut zu seinem Einsatz für die Rechte von Arbeitern treiben, wird verständlich, warum die Weber in Manchester bereit sind, ihre Interessen gegebenenfalls mit Gewalt durchzusetzen. Dennoch schreckt GASKELL davor zurück, dies als angemessene Reaktion auf Ausbeutung und Not zu zeichnen. So macht die Erzählerin nach der Schilderung der hasserfüllten Einstellungen Bartons einen Rückzieher: „*I know that this is not really the case; and I know what is the truth in such matters: but what I wish to impress is what the workman feels and thinks.*" (I, 3) Die versöhnliche Schlussgebung betont das gegenseitige Verständnis beider Seiten: Nach melodramatischen Szenen stirbt der Chartist John Barton voller Reue in den Armen des ebenfalls geläuterten Fabrikbesitzers Mr Carson. In Bezug auf die Titelheldin bleibt das Ende jedoch offen: Mary heiratet zwar den geliebten Arbeiter Jem Wilson, wandert aber mit ihm nach Kanada aus und entflieht dadurch den katastrophalen Lebens- und Arbeitsbedingungen Manchesters.

Der Ausgleich von Gegensätzen: *North and South*

Während in *Mary Barton* das Elend der Armen im Vordergrund stand und Arbeitgeber eher stereotype Züge tragen, erfolgt in GASKELLS *North and South* (1854–55), der als der beste viktorianische Sozialroman gilt, eine differenziertere Darstellung der Fabrikbesitzer. Im Mittelpunkt des Werkes steht die gegenseitige Erziehung von Margaret Hale, die aus einem Dorf im Süden Englands in eine nördliche Industriestadt zieht, und dem Fabrikbesitzer und *self-made man* John Thornton. Beide verkörpern zunächst Einstellungen und Vorurteile ihrer jeweiligen Region, wobei der Süden in diesem Werk für feudale Beziehungen, die traditionelle Kultur, ländliche Nostalgie und Stasis steht, während der Norden von puritanisch-praktischer Energie, Zukunftsorientiertheit und Kulturlosigkeit geprägt ist. Wie viele andere Figuren in Sozialromanen übernimmt Margaret die Rolle einer Entdeckerin der Verhältnisse im eigenen Land, wobei sie nicht nur das Leid der Armen, sondern auch die Schwierigkeiten der Arbeitgeber und das Zukunftspotential der Industrie kennenlernt. In dem Maße, in dem sie selbst ihre Vorurteile aufgibt, trägt sie zum Lernprozess Thorntons bei, so dass die Ehe beider sinnbildlich für eine Verbindung von *gentry* und Industrie steht.

Gewalt und Klassenkonflikte

Physische Gewalt zwischen Arbeitgebern und Arbeitern ist ein rekurrentes Thema von viktorianischen Sozialromanen. John Thornton wird in *North and South* durch einen Aufruhr von Streikenden bedroht, in *Mary Barton* wird Carsons Sohn ermordet, und in *Sybil* und *Alton Locke* spielen gewaltsame Tumulte eine große Rolle. Häufig wird den Fabrikbesitzern, die die Notlage der Arbeiter nicht rechtzeitig erkannt haben, die Schuld an den Gewaltausbrüchen zugeschrieben. Die Verantwortung für die Missstände tragen daher einzelne Figuren; eine grundsätzliche Kritik an der sozialen Hierarchie wird nicht geübt. Diese affirmative Haltung gegenüber der herrschenden Machtverteilung kennzeichnet auch die durchweg negative Darstellung von Streiks und Demonstrationen, die meist in anarchischen Tumulten enden, bei denen Unschuldige zu Schaden kommen.

Diskreditierung von Radikalen

Gewerkschaftsführer und Radikale, die mehr Mitsprache oder Macht für Arbeiter erkämpfen wollten, werden in den Romanen meist diskreditiert. Wie PETER KEATING (1971: 232f.) betont, diente deren negative Darstellung den Interessen der herrschenden Schichten: „*To the novelists there was little difference in effect between Chartism, Socialism, Communism or Trade Unionism: all of them weakened the social viewpoint they themselves wished to advance – conciliation between the classes on terms put forward by exemplary employers.*" Die Führung bleibt immer fest in den Händen der oberen Schichten.

Harmonie und wechselseitige Bekehrung

Obgleich die exemplarisch vorgestellten Romane von dem aufrichtigen Bemühen zeugen, die Bevölkerung aufzurütteln, geht es darin in erster Linie darum, ein harmonisches, konfliktfreies Verhältnis zwischen den Schichten zu etablieren. Dieses Ideal der Harmonie wird im Verlaufe der Romane durch zwei gegenläufige Bekehrungsprozesse erreicht. Auf der einen Seite lernen Adlige bzw. Fabrikbesitzer, wie schlecht es um die Arbeiter bestellt ist; auf der anderen Seite müssen Arbeiter einsehen, dass auf alle Arten von Arbeiterorganisationen und Bemühungen, politische Macht zu erlangen, kein Verlass ist. Die desillusionierten Helden und Heldinnen aus der Arbeiterschicht akzeptieren ebenso wie Alton Locke letztlich die Sichtweise der oberen Schichten: „*'Not from without, from Charters and Republics, but from within, from the Spirit working in each; not by wrath and haste, but by patience made perfect through suffering, canst thou proclaim their good news to the groaning masses, and deliver them, as thy Master did before thee, by the cross, and not the sword.'*" (41)

In der folgenden Matrix sind die wichtigsten Merkmale des Sozialromans nochmals stichwortartig zusammengefasst:

Merkmale des Sozialromans	
Raumdarstellung	viele Wirklichkeitsbezüge und minuziöse Schilderung der Zustände in Arbeitervierteln weisen auf den Naturalismus voraus
Zeit	dominanter Gegenwartsbezug und zumeist chronologische Darstellung
Handlungsverlauf	Liebesgeschichte verquickt mit sozialer Problematik
Figurendarstellung	individualisierende Darstellung von Figuren aus unteren Schichten
Explorer-Figuren	Figuren aus mittleren Schichten lernen durch Erkundungen der ‚anderen Nation' das Leid der Unterschichten erstmals kennen
Konversionen	Figuren aus den mittleren Schichten erkennen die Dringlichkeit der Hilfe; Gewerkschaftler und Chartisten schwören der Gewalt ab und erkennen die Notwendigkeit verständnisvoller Zusammenarbeit mit den oberen Schichten
Sympathielenkung	Verständnis für ‚gute', unverschuldet in Not geratene Arme; Tendenz zu Sentimentalität und Melodramatik
Propagandistische Wirkungsintention	Einstellungswandel der mittleren und oberen Schichten zur sozialen Problematik; Aufruf zu Pflichtbewusstsein und tatkräftigem Christentum

5 Zwischen ‚Social Problem Novel', Frauenfrage und Sittenroman: Harriet Martineau und Geraldine Jewsbury

Problem der Gattungszuordnung Die Zuordnung von Romanen zu bestimmten Subgenres ist aufgrund von vielfältigen Gattungsüberschneidungen häufig strittig. GASKELLS *Ruth* ist z. B. als *social problem novel* (wegen der Thematik des ‚gefallenen Mädchens' und des *double standard*) und als religiöser Roman (aufgrund der positiven Darstellung der Dissenter und der Bedeutung von Religion) bezeichnet worden. Auffallend an *Ruth* ist darüber hinaus die Beschäftigung mit einem frauenspezifischen Problem. Eine intensive Auseinandersetzung mit der Rolle von Frauen findet sich in vielen Romanen der Epoche und zeichnet auch die im folgenden vorgestellten Werke von HARRIET MARTINEAU und GERALDINE JEWSBURY aus.

Harriet Martineau	Dem traditionellen Frauenbild widersprach HARRIET MARTINEAU (1802–76) in verschiedener Hinsicht: Sie war eine erfolgreiche Schriftstellerin von Reise- und Sachliteratur, klassisch gebildet und persönlich wie wirtschaftlich selbständig; ihre Schriften, besonders ihre sozialen Analysen, wurden von den Intellektuellen der Zeit sehr ernstgenommen. MARTINEAUS früher Industrieroman *The Manchester Strike* (1832) wird heute kaum noch rezipiert; *Deerbrook* (1839) hingegen, der als ihr bedeutendster Roman gilt, steht in der Tradition JANE AUSTENS, weist aber durch seine Analyse der sozialen Mechanismen in dem ländlichen Ort Deerbrook zugleich auf GEORGE ELIOTS *Middlemarch* (1871–72) voraus.
Soziale Probleme in *Deerbrook*	Die Auswirkungen von Armut spielen in *Deerbrook* eine große Rolle. Der dem Tod des Vaters folgende finanzielle Ruin der verkrüppelten Maria Young hat zur Folge, dass diese tugendhafte Figur ihr Brot als Gouvernante verdienen muss. Ihre enge Freundin Margaret, deren Schwester Hester und ihr Schwager Edward Hope müssen ebenfalls mit dem Problem der Verarmung fertig werden. Die materielle Einschränkung hat in diesem Fall jedoch positive Auswirkungen, denn alle Beteiligten beweisen ihre Selbstdisziplin und erfüllen ihre neuen Pflichten mit Freude. Die unteren Schichten werden hingegen durch die große materielle Not auf die Straße getrieben und tragen durch ihre Leichtgläubigkeit, Irrationalität und Gewalt zu den Schwierigkeiten der Hopes bei, deren Haus sie in Brand setzen.
Familienkult und Bestätigung von Frauenrollen	Auch die unverheiratete MARTINEAU gab in ihrem Roman dem zeitgenössischen Kult um die Familie Ausdruck. Traute Häuslichkeit erscheint als ein kaum zu überschätzendes Ideal, und die häusliche Idylle wird komplett durch die Geburt des ersten Kindes. Sogar die eigentlich unglückliche Margaret empfindet tiefes Glück in der Betreuung des Kindes, wie die wiederholte Beschreibung ihres Zustands als „holy and sweet" betont. Lediglich die Kritik an mangelnden Verdienstmöglichkeiten für Frauen aus der Mittelschicht widerspricht herrschenden Normen, aber diese Schwierigkeiten gebildeter junger Frauen spielen in diesem Roman nur eine untergeordnete Rolle. Auch die unkonventionelle MARTINEAU, die in vielen Schriften für eine Ausweitung der Rechte von Frauen eintrat, bestätigt in ihrem Roman somit konventionelle Frauenbilder.
Geraldine Jewsbury: *The Half Sisters*	Die ebenfalls selbständige, unverheiratete und damals sehr bekannte Schriftstellerin GERALDINE JEWSBURY (1812–80) setzte sich offensiv mit der ‚Frauenfrage' auseinander. Ihr Roman *The Half Sisters: A Tale* (1848) illustriert am Beispiel von zwei völlig gegensätzlich erzogenen Halbschwestern, wie sich die Einhaltung bzw. Durchbrechung von rigiden Konventionen auf Frauen auswirkte. Eine der Protagonistinnen, Alice, wird in für Mädchen der

Mittelschicht damals typischer Weise erzogen; die Aufforderung, ihre Pflichten zu erfüllen, heißt für sie, sich mit trivialen Beschäftigungen die Zeit zu vertreiben, um sich durch ihre *accomplishments* einen standesgemäßen Ehemann zu angeln. Diese Leere kennzeichnet sowohl Alices Jugend als auch ihre Ehe, denn ihr Mann Bryant glaubt, ihr seine beruflichen Schwierigkeiten nicht mitteilen zu können. Die Trennung zwischen öffentlicher und privater Sphäre begünstigt die Entfremdung zwischen den Ehepartnern und Alices Liebe zu Conrad, mit dem sie ihrer engen, von Einsamkeit, Langeweile und Melancholie geprägten Existenz entfliehen will. Eine entgegengesetzte Entwicklung durchläuft ihre Halbschwester Bianca, die – erst aus finanzieller Notwendigkeit, dann aus Überzeugung – als Schauspielerin Karriere macht. Verbreiteten Vorurteilen und der gesellschaftlichen Diskriminierung durch ‚ehrenwerte' Frauen zum Trotz bleibt Bianca tugendhaft; ihr gelingt es sogar, ihre frühere Liebe zu Conrad zu überwinden, weil sie in ihrer Arbeit Halt findet.

Ambivalenz feministischer Schlussfolgerungen

Die Auseinandersetzung mit gebräuchlichen Weiblichkeitskonzeptionen ist in JEWSBURYS Roman auch Gegenstand von Erzähleräußerungen und von Diskussionen zwischen Figuren. So verdeutlicht der Erzähler, dass die Leere von Alices Existenz kein Einzelfall ist und die Untätigkeit von Frauen sehr negative Auswirkungen auf deren Charakter hat: „*They each extolled their own husband, and adopted all his opinions, only with less good sense and more exaggeration. The young ladies were pretty, trifling, useless beings, waiting their turn to be married*" (I, 8). Biancas Biographie demonstriert demgegenüber, dass ein Leben in der Öffentlichkeit und eine berufliche Karriere Moral und Charakter einer Frau nicht beeinträchtigen müssen, sondern bestärken können. Allerdings gibt sie ihre Karriere schließlich auf, um eine glückliche Ehefrau zu werden. Dass diese Schlussgebung nicht nur auf die Anpassung an die Erwartungen der Leser zurückzuführen ist, zeigen Erzähleräußerungen wie „*The sentiment of motherhood is latent in all women, and is a far stronger instinct than any passion*" (II, 17), die Frauen auf ihre Rolle als Ehefrau und Mutter festlegen. Darüber hinaus bleibt JEWSBURYS Auseinandersetzung mit der Frauenfrage – ebenso wie die der anderen Autorinnen – auf die Probleme der mittleren Schichten beschränkt.

6 Religiöse Romane: Charlotte Yonge, Anthony Froude, Geraldine Jewsbury und Cardinal Newman

Das *Oxford Movement*

In den 1830er Jahren verschaffte sich in Oxford eine zunächst kleine Gruppe von anglikanischen Priestern und Laien Gehör, von denen JOHN KEBLE, JOHN HENRY NEWMAN und EDWARD BOUVERIE PUSEY die bekanntesten waren. Ihr Ziel war es, die anglikanische Kirche von innen zu erneuern, um die Reinheit und die Vormachtstellung der anglikanischen Kirche zu erhalten; sie wandten sich gegen den Einfluss des Staates auf kirchliche Belange. In ihren Veröffentlichungen, besonders in den berühmten *Tracts for the Times* (ihre Anhänger werden auch *Tractarians* genannt), traten sie für die Autorität der Bischöfe und weitere, *high church* und Katholizismus nahe stehende Überzeugungen und Rituale ein. Ihre Kritik an den *thirty-nine articles*, die von jedem anglikanischen Geistlichen unterschrieben werden mussten, erwies sich als sehr einflussreich, die Bedeutung der Bewegung litt aber unter JOHN NEWMANS Übertritt zum Katholizismus im Jahre 1845, dem weitere Konversionen folgten. Seit den späten 1840er Jahren wirkte das *Oxford Movement* v. a. in den Auseinandersetzungen zwischen *high church* und *low church* weiter, denen die Verfechter der *broad church* den Gedanken einer Integration christlicher Glaubensrichtungen entgegenstellten.

Bedeutung religiöser Streitfragen

Der Zweifel an religiösen Doktrinen hatte tiefgreifende Auswirkungen auf das Leben vieler Viktorianer; er entfremdete Familienmitglieder voneinander und machte enge Freunde zu geschiedenen Leuten. Gute Christen setzten religiöse Skepsis nicht selten gleich mit Sünde und Böswilligkeit. Als besondere Gefahr interpretierten Anglikaner und Dissenter die steigenden Zahlen der Katholiken, denn der ‚Papismus' bildete seit der Verbreitung der Mythen über die englische katholische Königin MARIA, deren Bezeichnung als *Bloody Mary* Bände spricht, ein tiefsitzendes Feindbild vieler Engländer. Zum Katholizismus konvertierte Engländer wurden auch ‚*perverts*' genannt, und die Wiedereinsetzung der katholischen Hierarchie in England im Jahre 1850 rief eine erneute Welle des Hasses hervor.

Religiöse Romane

Die Bedeutung religiöser Fragen manifestierte sich in vielen viktorianischen Romanen, die sich mit aktuellen theologischen Streitpunkten auseinander setzten. Ihrer jeweiligen inhaltlichen Ausrichtung gemäß werden verschiedene Subgenres voneinander unterschieden: *Novels of faith* verteidigen den jeweils akzeptierten Glauben – sei es Anglikanismus, eine nonkonformistische Glaubensrichtung oder Katholizismus. *Conversion novels* rechtfertigen den Übertritt von einer Konfession zu einer anderen, und *novels of doubt*, die in der zweiten Hälfte des 19. Jh.s eine immer größere

Leserschaft fanden, beschäftigen sich mit der Skepsis gegenüber etablierten Glaubensinhalten.

Charlotte Mary Yonge: Novels of faith

Die durch das *Oxford Movement* beeinflusste, der *high church* nahe stehende CHARLOTTE MARY YONGE (1832–1901) verfasste über einhundert populäre Romane sowie eine Fülle von religiösen Schriften und Erzählungen. Gleich ihrem ersten Roman, *The Heir of Redclyffe* (1853), war großer Erfolg beschieden. Erzählt wird die Geschichte des vorbildlichen, ritterlichen Sir Guy Morville, des rechtmäßigen Erben von Redclyffe, dessen Gegenspieler sein stolzer, ihm feindlich gesinnter Kousin Philip ist. Im Verlauf der Handlung stellt der Vorzeige-Christ Guy trotz widrigster Umstände seine Nächstenliebe, Demut und Opferbereitschaft durch heroische Taten unter Beweis. Die immense Popularität dieses von religiösen Gefühlen durchdrungenen Romans erklärt WHEELER (1985: 38) damit, dass er ‚safe' war: „*the central characters are intense, upper-middle-class young people who read and talk in idyllic rural settings, and the author's moral judgements upon them are firmly based on a creed which remains unchallenged throughout.*"

James Anthony Froude: The Nemesis of Faith

Der Titel von JAMES ANTHONY FROUDES (1818–94) *The Nemesis of Faith* (1848) deutet bereits an, dass er eine signifikante Abwandlung der populären *novels of faith* darstellt. Schon der Plot des Romans enthält viele Elemente, die an fundamentalen Werten rüttelten: Der Protagonist Markham Sutherland wird zum Skeptiker, gibt seine Stelle als Geistlicher auf und zieht sich nach Italien zurück, wo er sich in die verheiratete Helen Leonard verliebt und schließlich voller Verzweiflung in einem Kloster stirbt. Wie in vielen religiösen Romanen ist die Handlung wesentlich weniger wichtig als die geistige Entwicklung des Helden. Die Form bringt Lesern die Gewissenskonflikte und Leiden des Protagonisten insofern nahe, als die eingefügten philosophischen Essays des Protagonisten und seine Briefe an den fiktiven Herausgeber des Romans den Akzent auf psychologische und spirituelle Aspekte legen. Dies ermöglicht zudem eine Auseinandersetzung mit aktuellen theologischen Streitfragen wie der Geltung der *thirty-nine articles* und der Frage nach der ewigen Verdammnis. FROUDES Diskussion und Zurückweisung zentraler Glaubensinhalte stieß auf starke Ablehnung: Sein Werk wurde öffentlich in Oxford verbrannt.

Geraldine Jewsbury: Novels of doubt

Vor dem Hintergrund damaliger Wertvorstellungen verständlich ist auch die negative Aufnahme von GERALDINE JEWSBURYS Roman *Zoe: A History of Two Lives* (1845), in dem sich die Lebenswege zweier unterschiedlicher Protagonisten kreuzen. Zum einen verliert der Priester Everhard Burrows seinen Glauben an die katholische Kirche, zum anderen verliebt er sich in die verheiratete Zoe Gifford, die seine Liebe erwidert. Der poetischen Gerechtigkeit wird

John Henry Newman: Conversion novel

JOHN HENRY NEWMAN (1801–90; 1879 zum Kardinal ernannt) veröffentlichte viele religiöse Streitschriften und Predigten, die zunächst die Ideale des *Oxford Movement*, nach seiner Konversion hingegen die Glaubensinhalte des Katholizismus verbreiteten. Die Erklärung und Rechtfertigung seines Übertritts zum Katholizismus, die ihn zahlreichen harschen Anfeindungen aussetzte, beherrscht auch seinen autobiographischen Roman *Loss and Gain: The Story of a Convert* (1848). Im Mittelpunkt dieser *conversion novel* steht der lange und beschwerliche spirituelle Weg des Protagonisten Charles Reding, der ihn schließlich in den Schoß der katholischen Kirche führt. Obgleich die religiösen Zweifel des Helden den Fokus des Romans bilden und viele der Ereignisse nur deshalb eingefügt werden, weil sie theologische Streitgespräche veranlassen, enthält dieser Roman auch satirische und humoristische Elemente. Größeren Einfluss auf spätere *novels of doubt* hatte allerdings JOHN NEWMANS Autobiographie *Apologia pro vita sua* (1864), in der er seine Konversion begründete und verteidigte.

zwar dadurch Genüge getan, dass beide tugendhaft bleiben und Burrows nach sozialem und philosophischem Engagement vereinsamt stirbt, dies vermochte viktorianische Sensibilitäten aber nicht zu beschwichtigen.

Religion und Geschichte: Novels of martyrdom

Das erneute Aufflammen antikatholischer Stimmungen aufgrund der Wiedereinsetzung katholischer Bischöfe 1850 führte zu der Veröffentlichung kontroverser religiöser Romane, in denen sich katholische bzw. protestantische Autoren mit den Anfängen der Kirche befassten, um ihre eigene Glaubensrichtung als die richtige auszuweisen. CHARLES KINGSLEYS *Hypatia; or, New Foes with an Old Face* (1853) spielt im 5. Jh. in Alexandria, wo der Mönch Philammon auf die schöne Lehrerin neoplatonischer Philosophie Hypatia trifft, die zur Christin wird und einen grauenvollen Märtyrertod erleidet. Dieses gegen Katholiken und die ‚new foes' des *Oxford Movement* gerichtete Buch provozierte einige ‚Antworten' katholischer Priester, die sich im Medium der Fiktion ebenfalls mit dem frühen Christentum auseinander setzten. Kardinal WISEMAN begründete *The Catholic Popular Library* und verfasste mit *Fabiola; or, The Church of the Catacombs* (1854) selbst den ersten Band zu dieser Reihe, der KINGSLEY in Bezug auf die anschauliche Schilderung der Folterungen christlicher Märtyrer nicht nachsteht. Zu dieser Reihe trug auch NEWMAN mit dem formal durchstrukturierten, weniger dezidiert didaktischen Roman *Callista: A Sketch of the Third Century* (1856) bei, in dem die Heldin, die schöne griechische Bildhauerin Callista, durch Kontakte mit Christen langsam von der Wahrheit der christlichen Offenbarung überzeugt wird, um kurz darauf auf brutale Weise abgeschlachtet zu werden.

7 *Muscular Christianity*: Charles Kingsley und Thomas Hughes

Christlicher Sozialismus und *muscular Christianity*

Das Ideal der *muscular Christianity*, das von Zeitgenossen auch als *Christian manliness* bezeichnet wurde, entstand in einer Zeit des Umbruchs, in der Zweifel an der Religion und der rasche Wandel sozialer Verhältnisse zu einer tiefen Verunsicherung beitrugen. Halt versprach in diesem Kontext die Besinnung auf physische und moralische männliche Stärke. Diese Ideale wurden propagiert von christlichen Sozialisten, die ihre Bemühungen um eine Kooperation mit den unteren Schichten 1854 mangels Erfolg aufgegeben hatten. Kaum zu überschätzen ist in diesem Kontext die Bedeutung von CHARLES KINGSLEY, der dem Ideal der *muscular Christianity* durch zahlreiche fiktionale und nicht-fiktionale Werke zu großer Popularität verhalf.

Bedeutung von *muscular Christianity*

Muscular Christianity bezeichnet die Verbindung von physischer Kraft, religiöser Gewissheit, moralischer Stärke und der Fähigkeit, die Umwelt zu kontrollieren. Sport nahm in dieser Konzeption der Männlichkeit eine wichtige Rolle ein; besonders geschätzt wurden Ausdauer-, Team- und Kampfsportarten sowie die Jagd. Härte und Gewalt wurden dabei nicht nur geduldet, sondern geradezu zelebriert: „certain educated Englishmen in the mid-nineteenth century found toughness and violence physically exhilarating, intellectually justifed, and morally acceptable."[6] Sowohl KINGSLEY als auch sein Freund THOMAS HUGHES (1822–96) waren zudem der Auffassung, dass Kampf und Gewalt von Gott gebilligt würden und mit Christlichkeit zu vereinbaren seien. Allerdings bildeten Selbstbeherrschung, *tenderness* und Aufopferung bei ihnen ein wichtiges Komplement zu männlicher Stärke. Außerdem waren Ritterlichkeit und Altruismus bedeutende Bestandteile des Ideals der *muscular Christianity*.

Charles Kingsleys: *Westward Ho!*

Besonders deutlich tritt das Ideal der *Christian manliness* in KINGSLEYS Romanen *Two Years Ago* (1857), *Westward Ho!* (1855) und *Hereward the Wake* (1866) hervor. Der sehr populäre *Westward Ho!* kreist um die Abenteuer des fiktiven Helden Amyas Leigh vor dem Hintergrund der englischen Entdeckungsfahrten und der Kämpfe gegen die Armada – wie immer in KINGSLEYS Romanen gespickt mit gehässigen Seitenhieben auf den Katholizismus. Die elisabethanischen Seehelden werden in dem Roman zu Vorbildern, an deren Beispiel Disziplin, Kampfgeist, Durchhaltevermögen, körperliche Stärke und Eintreten für Gott und Vaterland verherrlicht werden. Besonders durch den Kontrast zu dem Verhalten der Spa-

---

6 DAVID ROSEN, „The Volcano and the Cathedral: *Muscular Christianity* and the Origins of Primal Manliness." In: HALL (1994: 17–44, S. 18).

nier wird hervorgehoben, dass diese Eigenschaften typische Merkmale englischer Männer sind. Dass die von Abenteuern und Kämpfen gegen Spanier und Piraten geprägte Handlung in diesem Roman Vorrang vor der Darstellung der Charaktere hat, tut der Propaganda für die *muscular Christianity* keinen Abbruch.

Propaganda durch Geschichte

Für seinen erfolgreichsten historischen Roman, *Westward Ho!*, stellte der Geistliche KINGSLEY – der seit 1860 auch Professor für Geschichte in Cambridge war – sorgfältige Forschungen zur britischen Geschichte an. Dass KINGSLEY trotz faktischer Genauigkeit Propaganda machen konnte, lag teilweise an den vielen Wissenslücken über die Zeit ELISABETHS, teilweise an der imaginativen Ausgestaltung des Plot. Mit seiner Darstellung der heroischen Triumphe fiktiver Helden über die mächtigen Spanier stellte KINGSLEY dem wenig rühmlichen Anblick, den die britische Armee zur Zeit der Veröffentlichung zum tiefen Entsetzen der Bevölkerung im Krimkrieg (1854–56) abgab, ein idealisierendes Selbstbild entgegen. Die Engländer erscheinen in KINGSLEYS Roman als eine Rasse, die fähig ist, sogar den mächtigen Spaniern ihr Empire streitig zu machen. Daher verwundert es nicht, dass dieser Roman während des Krimkriegs an englische Truppen verteilt wurde. Das Ideal der *muscular Christianity* verhieß 1855 einen Ausweg aus der gegenwärtigen Misere; gleichzeitig aber bereitete es den Weg für den in den 1870er Jahren aufkommenden neuen Imperialismus.

Die Erschließung eines jugendlichen Publikums

Mit der spannenden Schilderung von Abenteuern, die teilweise in der exotischen Landschaft Südamerikas stattfinden, erschloss KINGSLEY seinen Romanen ein jugendliches Publikum. Auch in seinem späteren Roman *Hereward the Wake* gelang es ihm, „*den Wirkungsbereich der Gattung erheblich zu erweitern, ohne diese – davor bewahrt ihn schon seine sachliche Substanz – der Trivialität preiszugeben.*" (MÜLLENBROCK 1980: 69) Der bekannteste Roman von THOMAS HUGHES richtete sich ebenfalls v. a. an Jungen und fand bis weit ins 20. Jh. hinein großen Anklang bei jugendlichen Lesern.

Thomas Hughes: *Tom Brown's Schooldays*

In seinem erfolgreichsten Roman, *Tom Brown's Schooldays* (1857), schildert HUGHES die Entwicklung seines Helden Tom Brown, der während seiner Schulzeit in der bekannten *public school* Rugby zu einem Repräsentanten der *muscular Christianity* heranwächst. Anhand von Toms Erfahrungen zelebriert HUGHES die Werte der Kameradschaft, des Durchhaltevermögens und der hart erkämpften Siege in aussichtslosen Situationen. Die zahlreichen Beschreibungen von Kricket-Spielen, Rugby und physischen Auseinandersetzungen zwischen den Jungen betonen männliche Stärke, und der athletische Wettkampf ist nicht nur Tom viel wichtiger als intellektuelle Bildung. Gleichzeitig muss Tom aber auch Christlichkeit erlernen: Die Tugenden der Selbstlosigkeit und Aufopferung eignet er sich durch seine Freundschaft mit dem sensiblen, schwächeren George Arthur an, für den er Verantwortung übernimmt und ‚mannhaft' eintritt.

Die Bedeutung von Krieg und Kampf

Die Bedeutung von Kämpfen und physischen Auseinandersetzungen zeigt sich auch daran, dass Krieg in *Tom Brown's Schooldays* ebenso wie in vielen anderen Werken die Lieblingsmetapher des Autors darstellt und auf alle Lebensbereiche vom Sport bis zu inneren Konflikten angewendet wird. Die Allgegenwart des Kampfes erklärt der Erzähler in HUGHES' Roman mit der menschlichen (lies: männlichen) Natur; eine Welt ohne Kriege sei vielleicht schön, aber in der Realität nicht denkbar: „*After all, what would life be without fighting, I should like to know? From the cradle to the grave, fighting, rightly understood, is the business, the real, highest, honestest business of every son of man.*" (II, 5)

Die Zurückdrängung von Gefühlen

Obgleich zarte Gefühle für KINGSLEY einen wichtigen Bestandteil der *muscular Christianity* bildeten, war das Bild der tatkräftigen Christlichkeit v. a. von Stärke geprägt. Dass es in *Tom Brown's Schooldays* als ‚unmännlich' gilt, Gefühle zu zeigen, ist typisch. ‚Richtige' Männer gewinnen auch den Kampf mit Schicksalsschlägen, ohne Schwäche zu zeigen. Diese Haltung wurde schon von HOUGHTON (1957: 205) treffend charakterisiert: „*A MAN keeps a stiff upper lip and marches on; only miserable weaklings go under.*" Eine solche Unterdrückung von Gefühlen machte sich auch im Familienleben bemerkbar. Während es 1839 noch als Zeichen von Feinfühligkeit gewertet werden konnte, dass der – physisch und moralisch starke – Edward Hope in MARTINEAUS *Deerbrook* aufgrund übermächtiger Emotionen in Ohnmacht fällt, hätte eine solche Schwäche einen späteren Helden völlig kompromittiert. Diese Veränderung der Einstellung zu Gefühlen ist u. a. darauf zurückzuführen, dass die mittleren Schichten ihre Söhne bereits im frühen Kindesalter auf *public schools* schickten. Dort gewöhnten sich die Sprösslinge schon früh an Härte und das Treiben von ‚männlichen' Sportarten. Die Absolventen der *public schools* fühlten sich daher in der – weiterhin gepriesenen – heimeligen Atmosphäre nicht wohl; verkürzt formuliert: Es kam aus der Mode, Gefühle zu zeigen.

8 Komik, Sentimentalität und Sozialkritik: Charles Dickens' Frühwerk und seine mittlere Schaffensphase

Häuslichkeit und Gefühle bei Charles Dickens

Im Gegensatz zu dieser späteren Unterdrückung von Gefühlen spielen im Frühwerk von CHARLES DICKENS (1812–70) familiäre Beziehungen und die häusliche Idylle eine große Rolle. Noch 1859 wurden in *Fraser's Magazine* seine „*reverence for the household sanc-*

tities, [and] his enthusiastic worship of the household gods"[7] als Grund für DICKENS' Popularität angegeben. Wie sehr DICKENS Verherrlichung der Häuslichkeit den Nerv der Zeit traf, zeigt die fast ausschließlich auf ihn zurückzuführende Reetablierung des Weihnachtsfestes, das zu Beginn des Jh.s völlig aus der Mode gekommen war. Mit *A Christmas Carol* (1843) begründete Dickens die Gattung der Weihnachtsgeschichte, und in seiner Tätigkeit als Herausgeber – eine von ihm (1850–59) betreute Zeitschrift hieß nicht zufällig *Household Words* – begann er damit, spezielle Weihnachtsausgaben herauszubringen.

Die Popularität von Charles Dickens

Die einzigartige Beziehung von DICKENS zu seiner Leserschaft ist nicht ganz zu Unrecht mit einer Liebesaffäre verglichen worden. Seine Werke erschlossen eine neue Leserschicht: Selbst Menschen, die sonst nie einen Roman zur Hand nahmen, verschlangen die Werke von DICKENS, und sämtliche Schichten – von Straßenverkäuferinnen bis zur Königin – waren sich einig in ihrer Wertschätzung dieses Autors. Ein Grund für diese Popularität mag darin liegen, dass er als Verkörperung englischer Einstellungen angesehen wurde; er galt als *„thoroughly English"* (ebd.). Viele seiner Themen – wie etwa das Leid von Kindern – standen im Zentrum philanthropischer und legislativer Bemühungen der Zeit; darüber hinaus strotzte sein Werk von zeitüberdauernden Einstellungen, die als typisch englisch eingestuft wurden und zu denen der Antikatholizismus zählt. Die vielgelobte *'purity'* von DICKENS zeigte sich in seiner strikten Einhaltung viktorianischer Tabus, gegen die er sich auch privat nie aussprach.

Phasen von Dickens' Werk

Die Forschung teilt DICKENS' Werk in drei Phasen ein, wobei die genaue Datierung umstritten ist. In dem bei Zeitgenossen besonders beliebten Frühwerk (1836–44) kommt Elementen der Komödie, des Melodramas und des Märchens große Bedeutung zu. Die episodisch strukturierte Handlung der Werke ist nur lose verknüpft, und die statischen, karikaturartigen, teils grotesken Figuren scheinen sich bisweilen zu verselbständigen. Sie sind oft klar unterteilt in wohlwollende, tugendhafte Helden und abgrundtief böse Schurken, die in scharfem moralischen Kontrast zueinander stehen. Neben ihrer stärkeren Strukturierung sind die Werke der mittleren Schaffensphase (1845–53) v. a. dadurch gekennzeichnet, *„daß die Komik und das Alptraumhafte zurücktreten, das Groteske unter eher gesellschaftskritischen und psychologischen Vorzeichen erscheint und eine stärkere Historisierung der Erzählwelt sowie ein größerer Realismus der Darstellung festzustellen sind."* (GOETSCH 1986: 80) Die Werke der letzten Phase (1854–70), auf die in Kapitel 4.3 näher eingegangen wird, zeichnen sich durch einen zuneh-

---

[7] Zit. nach PHILIP COLLINS, „Dickens and His Readers." In: MARSDEN (1998: 47–62, S. 56).

mend düsteren Ton, atmosphärische Dichte, einen Reichtum an Symbolen und Metaphern sowie durch einen bei allem Realismus satirischen Darstellungsmodus aus.

Gemeinsamkeiten von DICKENS' Romanen

Trotz der genannten Unterschiede weisen DICKENS' Romane eine ganze Reihe von Gemeinsamkeiten auf. Seine Figuren sind oft durch Sprachduktus, Redewendungen, auffallende körperliche Merkmale, Gestik, Gewohnheiten und v. a. durch sinntragende Namen eindeutig charakterisiert, so dass sie Lesern leicht im Gedächtnis bleiben. Im Gegensatz zu vielen anderen Romanen des 19. Jh.s ist der moralische Charakter von DICKENS' Figuren unabhängig von deren sozialer Herkunft. Da Vitalität, Komik, Heuchelei und Intellekt bei dem breiten Spektrum seiner Figuren nicht klassenspezifisch verteilt sind, wurde ihm vorgeworfen, einen *„cult of the LOWER classes"*[8] ins Leben gerufen zu haben. Auffallend ist darüber hinaus seine anschauliche, oft subjektiv gefärbte Raumdarstellung; Gefängnisse spielen im realen und übertragenen Sinne in fast allen Romanen eine große Rolle. Außerdem greift er in seinen Romanen auf Formen der Volkskultur wie Märchen, Zirkus, Pantomime und *Punch and Judy Shows* zurück. Nicht zuletzt eint sein sozialkritisches Anliegen sein Werk. Die bedeutendsten Themen seiner Romane benennt PAUL GOETSCH (1986: 20) in seinem ausgezeichneten Buch über das Werk von CHARLES DICKENS: *„Fast alle seine Romane erzählen entweder vom Versuch eines Kindes, einen Platz in der Welt zu finden, oder von den Anstrengungen von Erwachsenen, eine gesellschaftliche Position zu erringen und zu bewahren. Beinahe alle Werke gehen davon aus, daß die materiellen Bedingungen und die materialistische Einstellung der Menschen dem individuellen Glücksverlangen im Wege stehen."*

Illustrationen

Ebenso wie in vielen anderen Romanen des 19. Jh.s kam Illustrationen in DICKENS' Werken ein hoher Stellenwert zu. In den 1830er und 1840er Jahren handelte es sich meist um satirische, eher krude Darstellungen; schon bei seiner ersten Buchveröffentlichung arbeitete DICKENS hingegen mit dem Illustrator HABLÒT BROWNE (PHIZ) zusammen, der in Absprache mit DICKENS' detailliertere Radierungen schuf. PHIZ fertigte die Illustrationen zu vielen Romanen von DICKENS an, wobei er das Romangeschehen teilweise nicht nur veranschaulichte, sondern auch deutete.

Publikationsform: *Pickwick Papers*

Obgleich zuvor schon einzelne Romane in monatlichen Fortsetzungen erschienen waren, wurde diese Publikationsform erst durch den durchschlagenden Erfolg von DICKENS' erstem Roman, *The Pickwick Papers* (1836–37), richtungsweisend: Da durch den geringen Preis der Hefte eine größere Leserschaft angesprochen

---

3 George Saintsbury, 1916, zit. nach JOHN KUCICH, „Dickens." In: RICHETTI (1994: 381–406, S. 384).

wurde, und da zudem deren Reaktion auf das Werk vor einer eventuell folgenden Buchveröffentlichung getestet werden konnte, machte DICKENS' Beispiel schnell Schule. Bei der Arbeit an den nur locker zusammengehaltenen Episoden in dem pikaresken Roman *The Pickwick Papers* stellte DICKENS zudem ein typisches Merkmal seiner Arbeitsweise unter Beweis, denn er ging immer sehr schnell auf Publikumswünsche ein. So ließ er wenig beliebte Figuren in den Hintergrund treten und wies jenen eine größere Rolle zu, die besonders gut ankamen: So z. B. in seinem ersten Roman der Figur Sam Weller, einem Cockney sprechenden, mit viel Mutterwitz und schwarzem Humor begabten Diener.

Oliver Twist: Elemente von Märchen und Schauerroman

Oliver Twist; or, the Parish Boy's Progress (1837–39) steht in der Tradition der *Newgate novel*, weist aber auch Elemente von Märchen und Schauerromanen auf. Dieser zweite Roman von DICKENS beschreibt aus auktorialer Perspektive die Erfahrungen des jungen Oliver, der in einem Arbeitshaus aufwächst, schon als Kind bei einem Leichenbestatter arbeiten muss und nach seiner Flucht aus diesem Aschenbrödel-Dasein bei dem teuflischen Fagin im Verbrechermilieu landet. Fagin und der berechnend-grausame Monks erscheinen als archetypische Bösewichter, zu denen die herzensguten Maylies, bei denen Oliver ein idyllisches Heim kennenlernt, in scharfem Kontrast stehen. Allerdings finden sich schon hier Zeichen einer ambivalenten Wertzuweisung, denn die Verbrecher haben erstaunliche Ähnlichkeiten mit den ‚ehrbaren' Bürgern, die die Institutionen der Armenfürsorge zu ihrem eigenen Vorteil ausbeuten. Den Roman durchziehen alptraumhafte Beschreibungen wie Olivers Sicht des bedrohlichen Straßengewirrs in London und Fagins Erfahrungen kurz vor seiner Hinrichtung in der Gefängniszelle. Schauerroman- und Märchenelemente stehen im Dienst der Gesellschaftskritik; *Oliver Twist* ist daher von ANNEGRET MAACK (1991: 71) als „Satire auf die zeitgenössische Sozialgesetzgebung" und die ihr zugrundeliegenden Prinzipien bezeichnet worden.

Sentiment und Wirkungsintention: Little Nell

Neben komischen Passagen erfreuen sich aus heutiger Sicht eher unerträglich sentimentale Sterbeszenen, die damalige Leser zu Tränen rührten, so großer Beliebtheit, dass DICKENS sie auch bei seinen späteren Vortragsreisen mit großem Effekt vortrug. Für geradezu nationale Trauer sorgten der Tod von Little Nell, einem unschuldigen, verfolgten, engelgleichen jungen Mädchen in *The Old Curiosity Shop* (1840–41) und die nicht minder sentimentale Todesszene des jungen Paul Dombey in dem späteren Roman *Dombey and Son* (1846–48). Der Erfolg solcher Beschreibungen zeugt jedoch von mehr als nur Sentimentalität. Sterbeszenen, die einen hoffnungsvollen christlichen Tod darstellten, waren schon seit über 100 Jahren ein beliebtes Motiv der puritanischen Kinderbuchliteratur. Darüber hinaus bildete die *culture of affect* ein willkommenes Gegengewicht gegenüber der Ausbreitung einer utilitarisch-rationalistischen Gesinnung. Vor allem aber bestand ein enger Zusammenhang zwischen Sentimentalität und sozialkritischer Wirkungsintention. Die Annahme, dass man durch die rührende Darstellung von unschuldig in Not geratenen Menschen Sympathie und tatkräftige Nächstenliebe hervorrufen könne, erklärt zudem DICKENS' häufigen Rückgriff auf das Motiv des leidenden Kindes. Zeitgenössische Rezensenten lobten seine Schriften deshalb, weil diese dazu tendierten „*to make us practically benevolent – to excite our sympathy in behalf of the aggrieved and suffering*".[9] Trotz aller Komik spricht DICKENS die Gefühle seiner Leser in noch stärkerem Maße an als etwa ELIZABETH GASKELL.

Martin Chuzzlewit: Komik und Typisierung

Der letzte Roman der frühen Schaffensphase, *Martin Chuzzlewit* (1843–44), ist DICKENS' „*bedeutendster und zugleich letzter KOMISCHER Roman*" (GOETSCH 1986: 59). Obgleich sich die vier Handlungsstränge an etablierten Komödienschemata orientieren und der Wirklichkeitsbezug dadurch in den Hintergrund tritt, zeichnet sich auch dieser Roman durch eine eindringliche Darstellung der Großstadt London aus. Ein besonderes Talent von DICKENS, die Schaffung von Figuren, die einerseits grotesk überzeichnet sind, andererseits aber völlig überzeugend wirken, tritt in diesem Roman besonders deutlich zutage. Eine der herausragendsten Figuren ist die Krankenschwester Sarah Gamp, eine groteske, kraftvolle und unglaublich vitale Gestalt, die die triste Wirklichkeit mit viel Elan, Alkohol, Gewitztheit, Hintertriebenheit und Komik meistert; zum Sinnbild der Heuchelei wurde hingegen der dauernd moralisierende Mr Pecksniff.

Realismus vs. Idealisierung

Befürworter des Realismus wie ANTHONY TROLLOPE kritisierten diese Typisierung und Idealisierung von Figuren; allerdings mischt sich in die Ablehnung TROLLOPES eine gehörige Portion unfreiwilliger Bewunderung: „*to my judgment they [Gamp, Pecksniff u. a.] are not human beings, nor are any of the characters human which Dickens has portrayed. It has been the peculiarity and the marvel of this man's power, that he has invested his puppets with a charm that has enabled him to dispense with human nature.*"[10] DICKENS selbst wies jegliche Kritik an seiner angeblich idealisierten Figurendarstellung zurück; in einem Vorwort zu *Martin Chuzzlewit* behauptete er, sich grundsätzlich an Realismuskonventionen zu orientieren: „*What is exaggeration to one class of minds and perceptions, is plain truth to another. [...] I have never touched a character precisely from the life, but some counterpart of that character has incredulously asked me: 'Now really, did I ever really, see one like it?'*"

---

9 *Edinburgh Review*, 1838, zit. nach HOUGHTON (1957: 274).
10 TROLLOPE, *Autobiography*, Kap. 13.

Hard Times: Industrieroman als didaktische Fabel

Der Roman *Hard Times* (1854) weist eine ganze Reihe von Unterschieden zu DICKENS' anderen Romanen auf. Zum einen ist es der einzige Industrieroman von DICKENS, der sich in seinen übrigen fiktionalen Werken zwar häufig mit den unteren Schichten in London oder auf dem Land auseinander setzte, nicht aber mit der Situation von Arbeitern. Darüber hinaus ist dieser nicht von ungefähr CARLYLE gewidmete Roman insofern untypisch, als er pauschale und einseitige Kritik an utilitaristischen und kapitalistischen Auffassungen sowie an Gewerkschaften übt. Nicht zuletzt ist dieser ungewöhnlich kurze Roman auch deshalb untypisch, weil DICKENS hier stärker als sonst auf Erzählerappelle und einen penetrant didaktischen Stil zurückgriff, um seine Leser zu beeinflussen. Die Dominanz von *„Allegorisierung und [die] satirisch-karikaturistische Darstellung"* (GOETSCH 1986: 136) sorgten zwar für eindeutige Bewertungen, gingen aber auf Kosten der Komik und des Wirklichkeitsbezugs. Der schreckliche Mr Bounderby ist wirklich nicht mehr als eine Karikatur eines *businessman*; DICKENS war auf der kurzen Erkundungsreise, die er zur Sammlung von Material und Informationen für den Roman unternommen hatte, offensichtlich entgangen, dass gerade in Industriestädten wie Manchester viel Interesse an Kunst und Kultur herrschte. Die einseitige Darstellung und die Verteufelung von Gewerkschaften entsprachen der Tendenz vieler Industrieromane, in deren Tradition *Hard Times* steht.

Die mittlere Schaffensphase: *David Copperfield*

Zu den Romanen der mittleren Schaffensphase zählen die beiden Romane *Dombey and Son* (1846–48) und *David Copperfield* (1849–50). Beide Werke entwerfen ein breites Panorama der Gesellschaft, thematisieren die Entwicklung von Figuren, widmen den Zeichen gesellschaftlichen Wandels (insbesondere der Eisenbahn) mehr Aufmerksamkeit und stellen die soziale Verantwortung der Figuren in den Vordergrund. Darüber hinaus werden in beiden Romanen Ehen dargestellt, die nicht allzu glücklich sind. So heiratet David Copperfield zunächst die von ihm idealisierte, unschuldige Kindfrau Dora, empfindet deren Geist- und Verantwortungslosigkeit jedoch schon bald als bedrückend. Zuletzt findet David das erstrebte häusliche Glück in der Ehe mit einem *Angel in the House*, wobei Davids Verehrung der engelgleichen Agnes religiöse Untertöne hat. Diese Verklärung von Agnes und zuvor von Dora ist im Zusammenhang mit DICKENS' Verherrlichung der Häuslichkeit und der Vermeidung von sexuellen Andeutungen zu sehen. Die Charakterisierung von Agnes und Dora verweist außerdem auf DICKENS' Tendenz, seine ‚guten' Frauenfiguren hemmungslos zu idealisieren, wobei heute weitgehende Einigkeit darüber herrscht, dass seine ‚schlechten' Frauenfiguren wesentlich attraktiver und interessanter sind.

David Copperfield als Bildungsroman und fiktionale Autobiographie

DICKENS' *‚favourite child'*, der Roman *David Copperfield*, trägt viele autobiographische Züge: Auf Erfahrungen in einer strengen Schule unter einem züchtigungswütigen Lehrer konnte auch der Autor zurückblicken, und ebenso wie David machte auch der damals noch nicht zwölfjährige DICKENS eine schwere Zeit durch, als er in einer Fabrik arbeiten musste. Wie in anderen Werken gelang es DICKENS auch hier in überzeugender Weise, die Welt aus der Perspektive eines Kindes darzustellen. Im Falle von David ist dies besonders reizvoll, weil es sich bei dem Roman um eine fiktionale Autobiographie handelt: Der reife, etwa 37 Jahre alte Ich-Erzähler David blickt auf seine Jugend zurück und erkennt viele seiner damaligen Eindrücke und Ansichten als Fehleinschätzungen, die von kindlicher Schwarz-Weißmalerei geprägt waren. Davids Entwicklung ist aber nicht nur mit einem Prozess der Desillusionierung verbunden, sondern auch von der Suche nach bleibenden Werten gekennzeichnet. David lernt Selbstdisziplin, Milde und Verantwortungsbewusstsein; er lässt sich auf die Ambivalenz der Wirklichkeit ein, in der Glück und Idylle vergänglich sind und sich oft genug die Habgierigen oder Heuchlerischen durchsetzen. Darüber hinaus gilt *David Copperfield* als Musterbeispiel eines Bildungsromans, denn er weist sämtliche Kennzeichen dieses Genres auf, die in der folgenden Matrix stichwortartig zusammengefasst sind:[11]

Merkmale des Bildungsromans	
Hauptfigur	Held oder Heldin sind entwicklungsfähig und sensibel gegenüber ihrer psychischen und emotionalen Entwicklung; sie verfügen über die Fähigkeiten der Selbsterfahrung, Selbsterkenntnis und Selbstkritik
Verhältnis Protagonist bzw. Protagonistin und fiktive Wirklichkeit	Held bzw. Heldin befindet sich anfangs in einem Konflikt mit den Normen der Gesellschaft
Suche *(quest)*	die aktive Suche der zentralen Figur unterscheidet den Bildungs- vom Erziehungsroman; Ziel der Suche ist „die eigene (psychische und soziale) Identität" (SCHÖNEICH 1999: 89) des Helden oder der Heldin
Erzählsituation	häufig Ich-Erzählung oder personale Erzählsituation
Ort	oftmals Reise bzw. Schauplatzwechsel als Illustration der Weiterentwicklung der zentralen Figur

---

11 Die folgende Merkmalsmatrix stützt sich auf die vorzügliche Studie von SCHÖNEICH (1999: 87–101).

Zeit	umfasst nicht nur den Prozess der Sozialisation (wie im Adoleszenzroman), sondern Kindheit, Jugend und das – wenn auch teils nur frühe – Erwachsenenalter des Helden oder der Heldin
Plot	die Lebensgeschichte der zentralen Figur wird linear, meist chronologisch, dargestellt; im Vordergrund stehen Konflikte, die zur Identitätsbildung beitragen
Leitidee der Humanität	keine unproblematische Aussöhnung zwischen Individualität und gesellschaftlichen Normen; Selbstverwirklichung im Rahmen gesellschaftlicher Anforderungen als Ziel; die Leitidee der Humanität „*stellt den entscheidenden Unterschied zum rein ‚prozessualen' Entwicklungsroman dar*" (SCHÖNEICH 1999: 101).

9 Der parodistische Gesellschaftsroman: William Makepiece Thackeray

Thackerays frühe Parodien

Ähnlich wie BULWER-LYTTON war auch der aus einer wohlhabenden Familie stammende WILLIAM MAKEPIECE THACKERAY (1811–63) trotz seiner Herkunft früh dazu gezwungen, seinen Lebensunterhalt zu verdienen. Im Gegensatz zu BULWER-LYTTON erreichte er dies aber nicht durch Anpassung an Gattungskonventionen, sondern durch deren parodistische Durchbrechung. THACKERAY experimentierte mit verschiedenen *personae* (etwa einem halbgebildeten oder snobistischen Lakaien), aus deren Perspektive Snobismus und verbreitete Unsitten auf humoristisch-satirische Weise beleuchtet werden. Außerdem parodierte er Konventionen beliebter *silver-fork novels* und *Newgate novels*, wobei er eine spezielle Abneigung gegen letztere entwickelte, weil in ihnen Verbrecher als Helden glorifiziert wurden. Sein erstes längeres fiktionales Werk, *Catherine: A Story* (1839–40), ist eine Parodie auf BULWER-LYTTONS Verbrecherroman *Eugene Aram* (1832), in dem erstmals das Leben eines historisch verbürgten Kriminellen romantisiert wurde. In *Catherine* wird diese idealisierende Darstellung durch die nüchterne Darstellung der schmutzigen Realität konterkariert. Die in THACKERAYS Roman dargestellten Ereignisse in Wirtshäusern haben auch nichts mit DICKENS' gemütlich-humorvollen Szenen in Gasthöfen zu tun; vielmehr sind die faulen Wirtsleute ebenso wie die Diener nur auf Ausbeutung der Gäste bedacht.

In Bezug auf Darstellungsweise und Themen herrschten große Unterschiede zwischen den Werken der beiden Rivalen THACKERAY und DICKENS. Für THACKERAY bestand die Aufgabe des Romans in

Nüchterner Realismus: Thackery vs. Dickens

der nüchternen Wiedergabe der Wirklichkeit: „the Art of Novels IS to represent Nature: to convey as strongly as possible the sentiment of reality [...] in a drawing-room drama a coat is a coat and a poker a poker; and must be nothing else according to my ethics, not an embroidered tunic, nor a great red-hot instrument like the Pantomime weapon."[12] Darüber hinaus sprach er sich gegen Romanzenelemente, mysteriöse und unwahrscheinliche Zufälle, aber auch gegen die populäre soziale Thematik aus. Obgleich „the contrasts of society [...] the mixture of slang and fashionable language", wie es im Preface zu The History of Pendennis heißt, und die Erlebnisse eines Kriminellen bis kurz vor seiner Hinrichtung zweifellos eine große Leserschaft und ein gutes Einkommen garantieren würden, wandte er zwei Argumente gegen eine Anpassung an diesen Geschmack ein: Zum einen könne ein Romancier nur das wirklichkeitsgetreu darstellen, was er aus eigener Anschauung kenne, und zum anderen sei eine realistische Darstellung solcher Gegebenheiten aufgrund des Einflusses von ‚Mrs Grundy' ohnehin unmöglich.

Ein Roman ohne einen Helden: *Vanity Fair*

Schon der Untertitel von THACKERAYS berühmtestem Roman *Vanity Fair, Or, A Novel Without a Hero* (1847–48) zeigt ein typisches Merkmal vieler seiner Romane, in denen es keine glorifizierten Helden gibt. Mit seiner pessimistischen Einschätzung der menschlichen Natur wandte sich THACKERAY gegen den Heldenkult, dem CARLYLE in seinem Buch *On Heroes, Hero-Worship and the Heroic in History* (1841) neue Nahrung gegeben hatte. Der Titel *Vanity Fair* bezieht sich auf BUNYANS *Pilgrim's Progress*, in dem Christian u. a. den Versuchungen des ‚Jahrmarkts der Eitelkeiten' ausgesetzt wird, auf dem alles, selbst Personen, käuflich sind. Durch den intertextuellen Bezug wird bereits deutlich, dass es THACKERAY um eine satirische Darstellung damaliger Sitten ging; in seinem Roman steht weniger die Handlung im Vordergrund als ein kritisches Porträt der englischen Gesellschaft. In seinem panoramahaften Überblick befasst sich THACKERAY allerdings nicht mit der Situation der unteren Schichten. Im Mittelpunkt stehen die Lebenswege von zwei sehr unterschiedlichen jungen Frauen, Amelia Sedley und Rebecca (‚Becky') Sharp. Obgleich Amelia mit ihrer Unschuld und Passivität dem konventionellen Frauenideal weitestgehend entspricht, während die aktive, skrupellose Egozentrikerin Becky sämtliche moralischen und christlichen Prinzipien mit Füßen tritt, legt der Roman die Schwächen beider Figuren offen. So erfolgt die Heirat der verwitweten Amelia mit dem von ihr lange Jahre ausgenutzten Verehrer Dobson erst, nachdem beide desillusioniert worden sind. Das Ende des Romans ist auch

---

12 Brief von THACKERAY an DAVID MASSON, 1851, zit. nach GREINER & KEMMLER (1997: 69).

deshalb ungewöhnlich, weil keine poetische Gerechtigkeit geübt wird: Amelia ist nicht glücklich, und Becky hat sich eine respektable gesellschaftliche Position erschwindelt.

Erzählkonventionen in *Vanity Fair*

Außergewöhnlich ist *Vanity Fair* auch aufgrund der Abwandlung von Erzählkonventionen. In dem Vorwort, das der Buchveröffentlichung 1848 hinzugefügt wurde, übernimmt der Erzähler die Pose eines Puppenspielers, der seine Marionetten kurz charakterisiert; „Becky Puppet" sei „uncommonly flexible in the joints, and lively on the wire". Damit zerstörte THACKERAY die von realistischen Romanen genährte Illusion, eine ‚wahre' Geschichte zu erzählen, und entblößte seine Fiktion als das, was sie ist: eine zum Zweck der Belehrung und Unterhaltung der Leser erfundene Geschichte. Auch im Verlaufe des Werks meldet sich der auktoriale Erzähler mit vielen satirischen Kommentaren zu Wort und lässt den Leser nicht vergessen, dass es sich um einen Roman handelt. Obgleich er die materialistische Gesinnung, die Heuchelei und den Verlust ethischer Werte schonungslos aufdeckt und v. a. Becky Sharp vernichtender Kritik unterzieht, ist Becky aufgrund ihrer Intelligenz, ihres Humors, ihrer Gewitztheit, Energie und ihrer schieren Vitalität eine sehr attraktive Figur.

In Konkurrenz zu *David Copperfield: The History of Pendennis*

In seinem autobiographisch geprägten Roman *The History of Pendennis: His Fortunes and Misfortunes, His Friends and His Greatest Enemy* (1848–50) befasste sich THACKERAY mit einem ähnlichen Thema wie kurz zuvor DICKENS in *David Copperfield*. Obgleich es in *Pendennis* ebenfalls um das Heranwachsen eines jungen Mannes geht, der in die Gesellschaft eingeführt wird und zentrale ethische Werte übernimmt, geht THACKERAY dieses Thema ganz anders an als DICKENS. Wie immer bei THACKERAY kommt der Sentimentalität allenfalls eine untergeordnete Bedeutung zu; zudem wird der Reifungsprozess des Jungen von einem auktorialen Erzähler geschildert. Typische Themen des Autors dominieren auch hier; z. B. der Kontrast zwischen guten und schlechten Frauenfiguren, zwischen denen sich Arthur entscheiden muss, sowie die Kritik an Standesdünkel, dem Streben nach sozialem Aufstieg, Heuchelei, dem *marriage market* und dem allgegenwärtigen Snobismus, mit dem sich THACKERAY schon in *The Book of Snobs* (1848) auseinander gesetzt hatte.

Weitere Romane Thackerays

Diese Themen stehen auch im Mittelpunkt anderer Gesellschaftsromane THACKERAYS, die häufig ein breites Panorama der Gesellschaft entwerfen und viele Übereinstimmungen mit den Werken seines großen Vorbilds HENRY FIELDING aufweisen. Die Gemeinsamkeiten von THACKERAYS Romanen zeigen sich u. a. darin, dass sie oft die Geschichte einer Familie über mehrere Generationen hinweg verfolgen und dass die gleichen Figuren in unterschiedlichen Werken auftreten. Eng miteinander verbunden sind v. a. die Romane *Vanity Fair*, *The Newcomes* (1853–55), *Pendennis* und *The Adventures of Philip* (1861–62). THACKERAYS historische Romane *Henry Esmond* (1852) und dessen Fortsetzung *The Virginians* (1857–59) entstanden im Dialog mit den Werken MACAULAYS und den früheren historischen Romanen der Epoche (vgl. Kap. 3.1.).

The History of Henry Esmond, Esq.

Einerseits ist *The History of Henry Esmond* (1852) neben *Vanity Fair* als THACKERAYS Meisterwerk bezeichnet worden; andererseits hat dieser Roman bei vielen Kritikern Unbehagen hervorgerufen. Dies liegt zum einen an der Handlung, die ein viktorianisches Tabu berührt, denn die glückliche Ehe zu Ende des Romans wird zwischen dem Helden und seiner – schon von Kindesbeinen an verehrten – Stiefmutter Rachel geschlossen. Damit nicht genug, war Henry über weite Strecken des Werks Rachels skrupelloser Tochter Beatrix verfallen, so dass die Heirat mit deren Mutter für viele Leser eine Überraschung darstellt. Außergewöhnlich ist dieser Roman aber auch aufgrund der Darstellungsweise, die ihn einer Fälschung ähneln lässt. Dass THACKERAY, der ansonsten nicht durch übermäßigen Fleiß glänzte, sehr gründliche Recherchen betrieben hatte, schlägt sich in einer verblüffend authentisch wirkenden Nachahmung der Sitten, der Schreibkonventionen, der Herausgeberfiktion, des Sprachstils, der Orthographie und sogar der Schrifttype einer fiktionalen Autobiographie aus dem 18. Jh. nieder.

‚*Familiar rather than heroic*': Geschichte in *Henry Esmond*

Im ersten Kapitel von *Henry Esmond* formuliert der Erzähler die Absicht „*I would have history familiar rather than heroic*" (I, 1), die im Roman auf verschiedenen Ebenen umgesetzt wird. Zum einen erzählt Henry Esmond seine Geschichte in Form einer Autobiographie, in der der eigenen Entwicklung und privaten Belangen große Bedeutung zukommt; denn obgleich der Held in die politischen Auseinandersetzungen zwischen Whigs und Tories zur Regierungszeit von Königin ANNE verwickelt ist, befindet er sich nicht am Zentrum der Macht. Zum anderen trifft er die ‚Großen' der Geschichte meist in familiären, für sie wenig vorteilhaften Situationen an: „*Die anekdotische Nähe, aus der Thackeray seine geschichtlichen Persönlichkeiten respektlos betrachtet und so auf das allgemeine Alltagsniveau herabzwingt, zerstört deren Nimbus*" (MÜLLENBROCK 1980: 52). Darüber hinaus erweist sich THACKERAYS Darstellung von Schlachtszenen als richtungsweisend, denn sie entblößt die patriotische Tendenz früherer Geschichtsbücher, militärische Aktionen zu glorifizieren. Nicht zuletzt bestätigen die desillusionierenden Erfahrungen des Protagonisten, der sich den politischen Intrigen Londons durch seine Emigration nach Amerika entzieht, den höheren Wert des Privatlebens. Da deutlich wird, dass es sich bei der heroischen Konzeption von Geschichte um einen Mythos handelt, ist *Henry Esmond* ein für seine Zeit gleich in mehrfacher Hinsicht untypischer historischer Roman.

Thackerays Durchbrechung herrschender Konventionen

Viele Autoren des 19. Jh.s setzten sich wie JANE AUSTEN und die BRONTËS in ihren frühen Werken durch Pastiches und Parodien mit den herrschenden Konventionen auseinander. Bei THACKERAY bleiben der parodistische Charakter und das Spiel mit Konventionen ein prägender Zug seines gesamten Werkes; Parodie und Realismus gehen bei ihm eine so enge Verbindung ein, dass Leser sich teilweise nicht sicher sein können, wer gerade das Opfer der Ironie ist. Der ikonoklastische Tenor und der Bruch von Konventionen zeigen sich auch in seiner Gestaltung der Schlussgebung, dem pessimistischen Menschenbild und der Ablehnung des zeitgenössischen Heldenkults. THACKERAY stutzte Helden auf Normalmaß herab, gleichgültig, ob es sich um historische Persönlichkeiten oder fiktive Figuren handelte. Die nationale Vergangenheit wurde von ihm nicht verklärt, vielmehr gab er den Blick frei für allgemein-menschliche, zeitunabhängige Eigenschaften und Schwächen. Er wandte sich grundsätzlich gegen *happy endings* und unterminierte die *„viktorianischen Normen der Geschlechterbeziehung"* (SCHABERT 1997: 539). Die einzige Bastion, die seinem Ikonoklasmus standhielt, war das Frauenbild seiner Zeit. Auch THACKERAYS ‚gute' Frauen sind engelgleiche, reine und unschuldige Geschöpfe, *„at whose feet the wildest and fiercest of us must fall down and humble ourselves"* (*Pendennis*, I, 2). Ansonsten machte seine Desavouierung von schönem Schein nicht einmal vor der Realismuskonvention halt, die er in *Vanity Fair* durchbrach. Insgesamt ist sein Werk von einer prosaischen Nüchternheit gekennzeichnet, von einem Bemühen, alle Arten von Illusionen aufzudecken. Ein *poker* ist für THACKERAY ein *poker*, gleichgültig, ob er sich im Wohnzimmer eines Snobs oder am Hofe von Königin ANNE befand.

Der hochviktorianische Roman
(1859–1880)

1859 als annus mirabilis

In der Kulturgeschichte, in der man Epochengrenzen nicht durch Verweis auf Regierungszeiten von Königen oder politische Ereignisse festlegen kann, sondern es mit kulturellen Strömungen zu tun hat, die oftmals nebeneinander existieren, verweist man gern auf die Erscheinungsdaten von Büchern, um den Beginn neuer Entwicklungen zu datieren. Bei allen Nachteilen, die ein solches Verfahren notgedrungen hat, spricht einiges dafür, das Jahr 1859 als den Anfang des *High Victorianism* anzusehen: In diesem Jahr wurden nicht nur so einflussreiche Werke wie CHARLES DARWINS *The Origin of Species*, JOHN STUART MILLS *On Liberty* und SAMUEL SMILES' *Self-Help*, sondern auch die ersten großen Romane von GEORGE ELIOT und GEORGE MEREDITH, *Adam Bede* und *The Ordeal of Richard Feverel*, veröffentlicht.

Charles Darwins: On the Origin of Species

Den größten und anhaltendsten Einfluss dieser beeindruckenden Liste von Büchern hatte zweifellos CHARLES DARWINS (1809–82) *On the Origin of Species by Means of Natural Selection; or the Preservation of Favoured Races in the Struggle for Life* (1859). DARWIN formulierte darin die in den Grundzügen bis heute anerkannte Evolutionstheorie, derzufolge der in allen Tier- und Pflanzenarten zu beobachtende Nachkommenüberschuss durch die Auslese von Varianten, die besser an die Umwelt angepasst sind, reguliert wird. Die Niederschrift dieses für viktorianische Verhältnisse schmalen Bändchens von knapp 300 Seiten hatte der graduierte Theologe DARWIN über ein Jahrzehnt herausgezögert; ihm war nur zu klar, welche Brisanz die Ergebnisse seiner Forschungen hatten. Schließlich ging es um nicht mehr oder weniger als die Wahrheit der Bibel und der Schöpfungsgeschichte: „*Evolutionary theory implied a new myth of the past: instead of the garden at the beginning, there was the sea and the swamp. Instead of man, emptiness – or the empire of molluscs.*" (BEER 1983: 127) Obgleich DARWIN seine Theorie erst in *The Descent of Man* (1871) auf den Menschen übertrug, war sogleich klar, dass die Evolutionstheorie den Glauben an die Einzigartigkeit des Menschen als Herren der Schöpfung fundamental erschütterte. Die Bedeutung des Werkes erschloss sich Zeitgenossen sehr schnell: Die erste Auflage war schon am ersten Tag ausverkauft, und das Buch wurde zum Bestseller.

Evolutionstheorie, Fortschritt und Herbert Spencer

DARWINS Theorie wurde für die Rechtfertigung von Individualismus, Sozialismus, Religion und Skeptizismus verwendet; den größten Einfluss hatte sie jedoch auf den Sozialdarwinismus, der maßgeblich auf HERBERT SPENCER (1820–1903) zurückgeht. In zahlreichen Büchern und journalistischen Arbeiten popularisierte dieser seinerzeit sehr berühmte Wissenschaftler die Evolutionstheorie und übertrug sie auf die Entwicklung des Menschen; die Phrase „survival of the fittest" geht auf ihn zurück. Seiner Auffassung nach schreitet die Evolution unablässig voran: „*Progress [. . .] is not an accident, but a necessity*".[1] Die Wunder der Technologie seien als Zeichen dieses Fortschritts vorbehaltlos zu begrüßen. Im Gegensatz zu DARWIN glaubte SPENCER daran, dass sich auch in der Gesellschaft letztlich der Bessere durchsetzen würde; alles, was der Staat dazu beitragen konnte, war der Schutz der Freiheit. Ansonsten sollte den ‚Naturgesetzen' freier Lauf gelassen werden. Überzeugte Sozialdarwinisten traten daher gegen Armenfürsorge, staatlich subventionierte Schulen, Gewerkschaften, Zölle und sogar gegen das Postwesen ein.

Symbol für viktorianische Werte? Samuel Smiles

Die Ablehnung staatlicher Unterstützung fügt sich gut ein in die viktorianische Hochschätzung von Selbsthilfe, *self-improvement*, Selbstdisziplin und Pflichtbewusstsein. SAMUEL SMILES' (1812–1904) Bestseller *Self-Help, with Illustrations of Character and Conduct* (1859) – ein Buch, das auch außerhalb Englands enormen Erfolg hatte, – ist daher häufig als Symbol viktorianischer Werte angesehen worden. In der Tat illustriert SMILES anhand von vielen Beispielbiographien den Wert der Selbsthilfe, die aus ökonomischen, aber auch moralischen Gründen der Abhängigkeit von anderen vorzuziehen sei: „*The spirit of self-help is the root of all genuine growth in the individual; and exhibited in the lives of many, it constitutes the true source of national vigour and strength. Help from without is often enfeebling in its effects, but help from within invariably invigorates*".[2] Andererseits hatten einflussreiche Mitglieder der Gemeinschaft SMILES zufolge die Pflicht, andere zu unterstützen. Darüber hinaus sprach sich SMILES leidenschaftlich gegen die „*dreadful theory*" (ebd.) des *laissez-faire* und für staatliche Intervention aus. Obgleich ein Zuviel an Reglementierungen abzulehnen sei, gäbe es keinerlei Argumente etwa gegen städtische sanitäre Einrichtungen und staatlich finanzierte Grundschulen. Dennoch gilt *Self-Help* gemeinsam mit den Folgepublikationen *Character* (1871), *Thrift* (1875) und *Duty* (1880) als paradigmatischer Ausdruck der viktorianischen ‚*gospel of work*'.

Veränderungen der Stellung der Frau

Seit der Mitte des 19. Jh.s begannen zaghafte Reformen, die auf eine Verbesserung der Position von Frauen abzielten. Obgleich die Durchsetzung des Frauenwahlrechts noch lange auf sich warten ließ, wurde eine rege Diskussion um politische Rechte der Frau

---

1 ROBERT M. YOUNG, „Herbert Spencer and 'Inevitable' Progress." In: MARSDEN (1998: 179–188, S. 181).
2 Zit. nach ASA BRIGGS, „Samuel Smiles: The Gospel of Self-Help." In: MARSDEN (1998: 103–113, S. 104).

geführt, die v. a. durch JOHN STUART MILLS Pamphlet *On the Subjection of Women* (1869) neue Nahrung gewann. Zumindest einige Verbesserungen wurden jedoch noch in viktorianischer Zeit erreicht: Der *Matrimonial Causes Act* (1857) erleichterte es Frauen, eine Scheidung zu erwirken, und die *Married Women's Property Acts* (1870; 1882) gaben verheirateten Frauen das Recht auf privates Eigentum. Außerdem wurden die Bildungsmöglichkeiten für Frauen u. a. durch die Errichtung von Women's Colleges entscheidend verbessert, und die Zahl der Berufe, die Frauen offen standen, stieg erheblich an. Die private Situation verheirateter Frauen änderte sich aber zunächst nicht grundlegend, denn die angesprochenen Reformen wirkten sich in erster Linie auf unverheiratete Frauen und auf Frauen aus, die auch physisch stark unter ihren Ehemännern zu leiden hatten: Eine Scheidung war nur dann möglich, wenn dem Ehemann neben Ehebruch noch andere Delikte wie extreme Grausamkeit oder Inzest nachgewiesen werden konnten.

Differenzierung des Lesepublikums und Tendenzen des Romans

In den 1860er Jahren boomte das Geschäft mit Romanen und zog gemeinsam mit der Professionalisierung von Autoren, Kritikern, Verlagen und Leihbibliotheken eine Differenzierung des Lesepublikums nach sich. Romane wurden für jeden Geschmack verfasst, und eine junge Generation von Autoren stellte neue künstlerische Anforderungen an sich und an die Leser. Die Zeiten, in denen ein DICKENS das Lesepublikum hinter sich vereinen konnte, näherten sich ihrem Ende. Heute sehr geschätzte Romanciers wie GEORGE ELIOT und GEORGE MEREDITH vermochten nicht alle Leser zu begeistern. Obgleich die frühen Romane ELIOTS noch breiten Anklang fanden, galten ihre späten Werke als ‚zu schwierig', und selbst DICKENS' letzte Romane, die vielen als sehr komplex und ‚düster' erschienen, wurden geringer geschätzt als seine früheren Werke. Die Tradition realistischer Romane wurde fortgeführt in den beliebten Fortsetzungsromanen von ANTHONY TROLLOPE und MARGARET OLIPHANT, die zielsicher den Geschmack und Geldbeutel des Publikums zu treffen wussten. Großer Popularität erfreuten sich außerdem vielfältige Formen von Sensationsromanen, Romanzen, *fantasies* und Kinderbüchern.

Kinderbücher nicht nur für Kinder: Lewis Carroll

Schon vor 1865, als der Mathematiker und Kleriker CHARLES LUTWIDGE DODGSON (1832–98) unter dem Pseudonym LEWIS CARROLL *Alice's Adventures in Wonderland* (1865) veröffentlichte, spielten Kinder als Adressaten von und Figuren in viktorianischen Romanen eine große Rolle. Insbesondere DICKENS hatte der Sichtweise von Kindern neue Geltung verliehen, und Abenteuer- sowie Schulromane in der Nachfolge von MARRYAT, KINGSLEY und HUGHES richteten sich an ein vornehmlich jugendliches Publikum. Erst die ersten beiden Romane von LEWIS CARROLL befreiten Kinderbücher aber von der Bürde der Moral: In ihnen werden Kindern keine Kenntnisse, Verhaltensregeln oder moralischen Werte vermittelt; statt dessen steht ein subversives Spiel mit Sprache und Autoritäten im Vordergrund dieser Bücher, die sämtliche hehren Prinzipien der realen Welt der Erwachsenen *ad absurdum* führen. Fixe Größen wie die physische Gestalt werden variabel, Identitäten lassen sich nicht identifizieren, Worte, Gedanken, Tiere, Blumen und Schachfiguren werden lebendig und entwickeln ein Eigenleben. Sprache macht nicht notwendig Sinn, und Respektlosigkeit gegenüber Eltern oder Königen sind an der Tagesordnung in Alices Welt, die auch in *Through the Looking-Glass and What Alice Found There* (1871) ausgestaltet wird. Obgleich einige Aussagen – etwa die Ansicht der ‚Mock Turtle', in der Schule lerne man *„Reeling and Writhing"* sowie die unterschiedlichen Zweige der Arithmetik, *„Ambition, Distraction, Uglification, and Derision"* – viktorianische Zustände durch sprachspielerische Abwandlungen satirisch kommentieren, dominiert die Trennung der Kunst von moralischen Zielen diese außergewöhnlichen Romane CARROLLS, die primär darauf ausgerichtet sind, Kinder durch komische Subversionen zu unterhalten.

Popularität von *fantasies*

Seit den 1860er Jahren erfreute sich eine Reihe von *fantasies*, insbesondere von CHARLES KINGSLEY und GEORGE MACDONALD (1824–1905), großer Popularität. Zu dieser Zeit trugen unterschiedliche kulturelle Tendenzen – die Aufwertung der Phantasie im Gefolge der Romantik, der *„cult of the exotic, the cultivation of the self's visionary powers, the fascination with irrational states of mind [...], the felt need for new or rejuvenated myths and symbols to meet the breakdown of religious orthodoxy"*[3] – dazu bei, dass *fantasies* zu einem anerkannten fiktionalen Genre wurden. Das Genre der *fantasy* ist definiert worden als *„[a] fiction evoking wonder and containing a substantial and irreducible element of the supernatural with which the mortal characters in the story or the readers become on at least partly familiar terms"* (MANLOVE 1975: 1). Die inhaltlich und formal sehr unterschiedlichen Werke, die auch von Intellektuellen und Politikern gelesen wurden, sprachen verschiedene Altersgruppen an.

Charles Kingsley: *The Water-Babies*

Ein Beispiel für eine besonders populäre viktorianische *fantasy* bildet CHARLES KINGSLEYS *The Water-Babies* (1863), in dem sich fast die gesamte Handlung unter Wasser abspielt: Nach einem kurzen sozialkritischen Teil über die Erfahrungen des jungen Schornsteinfegers Tom werden dessen Erlebnisse als *water-baby* geschildert. Im Gegensatz zu LEWIS CARROLL verbindet KINGSLEY eine

---

[3] ROBERT M. POLHEMUS, „Lewis Carroll and the Child in Victorian Fiction." In: RICHETTI (1994): 579–607, S. 590).

phantastische Handlung mit vielen sozial- und zeitkritischen Realitätsreferenzen. Die moralische Komponente kommt deshalb nicht zu kurz, weil der kleine Tom – den Konventionen des Märchens entsprechend – für seine Taten angemessen belohnt und bestraft wird und schließlich mitmenschliches Verhalten erlernt. Signifikant ist dieses Werk auch deshalb, weil es Licht auf die widersprüchliche Rezeption DARWINS wirft. KINGSLEY verbindet in diesem Werk seinen protestantischen Glauben mit der Evolutionstheorie und illustriert seine in einem Brief 1862 geäußerte Überzeugung „*that there is a quite miraculous and divine element underlying all physical nature*" (zit. nach MANLOVE 1975: 32).

1 Historische Romane und Romanzen: Charles Reade und Richard Blackmore

Historische Romane der 1860er Jahre

Neben *fantasies* erfreuten sich historische Romane und Romanzen in der zweiten Hälfte des 19. Jh.s großer Beliebtheit. Eine Gemeinsamkeit englischer historischer Romane im Gefolge SCOTTS liegt in der Faktentreue und Liebe zum historischen Detail, für das die Romanciers ein genaues Quellenstudium in Kauf nahmen. Seit den 1850er Jahren überwog darüber hinaus eine Deutung von Geschichte „*as a drama of violent conflicts*" (WHEELER 1985: 95), in der Gewalttaten und sensationelle Ereignisse eine große Rolle spielen. Außerdem ging es in den historischen Romanen dieser Zeit im Anschluss an die unheroische Darstellungsweise THACKERAYS in *Henry Esmond* (1852) in erster Linie um private Erlebnisse durchschnittlicher Figuren. Die Veranschaulichung politischer Vorgänge, um die sich BULWER-LYTTON und andere historische Romanciers der 1830er und 1840er Jahre bemüht hatten, trat demgegenüber in den Hintergrund. Diese Verlagerung auf den privaten Bereich war von den religiösen historischen Romanen der 1850er Jahre – u. a. von WISEMAN, NEWMAN und KINGSLEY – vorbereitet worden, denn in ihnen wurden aktuelle religiöse Fragen vor dem Hintergrund einer Handlung erörtert, die zwischen ‚hoher' Politik und Privatsphäre angesiedelt war.

Charles Reade: *The Cloister and the Hearth*

Dass Zeitgenossen ein Werk des auf Melodrama und *sensation novels* spezialisierten CHARLES READE (1814–84) für den besten historischen Roman des 19. Jh.s hielten, ist heute nur schwerlich nachvollziehbar. Im Mittelpunkt des gegen CARLYLES Heldenkult gerichteten Romans *The Cloister and the Hearth* (1861) steht das Schicksal eines gänzlich unheroischen Durchschnittsmenschen, der im Europa des 15. Jh.s eine Reihe von Abenteuern bestehen muss, um ein viktorianisches Ziel zu erreichen: Der für die Priesterweihe bestimmte holländische Maler Gerard Eliassoen hat sich mit Margaret Brandt verlobt und zieht nach Rom, um dort durch solide Arbeit die finanzielle Grundlage für einen gemeinsamen Hausstand zu legen. Die ausführlich geschilderte Reise und die episodische Struktur ermöglichen die anschauliche Beschreibung der Sitten und Umgangsformen eines breiten Spektrums der mittelalterlichen Gesellschaft. Viele bestandene Abenteuer, Intrigen sowie eine Fülle von unwahrscheinlichen Fügungen und von gewalttätigen Szenen prägen die Handlung, wobei ein moralisierender Erzähler das Mittelalter aus viktorianischer Perspektive kritisiert. Das Ende des Romans und die Einstellungen der Figuren entsprechen viktorianischen Werten; so betreut Gerard eine Gemeinde in Holland, wobei seine keusche Verlobte die Aufgaben einer viktorianischen Pfarrersfrau übernimmt. Die Struktur des Romans folgt den Konventionen der *romance*, und READE *„gab seinen Romanen gern den Untertitel* MATTER-OF-FACT ROMANCE*“*.[4]

Richard Blackmore: *Lorna Doone*

Im Gegensatz zu READE bezeichnete RICHARD BLACKMORE (1825–1900) seine Romane als *historical romances*. Der Held seines bekanntesten Romans, *Lorna Doone; or, a Romance of Exmoor* (1869), hat alle Eigenarten eines typischen ‚muscular Christian', die von FITZJAMES STEPHEN 1858 zusammengefasst wurden: *„the hero [is] intended to display the excellence of a simple massive understanding united with the almost unconscious instinct to do good, and adorned, generally speaking, with every sort of athletic accomplishment."*[5] Der Ich-Erzähler John Ridd ist ein wahrer Hüne, der keinem etwas zuleide tun will, bei Kämpfen aber kräftig zupackt; gutherzig, wohlwollend, überaus gastfreundlich, treu, ehrlich, tierlieb und ein im besten Sinne ‚einfacher' Mensch. Obgleich die Handlung zwischen den 1660er und 1680er Jahren angesiedelt ist, eine Reihe historischer Persönlichkeiten auftritt und John unfreiwillig sogar in die Rebellion des Herzogs MONMOUTH verwickelt wird, weisen Untertitel, Vorwort und Plot das Buch als *romance* aus. Nach vielen spannenden Abenteuern befreit der Bauernsohn John die adlige, reine und schöne Lorna Doone aus den Fängen einer Räuberbande und heiratet sie.

Englishness

Der Erfolg des Buches, das noch zu Lebzeiten des Autors 40 Auflagen erlebte, ist auf dessen *Englishness* zurückgeführt worden. In der Tat verbreitete BLACKMORE ein nostalgisches Bild eines einfachen, anheimelnden Englands, in dem die Welt noch in Ordnung war und sämtliche Ideale der viktorianischen Zeit in ländlich-idyllischer Atmosphäre vorgelebt werden. Johns Schwester Annie und

---

4 HANS-JÜRGEN DILLER, „Charles Reade: *The Cloister and the Hearth: A Tale of the Middle Ages* (1861)." In: BORGMEIER & REITZ (1984: 129–142, S. 135).
5 *Edinburgh Review*, Rezension zu *Tom Brown's Schooldays*, zit. nach DONALD E. HALL, „Introduction: Muscular Christianity." In: HALL (1994: 3–13, S. 8).

Lorna verkörpern verschiedene Varianten des *Angel in the House*, und empfindsame Tränen und Gesten sind an der Tagesordnung. Die Abneigung gegen Intellekt und Satire und die bedingungslose Königstreue, Zielgerichtetheit, *fairness*, Güte und Stärke weisen John als guten Engländer aus, und selbst der allseits geschätzte *highwayman* John Faggus benimmt sich immer ganz als Gentleman, beraubt die Reichen und beschenkt die Armen. Der Kult um die Häuslichkeit zeigt sich nicht nur in den vielen gemütlichen Abenden um das offene Kaminfeuer, sondern auch in der Verehrung der Mutter, die als *„[e]ver loving, ever soft, ever turning sin to goodness"* (42) idealisiert wird. Von der Masse historischer Romanzen unterscheidet sich *Lorna Doone* durch den humorvollen Stil und die wohlwollende Ironie, durch die damalige Sitten, der Nutzen von Religion und die Steuereintreibung des Königs – die für John nur schwerlich von Raub zu unterscheiden ist – in ein ungewohntes und kritisches Licht gerückt werden.

2 Realistische Gesellschaftsromane: Anthony Trollope

Der Realismus Anthony Trollopes

Auch ANTHONY TROLLOPE (1815–82) wurde wegen seiner vielgerühmten *Englishness* sehr geschätzt. Im Unterschied zu BLACKMORE ist TROLLOPE jedoch ein Romancier des Alltäglichen; ebenso wie der von ihm bewunderte THACKERAY trat TROLLOPE entschieden für realistische Darstellungskonventionen ein. Denn trotz der Beliebtheit von *fantasies* und Romanzen bildet die hochviktorianische Zeit den Höhepunkt realistischen Erzählens, das insbesondere mit Autoren wie TROLLOPE und GEORGE ELIOT verbunden wird. In seinen bekannten Romanen verwendete er nicht nur Realismuskonventionen wie Heteroreferentialität und den kausalfinalen Plot, sondern er befasste sich auch mit alltäglichen Ereignissen und gänzlich unheroischen Figuren, die nie gänzlich idealisiert oder dämonisiert werden. Oftmals gelang es ihm dabei, die Besonderheit des ‚Normalen' aufscheinen zu lassen.

Arbeits- und Publikationsweise

Dass das Image TROLLOPES mehr als das irgendeines anderen Romanciers durch seine Arbeitsweise geprägt wird, liegt u. a. an der Fülle seiner Schriften: Er schrieb nicht weniger als 47 Romane (zum Vergleich: der allgemein als sehr produktiv eingeschätzte DICKENS verfasste 15), und sein Gesamtwerk beläuft sich auf fast 70 Bände. Für Irritation sorgt v. a. TROLLOPES Gewohnheit, jeden Morgen im Zeitraum von drei Stunden mit der Uhr im Blick eine bestimmte Zahl von Worten niederzuschreiben. Dass es ihm außerdem nicht schwer fiel, die Form seiner Romane an die Wünsche der Verleger anzupassen, und in Fortsetzungen mit bestimmter Länge zu gliedern, lässt ein Maß an geradezu mechanischer

Strukturierung und ein – unverhohlen auf materiellen Gewinn ausgerichtetes – Arbeitsethos erkennen, das romantischen Vorstellungen vom genialischen Künstler zuwiderläuft. Die neuere Forschung hat verbreitete Vorurteile, denen zufolge ein solcher hart arbeitender Schriftsteller mit völlig normalen Interessen und Bedürfnissen über keinerlei Begabung verfügen könne, jedoch zurückgewiesen. Die Entstehung des negativen Image dieses Autors wird heute teilweise auf die Selbstpräsentation TROLLOPES zurückgeführt, der sich den Rang eines Gentleman durch harte Arbeit zurückerobert hatte und nicht als exzentrischer Künstler erscheinen wollte.

Trollopes bedeutende Romane

Nach einigen weniger erfolgreichen Werken veröffentlichte TROLLOPE mit *The Warden* (1855) seinen ersten positiv aufgenommenen Roman, der gleichzeitig die Reihe der sechs *Barsetshire novels* begründete, zu denen außerdem *Barchester Towers* (1857), *Doctor Thorne* (1858), *Framley Parsonage* (1860–61), *The Small House at Allington* (1862–64) und *The Last Chronicle of Barset* (1866–67) gehören. *Framley Parsonage* bildet insofern einen Einschnitt, als TROLLOPE diesen Roman in dem neu gegründeten, renommierten *Cornhill Magazine* (1860) veröffentlichte, das zunächst von THACKERAY herausgegeben wurde. Der zweite der beiden Romanzyklen, auf denen TROLLOPES Ruhm heute hauptsächlich gründet, wird unter der Sammelbezeichnung *Palliser novels* oder *Parliamentary novels* zusammengefasst, die *Can You Forgive Her?* (1864–65), *Phineas Finn* (1867–69), *The Eustace Diamonds* (1871–73), *Phineas Redux* (1873–74), *The Prime Minister* (1875–76) und *The Duke's Children* (1879–80) umfassen. Diese Romanzyklen sind mehr durch die Figuren als durch die Themen miteinander verbunden, wobei in den *Barsetshire novels* schon der Ort, eine Winchester oder Salisbury nachempfundene Kathedralstadt, für eine gewisse Kohärenz sorgt. Die Figuren der Romane wuchsen den Lesern ähnlich ans Herz wie die von DICKENS; TROLLOPE war allerdings mehr an deren Entwicklung interessiert. Seine Figuren altern und verändern sich im Lauf der Jahrzehnte, die von dem jeweils ersten bis zum letzten Werk vergehen. Von den weiteren, teils sehr unterschiedlichen Romanen wird heute oft *The Way We Live Now* (1875) als bestes Werk des Autors gerühmt.

Thematische Schwerpunkte

Im Gegensatz zu vielen anderen viktorianischen Romanciers verlegte TROLLOPE die Handlung seiner Romane nicht in eine nahe Vergangenheit, sondern setzte sich kritisch mit aktuellen Themen auseinander. Institutionen und Stände wie *Civil Service*, Gerichtswesen, Parlament, Kirche und die *gentry* beschrieb er mit der Präzision und Distanz eines Außenseiters. Seine biographischer Erfahrungen (v. a. eine isolierte Kindheit und lange Auslandsaufenthalte) mögen auch für die Spannungen zwischen Figuren und

Der hochviktorianische Roman (1859–1880)

fiktiver Gesellschaft sowie für die Darstellung einsamer Entscheidungs- oder Leidensprozesse verantwortlich sein.

Erzählweise und Figurendarstellung

TROLLOPES Romane werden meist von auktorialen Erzählern geschildert, die die Illusionsbildung nur selten durchbrechen. Trotz der dominanten ‚Außensicht' zeichnet sich seine Figurendarstellung durch die Empathie aus, mit der TROLLOPE selbst für negativ dargestellte Figuren Verständnis weckt. So bringt er Lesern sogar die Nöte einer durch und durch materialistischen und egoistischen jungen Frau (Georgiana Longestaffe aus *The Way We Live Now*), den Gemütszustand eines verbitterten, nicht völlig zurechnungsfähigen, stolzen Geistlichen (Josiah Crawley aus *The Last Chronicle of Barset*) oder eines machthungrigen und geltungssüchtigen Schwindlers (Melmotte aus *The Way We Live Now*) nahe.

The Warden

Der erste der *Barsetshire*-Romane weist bereits einige typische Merkmale von TROLLOPES Erzählweise auf: ein idyllischer Schauplatz – hier eine verschlafene Stadt mit ländlichem Umfeld – und die sozialen Veränderungen, die sich durch die Konfrontation mit aktuellen Entwicklungen ergeben. In *The Warden* geht es u. a. um Missstände in der anglikanischen Kirche, die zu Anfang der 1850er Jahren v. a. durch Skandale um Ämterhäufung, Simonie und Sinekuren in die Tagespresse gekommen war. Stein des Anstoßes ist die Sinekure des Kantors Mr Harding, der ein hohes Einkommen aus seiner Verantwortung für eine Art Altenheim bezieht, um dessen Bewohner er sich fürsorglich kümmert. Harding wird durch die Agitationen engstirniger Journalisten und der Zeitung *Jupiter* zur Zielscheibe öffentlicher Kritik, und auch Reformer wie Mr Popular Sentiment (eine Karikatur von DICKENS) sowie Dr Pessimist Anticant (eine Karikatur CARLYLES) vertreten sehr einseitige Ansichten: Die Person des integren Harding, um dessen Gewissenskonflikt der Roman kreist, wird von ihnen überhaupt nicht wahrgenommen; ihnen geht es allein ums Prinzip. Obgleich TROLLOPE häufig Kritik an weltlichen Genüssen allzu aufgeschlossenen oder fanatischen Geistlichen übte, richtet sich *The Warden*, in dem erstmals der negative Einfluss der Presse thematisiert wird, gegen die Reformer und gegen „*the moral imperialism of the reforming temper*" (GILMOUR 1986: 119).

The Last Chronicle of Barset

Die Situation einer verarmten Familie aus der *gentry*, der Crawleys, bildet den Hintergrund für die Handlung des letzten *Barsetshire*-Romans. Das Einkommen des niederen Geistlichen Josiah Crawley reicht nicht aus, um die Familie angemessen zu ernähren: „*The angry eyes of unpaid tradesmen, savage with an anger which one knows to be justifiable; the taunt of the poor servant who wants her wages; [...] the wan cheeks of the wife whose malady demands wine; the rags of the husband, whose outward occupations demand decency*"

(I, 9), all dies ist zur täglichen Gewohnheit der Familie geworden, als der Vater angeschuldigt wird, einen Scheck im Wert von zwanzig Pfund gestohlen zu haben. Josiah Crawley bewältigt die Situation mit Stolz und Integrität, aber das Schicksal seiner Familie illustriert ein Diktum JOHN STUART MILLS in *On the Subjection of Women* (1869): „*Whoever has a wife and children has given hostages to Mrs. Grundy.*" (4) Der Geistliche kann den ungerechtfertigten Anschuldigungen trotzen, seine Familie nicht. Seine Tochter Grace verzichtet im Bewusstsein der Schmach des Vaters darauf, dem geliebten Major Crawley das Jawort zu geben, weil eine solche Verbindung die Ehre von dessen Familie aufs Spiel setzen würde. Grace ist daher eine der vorbildlichen Frauen TROLLOPES, die durch ihre Standfestigkeit ihre Geistesgröße beweisen und am Ende angemessen belohnt werden.

Die *Palliser*-Romane

Die ‚*Parliamentary novels*' unterscheiden sich von anderen politischen Romanen dadurch, dass sie die Politik in ihrer Verflechtung mit wirtschaftlichen und sozialen Voraussetzungen zeigen. In TROLLOPES Zyklen der *Palliser novels* gibt es keine Helden wie DISRAELIS *Coningsby*, die große politische Aufgaben übernehmen. Es geht weder um ‚hohe' Politik noch um Staatsgeschäfte; vielmehr steht das unspektakuläre politische Tagesgeschäft im Vordergrund. Ausreichende finanzielle Mittel werden als banale, aber notwendige Bedingung für politischen Erfolg dargestellt, für den auch Machthunger und Taktik maßgeblich sind. In *Can You Forgive Her?* verlobt sich der opportunistische George Vavasor mit seiner Cousine, der *Her* des Titels, Alice Vavasor, um durch deren Vermögen Parlamentsmitglied zu werden – ein Ziel, dass ihr späterer Ehemann Mr Grey durch die Unterstützung von Plantagenet Palliser erreicht. Auch in den *Eustace Diamonds* bemühen sich Frank Greystock und der verarmte Lord Fawn um die Hand der verwitweten, skrupellosen und sehr selbstständigen Lady (Lizzie) Eustace, um deren Reichtum für die eigenen politischen Ziele zu nutzen.

The Prime Minister

Als der politischste aller *Palliser*-Romane gilt *The Prime Minister* (1876), in dem der einflussreiche und vermögende Adlige Plantagenet Palliser zum Premierminister wird und an der Spitze einer Koalition regiert. Der Titelheld Palliser erscheint als idealer Politiker; er arbeitet so unermüdlich wie der fleißigste Angestellte, ist patriotisch, ehrlich, integer und völlig vom Dienst für das Gemeinwohl beseelt. Trotz des Titels macht die ‚hohe Politik' nicht den Hauptteil des Romans aus, denn 50 der 80 Kapitel befassen sich mit dem Schicksal des Hochstaplers Ferdinand Lopez, der in höhere Kreise einheiratet und fast zum Parlamentsabgeordneten gewählt wird. Ebenso wie die anderen *Palliser novels* ist *The Prime Minister* ein ‚politischer Roman' im weiten Sinne von Politik: „*Ob* in der Ehe der Pallisers als Geschlechterkonflikt, ob in der Familie Wharton als Generationenkonflikt [...] oder ob als parlamentarischer Konflikt [...] immer geht es um einen Machtkampf, der auch über die von der individuellen Psyche verinnerlichten sozialen Muster entschieden wird." (FELDMANN 1995: 331)

The Way We Live Now

Der selbst für viktorianische Verhältnisse voluminöse Roman The Way We Live Now (1875) ist eine satirische ‚state of England novel' mit ausgeprägtem Gegenwartsbezug. Von Ereignissen wie dem Selbstmord eines Aktienmagnaten bis zum Jargon der jungen Oberschicht werden aktuelle Phänomene schonungslos aufs Korn genommen. Insbesondere die jungen Gentlemen erscheinen als faule Taugenichtse, die sogar die ehrwürdige Einrichtung der clubs ausschließlich für ihre Genusssucht nutzen. Zentrale Metapher dieses Romans ist das Spiel: Das Glücksspiel erscheint als Lebensinhalt der jungen männlichen Elite, die ältere Generation spielt an der Börse, und selbst die Wahl einer Ehefrau wird für Lord Nidderdale und Sir Felix Carbury zum Glücksspiel mit einem hohen Einsatz, denn ob die reiche Erbin Marie Melmotte tatsächlich ein großes Vermögen in die Ehe einbringen wird, ist unsicher. In London ist Ehrlichkeit zu einem Fremdwort geworden, ‚honour' wird nur noch in Bezug auf Spielschulden geltend gemacht, und Geld regiert eine durch und durch instabile Welt, in der soziale Grenzen ebenso hinfällig geworden sind wie traditionelle Werte. Garant für Ehrlichkeit, Integrität und Altruismus ist v. a. der auf dem Lande lebende Gentleman Sir Roger Carbury, dem es aber nicht gelingt, die von ihm angebetete Hetta zu heiraten; Roger Carbury bleibt daher ohne einen Erben, der seine Ideale aufrechterhalten könnte.

Das Ideal des Gentleman

Mehr noch als bei THACKERAY, der sich angesichts des kulturellen Wandels ebenfalls intensiv mit der Definition eines Gentleman auseinander setzte, steht die Bestimmung von „Gentlemanliness" (GILMOUR 1981: 149) im Zentrum von TROLLOPES Werk. Eine explizite Definition liefert TROLLOPE jedoch nicht; vielmehr betont der Erzähler, was auch andere Figuren in The Last Chronicle of Barset, meinen: „A perfect gentleman is a thing which I cannot define." (I, 42) Dennoch wissen alle, selbst die ‚rohen' Arbeiter, dass der Geistliche Mr Crawley trotz seiner offensichtlichen Armut ein echter Gentleman ist. Während die gentlemanliness etwa von Harding oder Crawley in den frühen Romanen noch unumstritten ist, wird die Definition eines Gentleman in den späten Romanen TROLLOPES zum Problem, denn in ihnen werden häufig vorgebliche, aber nichtsnutzige Möchtegern-Gentlemen wahren Gentlemen gegenübergestellt. So wird zu Beginn von The Prime Minister mehrfach betont: „It was admitted on all sides that Ferdinand Lopez was a ‚gentleman'" (I, 1), und seine Ehefrau Emily Wharton erkennt zu spät, dass dies ein Irrtum war. Auch Alice Vavasor hält in *Can You Forgive Her?* den attraktiven George Vavasor zunächst fälschlicherweise für einen Gentleman, aber ihre Augen werden rechtzeitig geöffnet, sodass sie doch noch den bislang geschmähten ‚wahren' Gentleman heiraten kann; einen ähnlichen Erkenntnisprozess durchläuft Lady Glencora. Besonders auffällig ist der Kontrast in *The Way We Live Now*, in der die beiden Cousins Felix und Roger Carbury unterschiedliche Seiten der gleichen Medaille verkörpern.

Konflikt zwischen alten und neuen Werten

Der Kontrast zwischen wahren und vorgeblichen Gentlemen illustriert den Konflikt zwischen alten und neuen Werten, der im Zentrum vieler Romane TROLLOPES steht. Die traditionellen, zunehmend als altmodisch geltenden Werte Ehrlichkeit, Interesselosigkeit, Integrität, Einfachheit, Güte, Altruismus und Patronage verkörpern häufig die *squires* aus der *landed gentry*, die schon deshalb zum Untergang bestimmt sind, weil ein Einkommen aus Landbesitz nicht ausreicht, um den Lebensstil eines Gentleman aufrechtzuerhalten. In den späteren Romanen haben sie zunehmend Schwierigkeiten, sich gegenüber verantwortungslosen Aristokraten und skrupellosen Emporkömmlingen zu behaupten, die für Materialismus, mangelndes Verantwortungsbewusstsein und schrankenlosen Egoismus stehen, aber dennoch Einlass in die ‚hohe' Gesellschaft finden. Die wahren Gentlemen kommen zwar nicht immer zu ihrem Glück, aber dass sich die kommerziellen Werte in TROLLOPES Romanen letztlich als unterlegen erweisen, macht einen Teil des Charmes der Werke aus, der ihnen, obgleich sie von der Literaturwissenschaft lange stiefmütterlich behandelt wurden, über die Jahrzehnte hinweg eine große Leserschaft gesichert hat.

3 Sozialkritik im Roman: Charles Dickens' Spätwerk

Kennzeichen von Dickens' Spätwerk

Obgleich DICKENS seinem sozialreformerischen Impuls stets treu blieb, unterscheidet sich sein Spätwerk auch in sozialkritischer Hinsicht von seinen früheren Romanen. Die konkreten Missstände werden in den späteren Werken zu Anzeichen des Gesamtzustandes der englischen Gesellschaft, in der Repression, Isolation und Entfremdung an der Tagesordnung sind. Auch komische und märchenhafte Motive verschwinden in den späteren Romanen nicht vollständig, bekommen aber eine andere Funktion und werden stärker der Gesamtstruktur untergeordnet. In den nach *David Copperfield* veröffentlichten Romanen verändern sich Figuren und gewinnen an Komplexität, was die Einteilung in Gut und Böse erschwert. Darüber hinaus trug DICKENS dem veränderten Lesergeschmack durch geringere Sentimentalität, die Einfügung von Figuren mit der ‚*stiff upper lip*', komplexere Plotstrukturen, Elemente des Detektivromans und eine veränderte Darstellung der unteren Schichten Rechnung, die nun weniger Selbstbewusstsein aufweisen und sich den Normen der mittleren Schichten weitgehend angepasst haben. Letztere legen ein Bewusstsein ihrer gesellschaftlichen Bedeutung an den Tag, werden aber gleichzeitig kritischer dargestellt als in den früheren Werken.

Bleak House: Symbolik und Semantisierung des Raumes

Die Themse, die labyrinthartigen Straßen der Großstadt, Enklaven der Häuslichkeit und Gefängnisse haben in vielen Romanen von DICKENS eine über sich selbst hinausweisende Bedeutung. In *Bleak House* (1852–53) verweist schon der Romantitel auf die Trostlosigkeit der Umgebung, die durch den omnipräsenten Nebel, der gleichzeitig die Undurchsichtigkeit des Gerichtswesens symbolisiert, noch verstärkt wird. Die Bildfelder von Krankheit und Unrat stellen metaphorische Verknüpfungen zwischen den Schauplätzen her: Der fieberverseuchte Slum, der Friedhof, die verdreckten Straßen Londons und die verschmutzte Themse sind zugleich „*Anzeichen eines krankhaften Systems*" (MAACK 1991: 108). Trotz des Verfalls gesellschaftlicher Bindungen zeigt die Verknüpfung der unterschiedlichen Handlungsstränge den Zusammenhang zwischen der geordneten, sauberen Welt der mittleren Schichten und des Milieus des Straßenkehrers Jo, in dessen Umfeld die Menschen aufgrund miserabler sanitärer Verhältnisse dahinsterben wie Fliegen. Die Verbindung zwischen den Gesellschaftsschichten und den unterschiedlichen Handlungssträngen wird allerdings meist durch Krankheit und Tod gestiftet: Der Arzt Alan Woodcourt kümmert sich um den todkranken Jo, von dem Esther sich mit einem gefährlichen Fieber infiziert. *Bleak House* ist auch DICKENS' mittlerer Schaffensphase zugeordnet worden, wofür etwa die sentimentale Darstellung von Jos Tod spricht; die panoramahafte Darstellung der Gesellschaft, die eindringliche Symbolik sowie der weitgehende Verzicht auf Komik und märchenhafte Züge verweisen jedoch ebenso wie die Tatsache, dass in diesem Roman nicht mehr bestimmte Gesetze oder einzelne korrupte Rechtsanwälte, sondern das gesamte Rechtssystem satirisch dargestellt werden, auf sein Spätwerk.

Gefängnismetaphorik und der Verlust der Eltern: *Little Dorrit*

Little Dorrit (1855–57) spielt zwar im zweiten Jahrzehnt des 19. Jh.s, weist aber eine Vielzahl aktueller sozialkritischer Bezüge auf. Von ungeminderter Aktualität war v. a. die Gefängnismetaphorik, deren Bedeutung schon dadurch angedeutet wird, dass das Marshalsea-Schuldgefängnis ein wichtiger Schauplatz des Romans ist. Die Figuren sind jedoch in erster Linie Gefangene ihrer Vergangenheit, ihrer Psyche und der rigiden Normen der viktorianischen Gesellschaft, deren repressive, die individuelle Freiheit stark einschränkende Funktion auch JOHN STUART MILL in seinem Essay *On Liberty* (1859) betonte. Die Isolation der Figuren, die sich in übertragenem Sinne in Einzelhaft befinden, häufig aber gleichzeitig als Gefängniswärter anderer fungieren, wird durch den Mangel an Vaterfiguren verstärkt, der durch viele ironische Spitznamen (‚Father of the Marshalsea', ‚Little Mother', ‚Patriarch') ebenso hervorgehoben wird wie durch die Rolle der jungen Amy, die schon früh dazu gezwungen wird, ihren Vater zu bemuttern. Die rigide Trennung zwischen romantischen und materiellen Motiven wird in *Little Dorrit* noch weiter getrieben als in den anderen Romanen DICKENS', denn Arthur Clenman heiratet die durch eine Erbschaft reich gewordene Amy erst, nachdem sie ihr Vermögen wieder verloren hat. Diese Skepsis gegenüber sozialem Aufstieg steht in scharfem Kontrast zu den Romanen AUSTENS, SCOTTS, TROLLOPES und GASKELLS, in denen Liebe, Vernunft und materielle Erwägungen bei glücklichen Eheschließungen meist eine etwa gleichwertige Bedeutung haben.

Komplexer Bildungsroman: *Great Expectations*

Auch in *Great Expectations* (1860–61) wird der soziale Aufstieg sehr ambivalent dargestellt. In DICKENS' zweitem Bildungsroman, der formal an *David Copperfield* angelehnt ist, erzählt Pip seinen Werdegang vom jungen Waisen, der in einer kleinen Schmiede von seiner älteren Schwester „*by hand*" bzw. unter häufiger Zuhilfenahme eines Stocks erzogen wird, zum Londoner Gentleman. Allerdings geht Pip aus gutem Grund viel härter mit sich ins Gericht als David, denn die durch einen geheimnisvollen Gönner geweckten „*great expectations*" und das genussvolle Leben in London lassen ihn zunehmend arrogant werden und entfremden ihn von dem zunächst sehr einseitig wahrgenommenen herzensguten Joe und der liebevollen, klugen Biddy. Pip verliert zwar seine Illusionen ebenso wie seine Arroganz und erlernt statt dessen Empathie und Mitleid, aber sein gesellschaftlicher Erfolg lässt sich nicht mehr auf seine Anerkennung viktorianischer Werte verrechnen. Kindheit erscheint in diesem Roman gefährdet, und eine häusliche Idylle ist am Ende des Romans nur in der anachronistischen Schmiede zu finden, in der Biddy mit Joe lebt. Deren erster Sohn, Pip, fungiert zwar als eine Art Ersatzsohn für den Protagonisten, aber dessen eigene Erfahrungen geben keinen Anlass zur Hoffnung auf ein glückliches Leben in idealisierter Häuslichkeit. DICKENS änderte zwar den Schluss des Romans auf Anraten BULWER-LYTTONS zu einem *happy ending*, in dem Pip die geliebte Estella heiratet, aber deren Läuterung von einer herzlosen, hochnäsigen Schönheit zur desillusionierten, bescheidenen Ehefrau wird nur am Rande erwähnt und häufig als unbefriedigend empfunden.

Mysteriöse Identitäten: Our Mutual Friend

Enge Kontrastrelationen zwischen Figuren bilden ein wichtiges Merkmal vieler Romane von DICKENS, in denen "[h]is wholesomely enterprising heroes are always doubled by unscrupulously ambitious villains".[6] Oft verfolgen beide Antagonisten dieselben sozialen Ziele, manchmal werben sie sogar um dieselbe Frau, wie Bradley Headstone und Eugene Wrayburn um Lizzie Hexham in DICKENS' letztem vollendeten Roman, *Our Mutal Friend* (1864–66). Im Gegensatz zu seinen früheren Werken werden Identitäten in DICKENS' Spätwerk problematisiert; der Selbstfindungsprozess von John Harmon wird etwa dadurch ermöglicht, dass er für tot gehalten wird und zeitweise eine falsche Identität annimmt. Ein zentrales Motiv von *Our Mutual Friend* bildet die spirituelle Wiedergeburt, die etwa Wrayburn nach einem fast geglückten Mordanschlag durch den degenerierten Headstone zuteil wird und die ihn auf die Heirat mit der sozial unter ihm stehenden Lizzie vorbereitet. Die Figurendarstellung ist in den späten Romanen wesentlich komplexer, differenzierter und psychologisch glaubhafter als im Frühwerk; charakteristisch für DICKENS' Spätwerk ist *"die Umsetzung von Gefühlen und Leidenschaften in Handlung, symbolische Szenen oder Projektionen auf Doppelgänger und andere Gestalten"* (GOETSCH 1986: 116).

Einschätzung von Dickens

Zeitgenossen schätzten an DICKENS v. a. seine Komik, seine überschäumende Fabulierkunst sowie seine Darstellung von Gefühlen und die Idealisierung der Häuslichkeit, mithin in erster Linie Attribute, die sein Frühwerk auszeichnen. Heute wird demgegenüber v. a. DICKENS' Spätwerk und dessen Sozialkritik, Satire, psychologische Tiefe und Symbolik gewürdigt.

4 *Sensation Novels*: Wilkie Collins und Mary E. Braddon

Zeitgenössische Kritik an *sensation novels*

Obgleich DICKENS' späte Romane den Einfluss von *sensation novels* erkennen lassen, gingen Rezensenten mit diesem Genre hart ins Gericht. Der Terminus *sensation novels* wurde in den 1860er Jahren von Kritikern geprägt, die sich gegen die bei einem sämtliche Schichten umfassenden Lesepublikum sehr beliebten, gleichzeitig aber als subversiv eingestuften Werke aussprachen. Sensationsromane, so die Anklage früherer Rezensenten, seien zugleich belanglos und gefährlich, ästhetisch minderwertig, intellektuell substanzlos, moralisch verkommen und eine Gefahr für Psyche und Tugend der Leser. Obgleich angeblich nur perverse Gemüter

---

[6] JOHN KUCICH, "Dickens." In: RICHETTI (1994: 381–406, S. 389). KUCICH führt dies auf DICKENS "*divided class loyalties*" zurück; denn DICKENS vertrat gleichzeitig populistische Einstellungen und bürgerliche Ideale.

Geschmack an solchen Büchern finden könnten, wurden sie zu einem besonders in den 1860er Jahren kommerziell sehr erfolgreichen Subgenre, das den Roman des späten 19. Jh.s beeinflusste und dessen Bedeutung von der Literaturwissenschaft seit einigen Jahren anerkannt wird.

Vorläufer und Form von Sensationsromanen

Obgleich viele *sensation novels* Handlungselemente vom Melodrama übernehmen, bilden *Newgate novels*, *Gothic novels* und realistische Romane, die sich auf die Darstellung der häuslichen Welt der mittleren Schichten konzentrieren, die wichtigsten Vorläufer dieses Subgenres. Aus den *Newgate novels* stammt die Konzentration auf Verbrechen, aus den *Gothic novels* die Evozierung einer mysteriösen Atmosphäre sowie die Darstellung extremer Leidenschaften und Handlungen, die mit alltäglichen Schauplätzen und Figuren des realistischen Romans verbunden werden. Die Erzählweise orientiert sich mit vielen Bezügen zur Außenwelt, Anspielungen auf Tagesthemen, präziser Beschreibung des Raumes und kausalfinaler Verknüpfung des Plot ebenfalls an Realismuskonventionen. Allerdings ist der Handlungsverlauf von *sensation novels* komplexer und von unwahrscheinlichen Vorkommnissen geprägt. An *Gothic novels* erinnert v. a. die Wirkung von Sensationsromanen: Schon MARGARET OLIPHANT stellte in einem frühen Essay über „Sensation Novels" (1862) fest, dass die grauenhaften, aber nichtsdestotrotz verständlichen Taten gewöhnlicher Individuen bei Lesern „*wonder, terror, and breathless interest*"[7] hervorriefen.

Themen und Plotstrukturen

Zu den wiederkehrenden Themen von *sensation novels* zählen finanzielle Intrigen, die wichtige Auswirkungen auf Ehen, Erbschaften und sozialen Status von Figuren der Mittelschichten haben. Die Handlung kreist um „*some menacing secret that threatens to expose the family's very identity as a humiliating lie and to destroy its financial and psychological security as well. That secret normally originates with an elaborate fraud that has taken place in the past, a secret plot in which class boundaries have been ruthlessly transgressed for profit*".[8] Ein typisches Beispiel für ein solches Geheimnis ist die Übernahme der Identität einer sozial höher stehenden Person, die durch Mord aus dem Weg geräumt oder in einer Anstalt für Geisteskranke gefangen gehalten wird. Dass solche Verbrechen aufgedeckt und die ursprünglichen Status- und Besitzverhältnisse wiederhergestellt werden, macht den subversiven Gehalt dieser Romane, die zeitgenössischen Status- und Klasseninstabilitäten Ausdruck verleihen, nicht zunichte.

---

7 Zit. nach RONALD R. THOMAS, „Wilkie Collins and the Sensation Novel." In: RICHETTI (1994: 479–507, S. 483).
8 THOMAS, „Wilkie Collins and the Sensation Novel." In: RICHETTI (1994: 482).

Soziale Identität statt moralischem Charakter	In *sensation novels* wird die Identität von Figuren zum Problem. Sozialer Status, guter Ruf und zur Schau getragene Integrität bürgen nicht mehr dafür, dass eine Person die ist, die sie zu sein scheint bzw. für die sie gehalten wird. Vielmehr zeigen das Doppelgänger-Motiv und der Austausch von Identitäten von Figuren aus unterschiedlichen Schichten, wie unzuverlässig das Aussehen, die vermeintliche Kenntnis des Charakters und die Erfüllung einer familiären Rolle für die Feststellung der wirklichen Identität einer Figur sind. Bei der Aufdeckung der Geheimnisse spielen Ärzte und Rechtsanwälte eine große Rolle: Nicht das Zeugnis enger Verwandter oder Freunde, sondern ärztliche Bescheinigungen und vor dem Gesetz akzeptiertes Beweismaterial führen zur Identifizierung der ‚wirklichen' Persönlichkeit und zur Entlarvung des Schwindlers; kurzum: Die Identität wird als soziales Konstrukt erkennbar.
Hauptvertreter der Gattung	WILKIE COLLINS hat als der bedeutendste Vertreter von *sensation novels* sowie als Freund von DICKENS und TROLLOPE einige Berühmtheit erlangt. Es gab aber viele andere damals bekannte und sehr produktive Vertreter der Gattung, etwa MRS. HENRY WOOD (1814–87), die rund 50 Romane veröffentlichte, OUIDA – ein Pseudonym für MARIE LOUISE RAMÉ (1839–1908) – und FLORENCE WILFORD. Heute noch gelesen werden einige Werke von MARY ELIZABETH BRADDON, die über 80 Romane verfasste, und von CHARLES READE.
Ambivalenz der Moral	Trotz des häuslichen Umfelds beinhalteten *sensation novels* viele Geschehnisse, die sich mit der heilen Welt der viktorianischen Familie nicht in Einklang bringen ließen. Unter der Oberfläche der vermeintlich intakten Gesellschaft lauerten Ehebruch, Bigamie, Betrug und Verbrechen; nichts war so, wie es zu sein schien. Besonders kritisiert wurden die zahlreichen skrupellosen – und häufig klugen und starken – Protagonistinnen, die ebenso wie die männlichen Schurken oft psychologisch überzeugend gezeichnet, manchmal sogar faszinierend und attraktiv waren. Dass in letzter Sekunde meist eine angemessene Strafe erteilt wurde, besänftigte Rezensenten nicht, denn konventionelle Moralvorstellungen wurden nur selten durch eindeutige Handlungsverläufe oder Erzählerkommentare bestätigt. Eine Ausnahme bildet MRS HENRY WOODS *East Lynne* (1861), in dem etablierte Werte trotz Mord, Bigamie und vorgetäuschter Identität nicht angezweifelt werden; im Gegenteil betont der Erzähler, dass das Schicksal der Ehebrecherin ein warnendes Beispiel bildet: „Oh, reader, believe me! Lady – wife – mother! should you ever be tempted to abandon your home, so will you awaken! Whatever trials may be the lot of your married life [...] RESOLVE to bear them" (29). Die Romane BRADDONS und COLLINS' weisen hingegen keine solche Eindeutigkeit auf.

Mary E. Braddon: *Lady Audley's Secret*

Der Erfolg von *Lady Audley's Secret* (1861–62) machte MARY ELIZABETH BRADDON (1835–1915) schlagartig zu einer berühmten und reichen Autorin, deren Romane auch von Größen wie TENNYSON, DICKENS, COLLINS, GLADSTONE und sogar HENRY JAMES sehr geschätzt wurden. In diesem wie in späteren Romanen verknüpfte BRADDON verschiedene Konventionen von Sensationsromanen zu einer gelungenen Mischung: Verschwundene Personen, vorgetäuschte Identitäten, Mord, Bigamie und Betrug ranken sich um das Geheimnis von Lady Audley, das in realistischer Manier dargestellt und mit satirischen Einschüben über die Eigenarten scheinbar respektabler Nebenfiguren angereichert wird. In einer Variante auf übliche Plotstrukturen lässt die wunderschöne, mit goldenen Locken und bezauberndem Lächeln ausgestattete Erz-Bösewichtin Lady Audley ihre Widersacher nicht in einer Anstalt für Geisteskranke hinter Gitter bringen, sondern wird am Ende des Romans selbst in eine solche Anstalt eingewiesen. Die Bestrafung der Protagonistin vermochte Rezensenten, denen der Roman jahrelang ein Dorn im Auge blieb, allerdings nicht zu beschwichtigen. Kritisiert wurde v. a. die Figur Lady Audleys, die äußerlich ein *Angel in the House* war, innerlich aber dessen genaues Gegenteil: eine skrupellose, egoistische, im wahrsten Sinne des Wortes über Leichen gehende Persönlichkeit, die zu illustrieren schien, dass nicht alle Frauen von Natur aus sanftmütig, fürsorglich und selbstaufopfernd waren.

Mary E. Braddon: *Aurora Floyd*

Dass auch BRADDONS nächster Roman, *Aurora Floyd* (1863), zu einem Skandalerfolg wurde, beruhte v. a. auf der Darstellung von Sinnlichkeit. Das Buch schockierte weniger durch die üblichen Handlungselemente – Geheimnisse, Erpressung, Spionieren und ein als Selbstmord getarnter Mord – als durch die Figur der Protagonistin. Aurora Floyd ist eine sehr vitale, selbstständige, eigenwillige Frau, deren Sinnlichkeit kaum verschleiert wird, und die mit ihrem Geliebten davonlief, um ihn gegen den Willen des Vaters zu heiraten. Dass eine solche Frau als einfühlsam und wohlwollend dargestellt wird und die Bewunderung verschiedener Gentlemen genießt, und dass selbst der gestrenge Talbot Bustrode glaubt, sie sei eine gute Frau, deren „*worst fault had been the trusting folly of an innocent girl*" (35), rief bei Kritikern helle Empörung hervor. Die positive Darstellung der Heldin, die auch noch mit der Ehe zu einem reichen Grundbesitzer belohnt wird, brach mit etablierten Weiblichkeitsvorstellungen, definierte die moralische ‚Reinheit' von Frauen radikal um und wies auf ein neues Frauenbild voraus, das erst in den 1890er Jahren eine weite Verbreitung finden sollte.

Aufgrund seines großen Erfolgs wird *The Woman in White* (1859–60) häufig für den ersten Sensationsroman gehalten, obgleich

Der hochviktorianische Roman (1859–1880)

Wilkie Collins: The Woman in White

WILKIE COLLINS (1824–89) schon in den 1850er Jahren verschiedene *sensation novels* verfasste, u. a. *Basil: A Story of Modern Life* (1852) und *The Dead Secret* (1857). Der Plot von *The Woman in White* kreist um genretypische vorgetäuschte Identitäten, Statusunsicherheiten, Doppelgänger und vergangene Geheimnisse, die die Gegenwart prägen. Sir Percival Glyde ist nicht wirklich der rechtmäßige Inhaber seines Titels, und Anne Catherick, die in einer Anstalt gefangen gehalten wird, ist keine Bedienstete, sondern die totgeglaubte Ehefrau Glydes. Interessant ist v. a. die multiperspektivische Erzählstruktur des Romans: Zehn (wenn man den ‚Bericht' eines Grabsteins mitzählt, sogar elf) verschiedene Erzähler legen ihre Kenntnis des Sachverhalts dar, wobei der männliche Protagonist Walter Hartright als Herausgeber fungiert, der dem Leser in der *Preamble* versichert, er bekomme alles so vermittelt, als ob er im Gerichtssaal sitze: *„As the Judge might once have heard it, so the Reader shall hear it now."* Von anderen *sensation novels* hebt sich *The Woman in White* auch durch die Ambivalenz der Figurencharakterisierung ab; der mysteriöse Bösewicht Count Fosco etwa ist ein sehr komplexer Charakter, dessen liebevoller Umgang mit seinen weißen Mäusen (für die er sogar eine Pagode gebaut hat) ebenso wenig zu seiner mysteriösen Macht über widerspenstige Bluthunde passt wie sein immenses Wissen zu seinem Getue um seine Kleidung. Diese „*incomprehensible oddities*" (II, 1) werden ergänzt durch seine Vorliebe für Marian Halcombe, eine starke, vernünftige und ‚männliche' Protagonistin.

Wilkie Collins: No Name

Die Bedeutung von juristischen Fiktionen für die Identität und das Leben von Figuren wird in COLLINS' Roman *No Name* (1862–63) besonders deutlich, denn die beiden Töchter des wohlhabenden Gentleman Andrew Vanstone werden nach dessen frühem Tod aufgrund legaler Formalitäten für illegitim erklärt. Als ‚namenlose' Frauen werden sie aus dem Elternhaus geworfen und müssen ihren Lebensunterhalt fortan mehr schlecht als recht selbst verdienen. Obgleich diese Thematik die zeitgenössische Debatte über die Stellung von Frauen aufgriff, entsprach die Heldin des Romans nicht dem konventionellen Frauenbild. Magdalen Vanstone nimmt ihr Schicksal nicht demütig entgegen, sondern versucht durch gewagte Betrügereien, das elterliche Vermögen und die gesellschaftliche Position zurückzuerlangen. Dass eine solche selbstbewusste, vitale, erfindungsreiche und skrupellose Frau am Ende des Romans mit einem reichen, guten Ehemann belohnt wird, erzürnte viktorianische Rezensenten. Noch größere Empörung rief die rothaarige Lydia Gwilt aus COLLINS' *Armadale* (1866) hervor, die weder vor Betrug noch vor Mord zurückschreckt und sogar ihre sexuelle Anziehungskraft einsetzt, um grausame Rache zu üben.

Wilkie Collins: The Moonstone

Das heute wohl bekannteste Werk von COLLINS, *The Moonstone* (1868), kennzeichnet den Übergang von der *sensation novel* zum Kriminal- bzw. Detektivroman. Ebenso wie *The Woman in White* beinhaltet dieser multiperspektivisch erzählte Roman unterschiedliche Erzählungen von Betroffenen; allerdings spielt hier der Diskurs der Medizin eine größere Rolle als der des Rechts. Die Aufklärung des komplizierten Falles erfolgt nicht durch die Brillanz von Sergeant Cuff, der über herausragende Fähigkeiten verfügt und dem Leser, wie seine enigmatischen Kommentare verraten, meist einen Schritt voraus ist, sondern durch ein medizinisches Experiment von Ezra Jennings. Auch *The Moonstone* zeichnet sich durch einen komplexen Plot und viele interessante Figuren aus, z. B. den Rosen züchtenden Sergeant Cuff, die satirisch überzeichnete, durch fehlgeleiteten kirchlichen Eifer glänzende Miss Clack und den Bediensteten Gabriel Betteredge, der Lesern viele unvergessliche Ratschläge mit auf den Weg gibt und u. a. seine „*superiority to reason*" (21) anpreist, die es ihm ermöglicht, unliebsame rationale Argumente auf liebenswürdige Weise zu ignorieren. Von bleibender Bedeutung ist *The Moonstone* v. a. deshalb, weil hier schon viele Elemente des Detektivromans eingeführt werden: „*a secluded country-house menaced by mysterious foreigners; a dinner-party ending in the theft of the diamond, putting the whole household under suspicion; the advent of an interesting but fallible detective [...] a series of false trails followed by the least expected of denouements*" (GILMOUR 1986: 115).

5 Populäre Fortsetzungsromane: Margaret Oliphant

Margaret Oliphant

Obgleich sich MARGARET OLIPHANT (1828–97) sehr differenziert und positiv zu *sensation novels* äußerte und die Werke von WILKIE COLLINS sehr lobte, sprach sie sich dezidiert gegen die selbstständigen, moralisch anstößigen Frauenfiguren der Romane MARY BRADDONS aus. Im Gegensatz zu MARY BRADDON, die jahrelang unverheiratet mit dem Verleger JOHN MAXWELL zusammenlebte (dessen Frau in einer Anstalt für Geisteskranke war), führte MARGARET OLIPHANT ein viktorianischen Vorstellungen zufolge vorbildliches Leben. Nach dem frühen Tod ihres Ehemanns, der sie mit hohen Schulden zurückließ, arbeitete sie hart und verfasste rund 100 Romane und eine Fülle von historischen, biographischen und journalistischen Schriften, um für den Lebensunterhalt ihrer Verwandten und die Erziehung ihrer Kinder aufzukommen Obgleich sie sich in den 1850er Jahren als Antifeministin profilierte, finden sich auch bei MRS OLIPHANT eine Fülle von starker Frauenfiguren, die auf die Zeit der *New Woman* vorausweisen. Die populären und damals auch von Kritikern geschätzten Romane

Oliphants Erzählweise

OLIPHANTs waren lange Zeit unterbewertet und wurden erst in den letzten Jahren neu entdeckt; aufgrund ihrer sozialen Satire und ihres Humors vergleicht man sie häufig mit THACKERAY; an TROLLOPE erinnern ihre Themen und die Erzählweise.

Die Romane OLIPHANTs sind überwiegend auktorial erzählt und enthalten viele Erzählerkommentare zum Geschehen sowie Leseranreden. Auffallend sind der häufige Gebrauch der erlebten Rede und die nuancierte Darstellung der Bewusstseinsvorgänge der Figuren, deren Fehleinschätzungen und Selbstbetrug illustriert und erklärt werden. An JANE AUSTEN erinnert die teilweise ironisch-distanzierte Haltung des Erzählers.

Thematische Schwerpunkte

Die Grenzen der erzählten Welt sind in OLIPHANTs Romanen, die meist in Kleinstädten spielen und sich mit einer begrenzten Zahl von Figuren befassen, meist eng gesteckt. Häufig geht es um die verarmte *gentry*, im Gegensatz zu vielen anderen viktorianischen Romanciers aber auch um die untere Mittelschicht, um die Familien von Metzgern oder Händlern; die Unterschichten bleiben hingegen gänzlich ausgeschlossen. Zu den wichtigen Themen zählen Pflichtbewusstsein und die Konflikte, die sich zwischen *duty* und persönlichen Neigungen ergeben, wobei besonders die Problematik der weiblichen Aufopferung differenziert beleuchtet wird: Viele scheinbar selbstlose Frauenfiguren ermöglichen zwar anderen ein sorgenfreies Leben, genießen aber ihre Macht und handeln despotisch. Die Erfüllung von Pflichten wird bei OLIPHANT zu einer komplexen Angelegenheit.

Chronicles of Carlingford

OLIPHANTs bekannteste Romane sind die *Chronicles of Carlingford* (1863–76), in denen – ähnlich wie in TROLLOPES *Chronicles of Barsetshire* – die Geschicke der Bewohner einer Kleinstadt beleuchtet werden, wobei die Familien von Geistlichen und religiöse Fragestellungen im Vordergrund stehen. Zu diesem Zyklus gehören *The Rector* (1863), *The Doctor's Family* (1863), *The Perpetual Curate* (1864), *Miss Marjoribanks* (1866) und *Phoebe Junior: A Last Chronicle of Carlingford* (1876).

The Rector

Der sehr kurze erste Roman der Serie, der gemeinsam mit *The Doctor's Family* 1863 als *threedecker* erschien, beleuchtet in humorvoller, ironisch-distanzierter Weise die Themen, die die obere Gesellschaft aus Carlingford bewegen: Wer wird der neue Rektor der anglikanischen Kirche, und v. a. wen wird er heiraten? Die Ankunft des weltfremden Gelehrten Morley Proctor ist allerdings eine herbe Enttäuschung; da er schnell einsieht, dass ihn sein abgeschottetes Leben im All-Souls College nicht für ein Leben in Carlingford qualifiziert hat, bleibt er nur kurz in seinem Amt. Schon in diesem Roman spielt die *gender*-Problematik eine große Rolle: Die lebenskluge Mutter des Rektors ist stärker als ihr Sohn, der sich den vermeintlich heiratswütigen Frauen Carlingfords hilflos ausgeliefert sieht.

The Doctor's Family

Wie der Titel schon andeutet, steht in *The Doctor's Family* (1863) nicht der Arzt Edward Rider im Vordergrund, sondern dessen Familie oder genauer gesagt die Familie seines faulen Bruders Fred. Diese wird aber nicht von dem Doktor versorgt, sondern von der kleinen, fragilen Nettie, der Schwester der gehässigen Ehefrau Freds. Diese Umkehrung der ‚natürlichen' Fürsorgestruktur, die auch durch die SHAKESPEARES *Midsummernight's Dream* entlehnte Metaphorik als wider alle Vernunft gebrandmarkt wird, bildet den Anlass zu einer subtilen Analyse der Machtstrukturen, die Nettie in ihrem Hang zu Despotismus und Eigensinn bestärken und die Verantwortungslosigkeit, Faulheit und Abhängigkeit der undankbaren Schwester festigen.

Hester

Obgleich *Hester: A Story of Contemporary Life* (1883) typische Themen von OLIPHANTS frühen Romanen aufgreift, finden sich hier feministische Überlegungen, die ihr Spätwerk auszeichnen. Das Thema des Pflichtbewusstseins wird u. a. durch die Analyse der Beziehung zwischen der jungen Hester Vernon, die schon früh die Beschützerrolle für ihre Mutter übernehmen muss, und der Matriarchin Catherine Vernon ausgeleuchtet, die ihre armen Verwandten großzügig versorgt, aus ihrer Verachtung und ihrem Zynismus aber keinen Hehl macht. Hester rebelliert zwar zunächst gegen die mächtige – ihr vom Charakter her sehr ähnliche – Catherine, kann ihren Traum von Unabhängigkeit, Abwechslung und Freiheit aber nicht erfüllen, weil sie den Wünschen der Mutter gemäß ihren Plan aufgibt, als Gouvernante zu arbeiten. Sie flieht auch nicht mit dem geliebten Edward, der seine Abhängigkeit von Catherine durch den Gebrauch von Gefängnis- und Sklavereimetaphorik veranschaulicht, sondern bleibt in der Kleinstadt Redborough: Letztlich siegt also ihr Pflichtbewusstsein.

Die Geschlechterproblematik im Werk Oliphants

Die Umkehrung von Geschlechtsstereotypen bildet ein wichtiges Thema in *The Doctor's Family*, und in *Miss Marjoribanks* (1865) zeigt sich die Diskrepanz zwischen den enormen Fähigkeiten der Heldin und dem eng umgrenzten Tätigkeitsfeld für Frauen. Die stärksten und klügsten Figuren sind in *Salem Chapel* allen Konventionen zum Trotz ebenfalls Frauen: Die invalide Adelaide Tufton zeichnet sich durch analytische Scharfsinnigkeit aus, der geheimnisvollen, starken Mrs Hilyard ist ihre Selbstständigkeit sehr wichtig, und das Schicksal der reinen, passiven Susan Vincent, die nur knapp dem Ruin entgeht, führt die Unzulänglichkeiten einer konventionellen Erziehung drastisch vor Augen. Wie einengend sich das Ideal des *Angel in the House* auf begabte, tatendurstige Frauen auswirkt, illustriert das desillusionierende Beispiel von Hester, die keinen Ausweg sieht und zur Beschränkung auf die häusliche Sphäre verdammt ist. Dass Hester am Ende des Romans ‚glücklich' heiraten wird, ist unwahrscheinlich, da sie sich nicht in das Stereotyp der fürsorglichen, unterstützenden Ehefrau pressen lassen will: „*Do you really think*", fragt sie ihren egoistischen Freier Roland Ashton, „*that the charm of inspiring, as you call it, is what any reasonable creature would prefer to doing? To make somebody else a hero rather than be a hero yourself? [...] Besides, we are not in the days of chivalry. What could you be inspired to do – make better bargains on your Stock Exchange?*" (31) Obgleich die Handlungsverläufe, die sorgfältige Aussparung von Sexualität, die dominanten Themen und selbst das Beharren auf der Reinheit von Frauen viktorianischen Normen Ausdruck verleihen, ist es irreführend, die bislang noch nicht gebührend gewürdigten Romane OLIPHANTS als typischen Ausdruck viktorianischer Werte einzustufen.

6 Psychologischer Realismus und Multiperspektivität: George Eliot

George Eliot als *Victorian sage*	Leben und Schaffen von MARY ANN EVANS (1819–80), die sich in einem Essay sehr kritisch über „Silly Lady Novelists" äußerte, unterschieden sich grundsätzlich von dem MARGARET OLIPHANTS. Schon in den 1850er Jahren war die sehr gebildete EVANS, die Deutsch, Französisch, Italienisch, Spanisch, Latein, Griechisch und Hebräisch beherrschte, eine angesehene Journalistin und Übersetzerin philosophischer Werke. Dass sie ihre Romane unter dem Pseudonym GEORGE ELIOT veröffentlichte, ist vermutlich auch darauf zurückzuführen, dass sie die Rezeption ihrer Romane nicht durch die Preisgebung ihres Namens und Geschlechts beeinflussen wollte, denn sie lebte seit Jahren mit dem verheirateten Schriftsteller und Wissenschaftler GEORGE HENRY LEWES zusammen. Beide gehörten zu den bedeutendsten viktorianischen Intellektuellen und hatten viele berühmte Bekannte; ELIOT konnte es sich leisten, auf das Schreiben ihrer sieben Romane viel Zeit und Energie zu verwenden. Wie OLIPHANT eher neidisch bemerkte, konnte man die Situation ELIOTS – „*kept in a mental greenhouse and taken care of*"[9] durch LEWES – einfach nicht mit der anderer Autorinnen vergleichen. Wie keine andere Schriftstellerin wurde ELIOT schon zu Lebzeiten als herausragende Weise bzw. *Victorian sage* idealisiert, die in Intellekt und Bildung keinem Gelehrten der Epoche nachstand.

OLIPHANT, *Autobiography*, 1899, S. 5, zit. nach UGLOW (1987: 243).

Wirkungs-ästhetik	Ebenso wie viele viktorianische Romanciers ging ELIOT davon aus, dass Kunst die Rezipienten erfreuen und belehren sollte; sie betonte jedoch, dass der Künstler ein „*AESTHETIC, not a doctrinal teacher*"[10] sein solle: Ein Romancier, der in seinen Werken lediglich Thesen illustrierte, produzierte ihres Erachtens zwangsläufig minderwertige Literatur und war ein schlechter Lehrer. Die besondere bildende Funktion der Kunst lag ELIOT zufolge in der „*extension of our sympathies*".[11] Literatur sollte Lesern ermöglichen, sich in die Situation der Figuren einzufühlen, deren Perspektive zu übernehmen und Verständnis für Andersartigkeit zu entwickeln. Die Erziehung zur Mitmenschlichkeit und Toleranz, die im Zentrum der Kunst- und Moraltheorie der Autorin stand, erfolgt daher nicht durch aufdringliche Belehrung, sondern durch die ästhetische Darstellung der oft leidvollen Erfahrungen unterschiedlicher Figuren.
Erzählweise und Realismusverständnis	Ein wichtiges Merkmal von ELIOTS Realismusverständnis bildet ihre Aufwertung des Alltäglichen: Leser sollten sich nicht in herausragende Helden einfühlen, sondern in durchschnittliche Menschen. Ein zentrales Thema ihrer Werke bestand in der Annahme „*that commonplace life is heroic, requires no raising to be remarkable, but does require a special quality of attention if its significance is to be truly observed*" (BEER 1986: 74). Zu den wichtigsten Erzählverfahren, mittels derer das Gewöhnliche vermittelt wird, zählen der extensive Gebrauch erlebter Rede, die Schilderung der Figuren aus verschiedenen Perspektiven und eine Fülle von Kommentaren der auktorialen Erzählinstanzen, die das Denken und die Motive der Figuren differenziert erklären und um das Verständnis der Leser werben.
Merkmale der Ideenromane Eliots	ELIOT wird häufig als ‚*novelist of ideas*' bezeichnet. Die breiten Kenntnisse der Autorin, die sich in der Philosophie, unterschiedlichen Nationalliteraturen, Sprachtheorien, Medizin, Theologie, Geschichte, Anthropologie, Ökonomie, Astronomie, Mathematik, Physik und britischem Recht sehr gut auskannte, treten nicht aufdringlich zutage, bilden aber den Hintergrund, vor dem das alltägliche Geschehen sowie die Handlungen und Fehleinschätzungen der Figuren verständlich werden. Fast alle Romane durchzieht ein dichtes Netz von Metaphern und literarischen Anspielungen die unterschiedliche Deutungsmöglichkeiten von scheinbar einfachen Beschreibungen eröffnen. Ein rekurrentes Strukturprinzip der Romane ist die Kontrastierung von egoistischen und altruistischen Figuren.

---

10 *George Eliot Letters*, zit. nach HAIGHT (Bd. VII: 44).
11 *Essays of George Eliot*, zit. nach PINNEY (1963: 270).

Adam Bede

Nach drei kürzeren Erzählungen, die unter dem Titel *Scenes of Clerical Life* (1857) veröffentlicht wurden, gelang ELIOT mit ihrem Roman *Adam Bede* (1859) ein großer Erfolg. Im Zentrum der Handlung stehen vier Figuren, deren Schicksal eng miteinander verwoben ist: der charakterstarke Schreiner Adam, seine oberflächliche Verlobte Hetty Sorrel, der Sohn des Gutsbesitzers, Arthur Donnithorne (der Hetty verführt, die daraufhin ihr Baby im Wald aussetzt,) sowie die aufopferungsvolle Methodistenpredigerin Dinah Morris, die Hetty im Gefängnis beisteht und nach deren Deportation Adam heiratet. Schon dieser Roman besticht durch die subtile Analyse der Motive und Desillusionierungsprozesse der Figuren, die aus unterschiedlichen Perspektiven geschildert werden. Wegweisend war auch die Darstellung der ‚gefallenen Frau' Hetty, die sich ihrer sexuellen Anziehungskraft bewusst ist, obgleich sie ihre Lebenskrise und die Tötung ihres Kindes sehr passiv, fast wie einen Traum erlebt und Dinah nach ihrem Geständnis fragt „*do you think God will take away that crying and the place in the wood, now I've told everything?*" (V, 45). Trotz der einfühlsamen Schilderung Hettys, die THOMAS HARDYS Konzeption von *Tess* beeinflussen sollte (vgl. Kap. 5.2.), und obgleich die Sinnlichkeit und Attraktivität Hettys recht deutlich werden, findet sich auch in *Adam Bede* keine Schilderung von Sexualität.

Darstellung von Sexualität durch Andeutung und Aussparung

Neben Flüchen, Gotteslästerung und der Darstellung fast aller Körperfunktionen gehörte auch die Schilderung von Sexualität in der viktorianischen Zeit zu den Tabuthemen. „*[I]t was the great age of the stork*", wie schon HOUGHTON (1957: 353) treffend bemerkte. Das Beharren auf der Reinheit der Frauen, die wörtliche Auslegung einiger Bibelstellen und die Betonung von Selbstdisziplin lassen nur wenig Raum für eine positive Anerkennung von Sexualität. Folgerichtig gerieten sogar ansonsten sehr geschätzte Autoren aus früheren Jahrhunderten wegen ihrer Freizügigkeit in Verruf; die erste ‚*bowdlerized*' (‚bereinigte') Fassung von Shakespeares Werken kam schon 1807 auf den Markt. Da viktorianischen Romanciers eine offene Darstellung sexueller Beziehungen und Gefühle unmöglich war, werden diese entweder durch Symbole, Metaphern und literarische Anspielungen angedeutet oder durch eine Leerstelle markiert und nur an ihren Folgen erkennbar.

***The Mill on the Floss* als Bildungsroman**

In ELIOTS ebenfalls sehr populärem Roman *The Mill on the Floss* (1860) werden Kindheit und Jugend der Geschwister Maggie und Tom Tulliver sehr einfühlsam dargestellt. Auch dieses Werk „*is permeated with metaphor – hardly a line passes which does not contain an analogy or a simile or an extension of the character's experience into a different imaginative or intellectual framework.*" (UGLOW 1987: 132). Macht und Bildung spielen in diesem Bildungsroman eine große Rolle; allerdings ist es nicht der in Regeln befangene, selbstzufriedene Tom, der einen Prozess der Selbstfindung durchlebt, sondern seine abenteuerlustige, intelligente Schwester Maggie, die gegen die engen gesellschaftlichen Normen rebelliert. Das Selbstbewusstsein Maggies stößt aber schon früh an Grenzen, etwa als sie ihrem Bruder gegenüber trotzig behauptet, sie werde nicht so mürrisch werden wie andere Frauen: *„'I shall be a CLEVER woman,' said Maggie, with a toss. – 'O, I daresay, and a nasty conceited thing. Everybody'll hate you.'"* (II, 1) Maggies Verlangen nach Bildung wird jedoch ebenso wenig befriedigt wie ihre Suche nach persönlicher Erfüllung in einer auf wechselseitigen Gefühlen beruhenden Ehe.

Silas Marner: Beziehungen zwischen Eltern und Kindern

In *Silas Marner, the Weaver of Raveloe* (1861) greift ELIOT zum ersten Mal ein Thema auf, das auch in den folgenden Romanen eine große Rolle spielt: die Beziehungen und wechselseitigen Pflichten zwischen Eltern und Kindern bzw. Adoptivkindern. Zufälle und die vereinigende Kraft der Liebe spielen eine große Rolle in diesem märchenhaften Roman, in dem Schlüsselworte wie ‚*mysterious*', ‚*vague*' und ‚*dreamy*' die Stimmung prägen. Im Zentrum des Werkes steht der Leinenweber Silas, der, zu Unrecht wegen vermeintlichem Diebstahl aus seinem Dorf verstoßen, in dem Ort Raveloe zu einem verbitterten Einsiedler wird. Sein größter Verlust – nach 15 Jahren wird ihm sein hart erarbeitetes Geld gestohlen – wird jedoch zu seinem größten Gewinn, denn anstelle des Goldes wird ihm das Findelkind Eppie geschenkt, eine uneheliche Waise mit goldenen Locken, deren Mutter nicht weit entfernt auf der Straße gestorben ist. Silas findet ein spätes Glück in der liebevollen Fürsorge für Eppie, die für seine Integration in die Dorfgemeinschaft von Raveloe verantwortlich ist, der letzten grundsätzlich positiv dargestellten Gemeinschaft in ELIOTs Werk.

Romola: Die Stellung der Frau

Sogar für viktorianische Zeiten, in denen historische Romane meist auf sehr sorgfältigen Recherchen beruhten, war die Darstellung der Sitten im Florenz des ausgehenden 15. Jh.s in ELIOTs *Romola* (1863) außergewöhnlich präzise und kenntnisreich. Dieses Werk nimmt aus mehreren Gründen eine Sonderstellung in ELIOTs Oeuvre ein: Es ist der einzige historische Roman ELIOTs, es entfernt sich stärker vom realistischen Paradigma, die Handlung ist nicht in England angesiedelt, die Autorin bekam eine exorbitant hohe Summe für die Veröffentlichung und diese wurde für den ersten Verleger zu einem Verlustgeschäft. Der Roman kreist um die Entwicklung der Protagonistin Romola, der idealisierten Tochter eines florentinischen Gelehrten, deren Ehe mit und Entfremdung von dem hedonistischen Tito Melema sowie dessen verantwortungsloses Verhalten gegenüber seinem Adoptivvater und seiner Geliebten, mit der er ein geheimes zweites Leben als vermeintlicher Ehemann und Familienvater führt. Nach schweren

Gewissenskonflikten und der Trennung von dem egozentrischen Tito, der von seiner Macht als Ehemann skrupellos Gebrauch gemacht hat, lebt Romola mit dessen Kindern und seiner Geliebten zusammen. Die zeitlich entrückte Handlung erlaubte es ELIOT, die Schwächen viktorianischer Gesetze und Sitten – den Gehorsamkeitsanspruch des Ehemanns, der über das Eigentum der Frau frei verfügen konnte, religiösen Idealismus sowie die Macht des Geldes – kompromisslos offen zu legen. Die bis heute anhaltende negative Rezeption des Romans wird zwar häufig mit formalen Schwächen und der mangelnden Beziehung zwischen historischem Kontext und den Geschicken der Figuren begründet, dürfte aber mindestens ebenso sehr mit der radikalen Kritik zu tun haben, die dieser Roman an dem viktorianischen Ideal der Familie übt.

Felix Holt: Durchdringung von Privatem und Politischem

ELIOTS *Felix Holt* (1866) nimmt insofern eine Sonderstellung unter jenen Werken ein, die sich mit den politischen Aspirationen der unteren Schichten befassen, als ELIOTS Roman der einzige ist, der einen Intellektuellen zum Helden hat. Ähnlich wie Alton Locke übernimmt der radikale Felix Holt die Werte der Mittelschicht, und auch er muss einsehen, dass sich Mitglieder der unteren Schichten nicht von ihm kontrollieren lassen. Eine ähnliche Erfahrung macht die konservative Mrs Transome, die ihren Sohn Harold – ihr wichtigster Lebensinhalt – weder leiten noch emotional binden kann. Persönliches und Politisches sind eng miteinander verwoben in diesem Roman, in dem Männer und Frauen erkennen müssen, dass ihre Macht im politischen bzw. privaten Bereich wesentlich geringer ist als sie zunächst meinen.

Middlemarch: Gesellschaftspanorama und Multiperspektivität

Alle Themen der bisherigen Romane von ELIOT – die Selbstverwirklichung und das Scheitern begabter Frauen, die Problematik von Liebe und Pflicht, das Heldenhafte des Alltäglichen, die Beziehungen zwischen Politischem und Privatem, die Last der Geschichte und die Tragik moralischen Verfalls – finden sich in verdichteter Form wieder in *Middlemarch: A Study of Provincial Life* (1871; 1872). Dieses Werk, das Elemente des Bildungs-, Gesellschafts- und historischen Romans vereinigt und durch die subtile Analyse einer großen Zahl von Figuren zu einer Studie des bürgerlichen Englands wird, gilt als der gelungenste Roman ELIOTS. Der Roman verfolgt den moralischen Reifungsprozess einiger Hauptfiguren, die im Mittelpunkt von vier eng verknüpften Handlungssträngen stehen. Die Figuren werden vor dem Hintergrund zeitgenössischer Entwicklungen in Wissenschaft und Politik charakterisiert; häufig geht es um Fehleinschätzungen, die durch Unkenntnis oder stereotype Annahmen bedingt sind, und um Desillusionierungsprozesse. Dies wird besonders deutlich an den Erfahrungen Dorotheas, die den pedantischen Gelehrten Casaubon heiratet, und in der Ehe des aufstrebenden, intellektuellen Arztes Lydgate mit der egoistischen, oberflächlichen und materialistischen Rosamond, die die konventionellen Erziehungsmaximen für Frauen verinnerlicht hat, jedoch gegen die Gebote der Treue und des Gehorsams aufbegehrt. Durch das differenzierte Nachzeichnen der Gedanken und Gefühle der Protagonisten werden Wertungen sehr schwierig, wie etwa der folgende Erzählerkommentar verdeutlicht: „*Poor Lydgate! Or shall I say, Poor Rosamond! Each lived in a world of which the other knew nothing.*" (II, 16) Vielfältige Anspielungen auf griechische Tragödien betonen, wie vergleichsweise gering der Spielraum der Gefühlsäußerungen durchschnittlicher englischer Figuren ist, die weder die Welt außerhalb von *Middlemarch* noch ihre engsten Partner verstehen. Die komplexen intertextuellen Bezüge und die ästhetische Umsetzung der humanitären Ethik in diesem ebenso unterhaltsamen wie komplexen Roman rechtfertigen VIRGINIA WOOLFS Urteil, *Middlemarch* sei „*one of the few English novels written for grown-up people*" (1984: 168).

George Eliot und die Woman Question

Zeitgenössische Leser betrachteten *Middlemarch* u. a. als Beitrag zur Debatte um die *Woman Question*. Dies konnte insofern durch die Biographie der Autorin gestützt werden, als BARBARA LEIGH-SMITH BODICHON (1827–91), die unermüdliche Kämpferin für die Abschaffung der Diskriminierung von Frauen, eine enge Freundin der Autorin war. Obgleich ELIOT die Tätigkeiten von BODICHON und JOHN ST. MILL sehr bewunderte, stand sie feministischen Bestrebungen insgesamt sehr skeptisch gegenüber, da sie negative Auswirkungen auf das Zusammenleben der Geschlechter befürchtete. Dennoch schilderte sie in ihren Romanen die psychischen Verformungen, die Frauen durch gesellschaftliche Zwänge und mangelnde Bildung erlitten, sowie die fehlgeleiteten Auffassungen von Männern, die erwarteten, dass Frauen ‚von Natur aus' dem Ideal des *Angel in the House* entsprachen. Obwohl das Bild der aufopfernden, fürsorglichen Frau auch auf ELIOT eine große Anziehungskraft ausübte, durchkreuzen viele ihrer Figuren Geschlechtsstereotypen. Viele Heldinnen sind intelligent und voller Tatendrang, und Silas Marner findet sein Glück in der ‚weiblichen' Rolle der aufopfernden Fürsorge für Eppie.

Daniel Deronda: Das Überschreiten von Grenzen

Daniel Deronda (1876) ist als einziger Roman ELIOTS in der damaligen Gegenwart (den 1860er Jahren) angesiedelt. Dieser letzte Roman ELIOTS zeichnet sich durch noch größere epische Breite aus als *Middlemarch*: Er unternimmt eine noch kühnere Verbindung von minuziösen Details und Themen von weltgeschichtlicher Bedeutung und führt die Motive der Figuren in tiefe Schichten des Bewusstseins und auf übernationale Strukturen zurück. Die Durchdringung von Privatem und Politischem zeigt sich auch in der Verflechtung zweier Handlungsstränge, die nur schwer vereinbar waren: die weitausgreifenden Bestrebungen Daniel Derondas als politisch aktiver Jude und die Desillusionierung von Gwendolen Harleth, die den egoistischen, zynischen und sadistischen Aristokraten Grandcourt heiratet, später aber gegenüber dessen Geliebter und deren illegitimen Kindern tiefe Schuldgefühle empfindet. Beide Handlungsstränge sind zwar thematisch miteinander verknüpft, aber neben der inhaltlichen Inkongruenz besteht auch eine formale Spannung, denn die ‚englischen' Szenen sind realistisch erzählt, während die jüdischen Figuren in teilweise schwer erträglicher Form idealisiert werden. Die mangelnde Einheit des Romans deutet an, dass sich die Zeiten des panoramischen Gesellschaftsromans ihrem Ende näherten; gleichzeitig ist *Daniel Deronda* einer der wenigen englischen Romane der Zeit, in dem Juden sehr positiv und die gesellschaftlichen Vorurteile gegenüber ihnen satirisch gezeichnet werden.

7 Die Psychologisierung der Erzählkunst: George Meredith

Protomoderne Erzähltechnik und poetischer Stil

Mit dem Tod GEORGE ELIOTS im Jahre 1880 ging eine Epoche des englischen Romans zu Ende. GEORGE MEREDITH (1828–1909) begann seine Karriere als Romancier zwar etwa zeitgleich mit ELIOT, wurde aber fast zehn Jahre später geboren; er publizierte nicht nur bis in die 1890er Jahre, sondern seine Romane weisen auch auf Themen und Darstellungsweisen spätviktorianischer Romanciers voraus. Obgleich seine Werke in Bezug auf Länge und moralische Wirkungsabsicht typische Merkmale des mittviktorianischen Romans aufweisen, waren sie *„proto-modern in their interest in technique and feminine psychology"* (GILMOUR 1986: 158). Wegweisend war v. a. seine nuancierte Bewusstseinsdarstellung, die teilweise den inkohärenten, scheinbar Nebensächliches enthaltenden Strom der Bewusstseinsinhalte erkennbar werden lässt. Gleichzeitig zeichnet sich die Erzählweise von MEREDITH, der an die zehn Lyrikbände veröffentlichte und sich primär als Dichter verstand, durch einen Reichtum an häufig nicht leicht zu entschlüsselnden Bildern, eine Fülle von rhetorischen Figuren und eine oftmals gekünstelt wirkende poetische Diktion aus. Dieser Stil, der angesichts der Länge viktorianischer Romane teilweise ermüdend wirkt, wurde schon von dem Lyriker W.E. HENLEY treffend charakterisiert: *„his pages so teem with fine sayings, and magniloquent epigrams, and gorgeous images, and fantastic locutions, that the mind would welcome dulness as a glad relief."* (zit. nach WILLIAMS 1971: 207)

Wirkung von Meredith	Aufgrund seiner formalen und thematischen Innovationen wurde MEREDITH zur Leitfigur für viele spätviktorianische Romanciers. Die Bewunderung für diesen allgemein als ‚schwierig' eingestuften Autor ist u. a. auf seine Durchbrechung moralischer Tabus und die schonungslose Analyse von Vater-Sohn-Beziehungen zurückzuführen. *New Woman novelists* (vgl. Kap. 5.4.) würdigten besonders seine kritische Darstellung der Einschränkungen, unter denen viktorianische Frauen zu leiden hatten, und seine einfühlsame Darstellung emanzipierter Frauen, die gegen die gesellschaftlichen Zwänge und das Unverständnis ihrer Umgebung ankämpfen.
Merediths Werk	Vor seinem ersten, heute hochgelobten Roman, *The Ordeal of Richard Feverel*, verfasste MEREDITH zwei kürzere *fantasies*, *The Shaving of Shagpat: An Arabian Entertainment* (1856) und *Farina: A Legend of Cologne* (1859). Die Einbeziehung von Romanzenelementen kennzeichnete auch seine späteren Romane, in denen sich die jungen Helden – häufig steinreiche Adlige – frei von alltäglichen Sorgen bewähren und am Ende eine schöne Heldin heiraten; der Plot ist dementsprechend wenig wahrscheinlich. Die relativ geringe Beachtung sozialer und politischer Aspekte ermöglichte MEREDITH die Konzentration auf die Psyche seiner Figuren. Zu seinen bekannteren Prosawerken zählen u. a. *Evan Harrington; or, He would be a Gentleman* (1860), *Emilia in England* (1864), der von einem Ich-Erzähler geschilderte Roman *The Adventures of Harry Richmond* (1870–71), der politische Roman *Beauchamp's Career* (1876), der viele dramatische Bauformen integrierende *The Tragic Comedians* (1880) und *The Amazing Marriage* (1895), sein letzter vollendeter Roman.
The Ordeal of Richard Feverel	Relativ leicht zugänglich ist MEREDITHs Erstling, der Erziehungsroman *The Ordeal of Richard Feverel: A History of Father and Son* (1859; überarbeitet 1878), in dem das Ideal der Familie tiefe Risse zeigt. Schon bevor die Handlung einsetzt, hat die Ehefrau von Sir Austin Feverel Mann und Kind verlassen; Sir Austin konzentriert sich fortan auf die Erziehung seines Sohnes Richard, die er an einem vermeintlich unfehlbaren wissenschaftlichen System ausrichtet, um seinen Sohn zu einem ehrlichen, tugendhaften und reinen Menschen zu machen. Der arrogante, an Gottes Stelle über alles wachende Sir Austin, der unbedingten Gehorsam und die Unterdrückung eigener Wünsche von seinem Sohn verlangt, scheitert jedoch an der Ironie des Schicksals: Obgleich Richard tatsächlich eine Frau findet, mit der er glücklich werden könnte, trennt der Vater das heimlich verheiratete Liebespaar und leitet damit den Ruin des Sohnes ein. Richard geht nach London und wird dort von der als ‚*enchantress*' und ‚*witch*' charakterisierten Mrs Mount verführt, die ihre Unschuld schon mit 16 verlor und mit 21

zur hartgesottenen Femme fatale geworden ist. Im Gegensatz zu anderen viktorianischen Romanciers schildert MEREDITH die wenig ziemliche Konversation und Verführungskunst von Bella, wobei der Akt des Ehebruchs recht deutlich gemacht wird: Nach der Beschreibung eines leidenschaftlichen Kusses kommentiert der Erzähler die Situation mit den Worten: „*Not a word of love between them! Was ever hero in this fashion won?*" (38) Aufgrund von Beschwerden aufgebrachter Kunden nahm Mudies Leihbibliothek *Richard Feverel* aus dem Programm.

The Egoist

Einen ersten kommerziellen Erfolg errang MEREDITH, der seinen Lebensunterhalt mit journalistischen und editorischen Arbeiten bestritt, durch seinen häufig als sein Meisterwerk eingeschätzten Roman *The Egoist: A Comedy in Narrative* (1879). Wie der Untertitel andeutet, verwendet MEREDITH in diesem Werk, das zeitgleich mit seinem Vortrag *On the Idea of Comedy* (1877; veröffentlicht 1897) entstand, Struktur und Elemente der Komödie, um das Übel des Egoismus zu entlarven. Der Egoist Sir Willoughby Patterne, ein reicher Landadliger, ist in diesem Roman, dessen Dialoge an die Erzählweise von MEREDITHS Schwiegervater PEACOCK erinnern, umgeben von ihm schmeichelnden Figuren, die er zur Befriedigung seiner Eitelkeit braucht. Die Erreichung seines Ziels, eine ihn bewundernde Ehefrau zu finden, gestaltet sich jedoch als schwierig; Constantia hat sich rechtzeitig von ihm abgewendet, und auch Claras „*unuttered revolt*" (I, 13) kommt schließlich zum Ausbruch, was zur Lösung der Verlobung mit Willoughby führt, dessen Egoismus im Verlaufe der Handlung schonungslos bloßgelegt wird. Auch mit Mitteln der Satire weckt MEREDITH Sympathie für Claras innere Reifung und den damit einhergehenden Verstoß gegen die viktorianischen Normen; der Ausbruch aus bestehenden Bindungen wird als Akt der Befreiung dargestellt.

Diana of the Crossways

Der kommerzielle Erfolg von MEREDITHS populärstem Roman, *Diana of the Crossways* (1884 Teilabdruck; stark revidiert 1885), ist zum einen auf den konsequenten Bruch mit Konventionen zurückgeführt worden, zum anderen auf die Tatsache, dass die berühmte CAROLINE NORTON, deren persönliche Skandälchen ebenso bekannt waren wie ihr Einsatz für die Verbesserung der Stellung von Frauen, Modell für die Protagonistin stand. Die Schwierigkeiten der emanzipierten, unkonventionellen Diana, die sich von ihrem vorschnell geheirateten Mann getrennt hat und ihren Lebensunterhalt als Schriftstellerin zu verdienen sucht, werden aus verschiedenen Perspektiven dargestellt: Gerüchte, Pressenachrichten, Beobachtungen und Urteile anderer Figuren, auktoriale Kommentare und Innensicht vermitteln ein differenziertes Verständnis der Situation der Protagonistin, die sich nicht in finanzielle Abhängigkeit begeben möchte und aus Unkenntnis und mangelnder Erfahrung Fehler macht. Umstritten war der Roman u. a. aufgrund der kaum verhüllten Darstellung der Sexualität Dianas, die diese zu unterdrücken versucht: „*Snake! she rebuked the delicious run of fire through her veins; for she was not like the idol women of imperishable type, who are never for a twinkle the prey of the blood: statues created by man's common desire to impress upon the sex his possessing pattern of them as domestic decorations.*" (34)

Kennzeichen von Merediths Spätwerk

In den noch ‚schwierigeren' späten Werken, in denen Frauen häufig als potentielle Opfer egoistischer Männer und gesellschaftlicher Zwänge erscheinen, treten MEREDITHS feministische Überzeugungen klar zutage. Die Protagonisten seiner Romane sind seit den 1870er Jahren meist egozentrische Schurken, und die positiven Männerfiguren sind in Abgrenzung vom viktorianischen Heldenkult ebenfalls keine strahlenden Helden, sondern relativ durchschnittliche Figuren. Obgleich sich auch in seinem Spätwerk ungleiche, oft wenig glückliche Ehen finden, und seine positiven Frauenfiguren häufig emanzipiert und unabhängig sind, hält MEREDITH am konventionellen Romanschluss der Heirat fest. Einer Antwort auf eine Frage an Diana – „*And what comes after the independence?*" (28) – weicht MEREDITH aus. Seine selbstständigen und unabhängigen Heldinnen heiraten am Ende der Werke. Diana kündigt zwar an, „*a sketch of the women of the future*" (ebd.) schreiben zu wollen, aber diese Aufgabe erfüllen erst die *New Woman novelists* der 1890er Jahre.

Der englische Roman zwischen Viktorianismus und Moderne (1880–1900)

Fortschritt und Degeneration

Dem Glauben an Fortschritt, der durch technologische Errungenschaften und DARWINS Evolutionstheorie genährt wurde, trat in den 1880er Jahren die Idee des Verfalls gegenüber, die bis zum Ende des Jh.s große Faszination ausübte. Die Befürchtungen bezüglich der drohenden Degeneration Großbritanniens speisten sich aus verschiedenen Quellen. Eugenische Überlegungen gingen in Anlehnung an FRANCES GALTONS *Hereditary Genius* (1869) davon aus, dass man die Fortpflanzung von ‚minderwertigen' Menschen kontrollieren müsse, denn sonst würden sich deren Eigenschaften ausbreiten und zur Degenerierung der Nation führen. Auch Schüler DARWINS schlossen sich der Auffassung an, dass Entwicklung nicht immer mit Fortschritt gleichzusetzen sei. E. RAY LANKESTERS Werk *Degeneration: A Chapter in Darwinism* (1880) schürte Befürchtungen, dass nicht immer die besten überleben, sondern sich im Gegenteil degenerierte Parasiten durchsetzen könnten. *Degeneration* wurde neben *Progress* zu einem Schlüsselwort der Zeit. Mit der in dem Machwerk *Degeneration* (engl. 1895) erörterten These, dass die europäischen Rassen den Höhepunkt ihrer Entwicklung erreicht hätten und das Ende der Zivilisation nahe, artikulierte MAX NORDAU verbreitete zeitgenössische Ängste.

Empire und Degeneration

Diese Befürchtungen kristallisierten sich in der Haltung zum Zustand des Britischen Empire. Einerseits befand sich Großbritannien von der Krönung VIKTORIAS zur Kaiserin Indiens im Jahre 1877 bis zum groß gefeierten *Diamond Jubilee* 1897 auf dem Höhepunkt der Macht und des Prunkes. Andererseits gab es vielfältige Befürchtungen über die Zukunft Englands, und selbst der ‚Sänger des Empire' RUDYARD KIPLING konnte sich 1897 nicht zur Abfassung eines angemessenen Lobliedes auf VIKTORIA und die Errungenschaften des Empire durchringen. Die angebliche Dekadenz der Oberschichten, die vermeintliche Degenerierung männlicher Engländer zu verweichlichten Stubenhockern, die schon seit dem 18. Jh. verbreitete Angst, das Empire werde zur Verbreitung von exotischem Luxus und damit zum Verfall der Sitten des Mutterlandes führen, schließlich sogar die Bedrohung des Empire durch andere europäische Kolonialmächte – dies alles trug zur Beunruhigung von Zeitgenossen bei, die überall Anzeichen der Degeneration witterten.

Der Roman als etabliertes Genre

In den 1880er Jahren hatte sich der zu Beginn der 1830er noch mit Misstrauen betrachtete Roman endgültig als ernstzunehmendes Genre etabliert; 1886 wurden erstmals mehr Romane als religiöse Schriften publiziert. Man ging nun davon aus, dass ‚gute' Romane eine erzieherische Funktion hätten, und verschiedene Theorien untermauerten die Respektabilität des Genres.

Neues Selbstbewusstsein der Romanciers

Gleichzeitig entwickelten Romanciers ein neues Selbstbewusstsein; schließlich standen ihnen nun kulturelles Prestige und ansehnliche Einnahmen in Aussicht. Als Folge der zunehmenden Professionalisierung wurde 1884 die *Society of Authors* gegründet, die Öffentlichkeitsarbeit betrieb und Autoren mit rechtlichem Rat zur Seite stand. Das neue Selbstbewusstsein äußerte sich u. a. in einer wachsenden öffentlichen Kritik an der Zensur. GEORGE GISSING und THOMAS HARDY gehörten zu denjenigen, die sich an die Öffentlichkeit wandten, um eine Ausweitung der Themen auf vormals tabuisierte Bereiche zu erwirken.

Verlust des *common ground*

Eine negative Begleiterscheinung dieser Entwicklungstrends lag im Verlust einer gemeinsamen Kommunikationsgrundlage von Autoren und Lesern. Die Zeiten, in denen literarisch als hochrangig eingestufte Autoren die Mehrheit des Lesepublikums fesseln konnten, war endgültig vorbei. Die große Masse der Leser entschied sich für Unterhaltungsliteratur, die heute weitgehend in Vergessenheit geraten ist. MEREDITH war der erste der Autoren gewesen, deren Werk durchgängig aufgrund der schweren Zugänglichkeit und Kompliziertheit kritisiert wurde; dies sollte fortan das Schicksal vieler Autoren werden, deren ausgefeilte Erzähltechniken und kritische Haltung zu viktorianischen Normen zum Verlust einer breiten Leserschaft führten. Fast alle heute noch bekannten Romanciers waren auf ein Neben- (bzw. Haupt-)einkommen als Lektoren oder Journalisten angewiesen; *„good-quality British fiction was suffering a severe commercial crisis."* (KEATING 1989: 431) Die geringe Popularität ihrer Werke ging bei vielen Autoren einher mit einer verächtlichen Haltung gegenüber einem Lesepublikum, das leichte Kost serviert bekommen wollte. Autoren, die etwas auf sich hielten, waren nun geradezu stolz darauf, nur noch von wenigen Lesern und Kritikern gewürdigt zu werden.

Die Abkehr von der viktorianischen Erzählkunst

Seit den 1880er Jahren kam es zu einer immer schärferen Kritik an den Realismuskonventionen. Eine wachsende Zahl von Schriftstellern kritisierte die Länge und Formlosigkeit hochviktorianischer Romane, wandte sich gegen Erzählerkommentare, setzte sich für eine straffere Struktur ein und favorisierte das Konzept der organischen Form. Auf der einen Seite betonten Romanciers wie GEORGE GISSING den Wert naturalistischer Literatur, auf der anderen machte sich ROBERT LOUIS STEVENSON für die Romanze stark. Die Realismus-Debatte wurde zu dieser Zeit besonders erbittert geführt. Eine völlig neue Note bekam die Auseinandersetzung durch die Vertreter des Ästhetizismus, die eine ablehnende Haltung zu sämtlichen etablierten Kunstauffassungen einnahmen. Vollends offensichtlich wurde die Abkehr von viktorianischen Normen durch die Erweiterung des Themenbereichs und das bewusste Durchbrechen von Tabus.

Die Erschließung neuer Territorien

In den 1880er Jahren wurden nicht nur ausgetretene formale Pfade verlassen, sondern auch neue thematische Territorien erschlossen. Schon DONALD STONE (1972: 37) verzeichnete „*a rise simultaneously in the creation of fictional autobiographies, which described the loss of and the need for new spiritual values, and in romantic invitations to various forms of withdrawal or escapism*". Romanzen und *fantasies* wie GEORGE MACDONALDS Lilith (1895) erfreuten sich daher auch weiterhin großer Beliebtheit. Zu den ‚eskapistischen' Formen gehörte aber auch die fiktionale Erschließung von fremden Kontinenten wie Afrika und den Lebensformen der dort lebenden ‚*savages*' in Abenteuerromanen. Ebenfalls neues fiktionales Terrain erkundeten jene Autoren, die sich mit sozialen Außenseitern in London und mit städtischen Unterschichten befassten, die provokativ ebenfalls als *savages* bezeichnet wurden. Außerdem übte die Reise ins Innere, in die Tiefen des menschlichen Bewusstseins, große Faszination auf viele Romanciers aus. Die Schriften von WILLIAM JAMES und die Gründung der Theosophical Society (1875) sowie der Society for Psychical Research (1882) „*reflected and deepened the interest in psychology and parapsychology, mysticism, and the paranormal*" (WHEELER 1985: 157). Zunächst jedoch soll die Reise in die eigene Vergangenheit im Vordergrund stehen.

1 Religiöser Skeptizismus und fiktionale Autobiographie: Mrs Humphrey Ward und William H. White

Bibelkritik und Darwinismus

Der christliche Glaube geriet in der zweiten Hälfte des 19. Jh.s durch unterschiedliche Wissenschaften unter Beschuss. Schon der große Erfolg von DARWINS *On The Origin of Species* hatte religiöser Skepsis Vorschub geleistet. Vor der Mitte des Jh.s hatte man grundsätzlich angenommen, dass die Erkundung der Natur zu Ergebnissen führt, die in Einklang mit der Bibel stehen. Dies hatte sich mit der Verbreitung von DARWINS Werk geändert. Autoren wie CHARLES KINGSLEY und EDWARD BULWER-LYTTON vertraten zwar die Auffassung, dass die Evolutionstheorie nicht an den Grundfesten christlichen Glaubens rüttele, allgemein wurde aber die Unvereinbarkeit zwischen DARWINS Theorie und der biblischen Schöpfungsgeschichte betont; vielen galt DARWIN gar als Erzfeind des christlichen Glaubens. Hinzu kamen die Fortschritte der Bibelkritik, die den Glauben an die buchstäbliche Wahrheit der Bibel erschütterten. Diese Skepsis betraf nicht nur die Genesis, sondern auch das Neue Testament sowie das Leben Jesu und die von ihm erwirkten Wunder. Zu denjenigen, die ihren ursprünglichen Glauben durch die Beschäftigung mit der Bibelkritik verloren, gehörten Autorinnen wie GEORGE ELIOT und MRS HUMPHREY WARD.

Bedeutung von *novels of doubt*

Seit den 1880er Jahren bildeten die realistischen spätviktorianischen Romane, die sich mit dem religiösen Skeptizismus befassen, ein angesehenes Genre. Eine öffentliche Verbrennung eines Werkes wie FROUDES *The Nemesis of Faith* war nun nicht mehr denkbar. Dennoch galt Religion immer noch als ein Thema von nationaler Relevanz, und entsprechend groß war das Interesse an der literarischen Verarbeitung von religiösen Fragen. Dabei bestand eine hohe Toleranz gegenüber Romanen, die sich passagenweise wie theologische Abhandlungen lesen. Die bekanntesten Verfasser skeptizistischer Romane waren GEORGE GISSING, ELIZABETH LYNN LINTON, WILLIAM HURRELL MALLOCK, MRS HUMPHREY WARD und WILLIAM HALE WHITE.[1]

Struktur skeptizistischer Romane

Skeptizistische Romane bestehen in der Regel aus drei Teilen: Zunächst werden religiöse Zweifel und Auseinandersetzungen zwischen dem Protagonisten (häufig handelt es sich um eine männliche Figur) und seiner Glaubensgemeinschaft geschildert, wobei die entsprechenden Dogmen und Riten genau beschrieben werden. Im zentralen zweiten Teil wird die ‚Konversion' zum Zweifel ausführlich begründet und in einer Weise dargestellt, die um das Verständnis der Leser wirbt. Im dritten Teil findet der Protagonist schließlich Halt in einer neuen Weltanschauung (vgl. SPIES 1991: 15). Die Romane von WILLIAM HALE WHITE und SAMUEL BUTLERS *The Way of All Flesh* dokumentieren zugleich das große Interesse der Viktorianer an autobiographischer Literatur.

William H. White: *The Autobiography*

Als Romancier ist WILLIAM HALE WHITE (1831–1913) v. a. unter seinem Pseudonym MARK RUTHERFORD bekannt. In seinen sehr populären autobiographischen Romanen *The Autobiography of Mark Rutherford, Dissenting Minister* (1881) und *Mark Rutherford's Deliverance: Being the Second Part of His Autobiography* (1885) beschreibt der gescheiterte Geistliche WHITE seine spirituelle Entwicklung vom Dissent über eine von der Lektüre von WORDSWORTH geprägte natürliche Pietät bis zum Agnostizismus. Anhand der einfühlsam geschilderten Erfahrungen Rutherfords, der sich durch die Heuchelei und Oberflächlichkeit der Kongregationalisten abgestoßen fühlt, werden die Schwierigkeiten und die Isolation eines ernsthaften, um seinen Glauben ringenden Menschen

---

1 Selbstverständlich gab es auch weiterhin nicht-skeptizistische religiöse Romane; populär war etwa der historische religiöse Roman von Joseph Henry SHORTHOUSE, *John Inglesant: A Romance* (1880), der im 17. Jh. spielt.

sehr deutlich; besonders eindringlich ist die Darstellung seiner depressiven Zustände. Ein durchgängiges Thema beider Romane WHITES, die Lesern existentielle Zweifel in einer unspektakulären, aber nicht minder überzeugenden Weise nahe bringen, bildet die unglückliche Ehe.

Mrs Humphrey Ward

Der Nichte des berühmten Kulturkritikers MATTHEW ARNOLD, der in der zweiten Hälfte des 19. Jh.s eine ähnlich bedeutende Funktion hatte wie zuvor THOMAS CARLYLE, ging schon früh der Ruf voraus, das Talent zu einer bedeutenden Schriftstellerin zu haben. MARY AUGUSTA ARNOLD (1851–1920), deren Werke nach ihrer Eheschließung unter dem Namen MRS HUMPHREY WARD erschienen, war sehr gebildet und bewegte sich in den Zirkeln führender Intellektueller; ihre Werke zeugen von einer tiefgehenden Beschäftigung mit zeitgenössischen Problemen. Die 25 Romane WARDS *„revealed an author in touch with some of the most disturbing areas of British life – religious doubt, philanthropy, urban slum conditions, the decay of rural communities – but they also showed so little sensitivity to the changes taking place in the theory and practice of fiction that they might have been written a generation earlier."* (KEATING 1989: 177)

Robert Elsmere

Dass von WARDS populärstem Roman, *Robert Elsmere* (1888), schon im ersten Jahr knapp 40 000 Exemplare allein in England verkauft wurden (hinzu kamen ca. 200 000 in den USA), verdeutlicht das große Interesse an Romanen, die ein religiöses Anliegen in fiktionale Form kleideten. Im Mittelpunkt des Geschehens steht die innere Entwicklung des ernsthaften anglikanischen Geistlichen Robert Elsmere, dessen religiöse Zweifel und die Niederlegung seines Amtes zu großen Schwierigkeiten mit seiner dogmatischen Ehefrau Catherine führen. *Robert Elsmere* gibt einen fast umfassenden Überblick über eine Vielzahl zeitgenössischer Glaubensrichtungen, für deren Schilderung MRS HUMPHREY WARD sowohl auf ihre eigenen Erfahrungen in der religiösen Koterie Oxfords in den 1870er Jahren als auch auf die Erlebnisse ihres Vaters zurückgriff, der unter dem Einfluss NEWMANS zum Katholizismus konvertiert war. Die große Breitenwirkung des Romans zeigt sich auch an einer ausführlichen Rezension des früheren Premierministers WILLIAM E. GLADSTONE, der sich vehement gegen die positive Darstellung des Agnostizismus aussprach.

Helbeck of Bannisdale

Obgleich die Struktur von WARDS *Helbeck of Bannisdale* (1898), der häufig höher eingeschätzt wird als der erfolgreichere *Elsmere*, das übliche Schema religiöser Romane abwandelt, kreist auch dieser Roman um die Auswirkungen religiösen Zweifels auf die persönliche Entwicklung. In diesem Fall geht es um den Konflikt zwischen katholischer Autorität und freiem Denken, verkörpert in der tragischen Liebe zwischen dem würdevollen Protagonisten des

Romans, Helbeck, einem tief gläubigen katholischen Adligen, und der sechzehn Jahre jüngeren Laura Fountain. Die überzeugte Agnostikerin Laura willigt aufgrund äußerer Zwänge nach langem Zögern ein, sich zum Katholizismus bekehren zu lassen, begeht aber schon kurz nach dieser folgenschweren Entscheidung Selbstmord. Die Leiden beider Liebenden, zwischen denen nicht ausschließlich aus Glaubensgründen unüberwindbare Barrieren bestehen, werden einfühlsam geschildert. Der Selbstmord Lauras erscheint als logische Konsequenz einer ausweglosen Situation, in der die Perspektiven von zwei um Einigung bemühten Individuen nicht miteinander in Einklang gebracht werden können.

Ernsthaftigkeit und Didaktik

Ebenso wie andere, nicht-religiöse Romane WARDS ist *Helbeck of Bannisdale* geprägt von einer Mischung aus intellektueller Ernsthaftigkeit und moralisch-didaktischer Zielsetzung. Wie auch ihr Roman *Marcella* (1894) verdeutlicht, griff WARD zeittypische Themen auf und gestand ihren Frauenfiguren ein Maß an Unabhängigkeit zu, das angesichts ihres engagierten Einsatzes für die anti-feministische *Woman's Anti-Suffrage League* erstaunlich erscheint.

2 Negative Bildungsromane und Regionalromane: Samuel Butler und Thomas Hardy

Kritik an Werten und Bildungsidealen

In der spätviktorianischen Zeit nahm die Kritik an etablierten Werten stark zu. Christliche Religionen und Kirchen sowie die Stützpfeiler der viktorianischen Gesellschaft, Ehe und Familie, gerieten immer stärker unter Beschuss. Diese Infragestellung zentraler Werte ging einher mit einer Auflösung der Bildungsideale; es bestand keinerlei Konsens mehr darüber, welche Eigenschaften ein Mensch idealiter ausprägen sollte. Die in Kapitel 3.8. aufgelisteten Merkmale des Bildungsromans lassen sich aber auch deshalb nicht auf spätviktorianische Romane anwenden, weil eine Eingliederung in eine Gesellschaft, die von den Folgen der Industrialisierung und engstirniger Moral bestimmt war, nicht mehr als erstrebenswert galt.

The Way of All Flesh als Zeugnis der Glaubenskrise

Die enge Beziehung zwischen Autobiographie, Religion und Roman, die die *Rutherford*-Romane und EDMUND GOSSES *Father and Son* (1907) kennzeichnet, liegt auch SAMUEL BUTLERS (1835–1902) bekanntem autobiographischen Roman *The Way of All Flesh* zugrunde. Dieses Werk (geschrieben 1873–84, postum veröffentlicht 1903) wird zu den bedeutendsten Zeugnissen der viktorianischen Glaubenskrise gezählt. Der Protagonist Ernest Pontifex, anhand von dessen Biographie und Familiengeschichte die Bedeutung von Vererbung und Umwelteinflüssen sichtbar wird arbeitet nur kurze Zeit als Geistlicher, bevor er seinen Glauben verliert. Das Ausmaß religiöser Heuchelei wird aber bereits durch das autoritäre Gebaren seines Vaters deutlich. So beschreibt der Erzähler Overton, dass der streng puritanisch erzogene kleine Ernest geschlagen wird, weil er ein Wort nicht richtig aussprechen kann. Dass dies in Diskrepanz zu christlichen Geboten stehen könnte, kommt dem Vater nicht in den Sinn, als er nach vollzogener Prügelstrafe beiläufig bemerkt: „'and now, Christina, I think we will have the servants in to prayers,' and he rang the bell for them, red-handed as he was." (22)

Butlers negativer Bildungsroman	BUTLER übt in *The Way of All Flesh* Kritik an fast allen wichtigen viktorianischen Werten, allen voran an der Familie und an Vater-Sohn-Beziehungen. Wie fundamental seine Zurückweisung zentraler Normen ausfällt, zeigt sich zum einen in Ernests Lebensweg, denn der Protagonist lebt, nachdem seine Ehe gescheitert ist und er seine Kinder zu deren eigenem Wohl weggegeben hat, als Junggeselle und Außenseiter in London. Außerdem zeigt schon der vom Großvater mit Bedacht ausgewählte Name Ernest, der das Kind mit der Tugend der *earnestness* in Verbindung bringen soll, dass nicht nur einzelnen Werten, sondern der gesamten moralischen Ernsthaftigkeit der Viktorianer der Boden entzogen werden soll. Im Gegensatz zu herkömmlichen Bildungsromanen durchläuft Ernest keinen Reifeprozess. Alles, was er sich in Familie und Schule aneignet, muss er mühsam verlernen, um zu sich selbst zu finden; der Bildungsroman wird also quasi auf den Kopf gestellt.
Merkmale des negativen Bildungsromans	Die Negation der Gesellschaft ist ein typischer Zug spätviktorianischer negativer Bildungsromane, in denen die Protagonisten nicht in die Gesellschaft integriert werden. *„'Negativ' sind diese Romane aber auch dadurch, daß ihnen eine überzeugende positive Alternative zur viktorianischen Gesellschaft und ihren Normen fehlt."*[2] Diese Negativität wird freilich noch deutlicher erkennbar in den späten Romanen THOMAS HARDYS (1840–1928).
Hardys Erfahrungen mit der Zensur	Im Gegensatz zu Butler verstieß HARDY, der seinen Lebensunterhalt als Autor verdienen wollte, in seinen Romanen durchgängig gegen viktorianische Tabus. Sein erstes Romanmanuskript, *The Poor Man and the Lady*, wurde nie gedruckt, und seine weiteren Romane wurden häufig erst nach erheblichen Änderungen als publikationswürdig empfunden. Allerdings ging HARDY dazu über, die aus Rücksicht auf viktorianische Sensibilitäten gestrichenen Passagen nach und nach wieder in die Buchfassungen zu integrieren.

---

[2] ULRICH BROICH, „Der ‚negative Bildungsroman' der neunziger Jahre." In: PFISTER & SCHULTE-MIDDELICH (1983: 197–226, S. 223).

Späte Kompromisslosigkeit	Nachdem HARDY berühmt genug war, sich über die Einwände von Lektoren hinwegzusetzen, ließ er seine Romane in Buchform ungekürzt veröffentlichen. Allerdings zahlte er einen hohen Preis für seine Missachtung viktorianischer Normen: Das große Lob für *Tess of the d'Urbervilles* (1891) und den folgenden Roman *Jude the Obscure* (1895) wurde durch die erbitterte Feindseligkeit vieler Rezensenten mehr als ausgeglichen. In der Mitte der 1890er Jahre gab HARDY seine Tätigkeit als Romancier auf und verfasste fortan ausschließlich Lyrik. Obgleich *Tess* die Grenzen dessen, was veröffentlicht werden konnte, erweitert hatte, gehörte es bis zum Ersten Weltkrieg zum Alltag vieler Autoren, ihre Texte aufgrund von Einwänden der Verlage zu verändern.
Hardys Werk	Der erste veröffentlichte Roman HARDYS, *Desparate Remedies* (1871), war eine *sensation novel* im Stile WILKIE COLLINS. Danach verlegte sich HARDY im Wesentlichen auf Regionalromane, die immer pessimistischer ausfielen. Darüber hinaus veröffentlichte er einige andere Romane – etwa *The Well-Beloved* (1892; 1897) und den Sittenroman *The Hand of Ethelberta* (1876) – und Lyrik. Besonders beliebt waren jedoch seine Wessex-Romane.
Regionalromane	Unter der Bezeichnung ‚Regionalroman' werden Romane subsumiert, die einen ausgeprägten Bezug zu einer bestimmten geographischen Region aufweisen. Da sich dieser Bezug häufig in der Verwendung von Dialekten zur Kennzeichnung der Figurensprache niederschlägt, sind die Grenzen zu Dialektromanen fließend. Eine Traditionslinie, die auf den ersten bedeutenden englischsprachigen Regionalroman, MARIA EDGEWORTHS *Castle Rackrent* (1800), zurückgeht, stellt eine ländliche Welt in den Vordergrund. Aufgrund der detaillierten Beschreibung des Lebens der unteren Schichten in Manchester zählt aber auch ELIZABETH GASKELLS *Mary Barton: A Tale of Manchester Life* (1848) zur Gattung des Regionalromans. Seit den Folgen der Industrialisierung wird dieses Genre häufig mit idyllischen, nostalgischen Qualitäten assoziiert, wobei eine dominant ländliche Umgebung und deren Konflikt mit Kräften der Modernisierung im Mittelpunkt stehen. Bekannte Regionalromane sind etwa ELIZABETH GASKELLS *Cranford* (1851– 53) und GEORGE ELIOTS *Adam Bede* (1859). Im Gegensatz zu diesen eher idyllischen Werken überwiegt häufig eine kritische Auseinandersetzung mit den Folgen des Modernisierungsprozesses. Gerade die Beschränkung auf eine Region ermöglicht, die Kosten sozialen Wandels sowie Spannungen zwischen traditionellen und modernen Lebensweisen darzustellen. In solchen Regionalromanen – die beispielhaft durch HARDYS Wessex-Romane verkörpert werden – wird die Entfremdung von Individuen betont.

Die Wessex-Romane	Seit HARDYS zweitem veröffentlichten Roman, dem recht idyllischen *Under the Greenwood Tree* (1872), spielen seine Regionalromane in einem fiktionalisierten Gebiet in Südwestengland, dem HARDY den alten Namen ‚Wessex' gab. Obgleich die Bezeichnungen der Orte, Flüsse und Straßen verändert wurden, war der Bezug zur realen Umgebung Dorsetshires klar erkennbar; zudem erleichterte eine den Romanen seit 1874 beigefügte Landkarte Lesern, sich in diesem Gebiet zurechtzufinden. Im Gegensatz zur räumlichen Begrenzung weisen die Wessex-Romane eine recht große zeitliche Breite auf: *The Trumpet Major* (1880) spielt zur Zeit der napoleonischen Kriege, *Tess* in den späten 1880er Jahren. Den Durchbruch schaffte HARDY mit seinem vierten veröffentlichten Roman, *Far from the Madding Crowd* (1874). Zu den Wessex-Romanen gehören außerdem *The Return of the Native* (1878), *The Mayor of Casterbridge* (1886), *The Woodlanders* (1887) und *Jude the Obscure* (1895). Obgleich HARDYS Romane den Alltag und die Sitten Dorsetshires nie bloß nostalgisch idealisierten, waren seine Regionalromane sehr populär; sein Name wurde mit der Region identifiziert.
Hardys Erzählweise: An der Schwelle zwischen Viktorianismus und Moderne	Einerseits sind HARDYS Romane insofern relativ konventionell erzählt, als ein auktorialer Erzähler das Geschehen kommentiert und erklärt. Andererseits wird auf eindeutige Sympathielenkung oder moralische Wertung verzichtet; die Haltung des Erzählers ist häufig ambivalent. Darüber hinaus wandte sich HARDY dezidiert gegen einen bloßen Oberflächenrealismus; er kritisierte die Detailfülle und die Beschränkung auf das Alltägliche. Gemäß seinem Grundsatz „*Art is a disproportioning – (i.e. distorting, throwing out of proportion) – of realities*"[3] beinhalten HARDYS Werke verfremdende Sichtweisen auf vermeintlich Bekanntes, wobei der Prozess des Beobachtens eine zentrale Rolle einnimmt. Viele seiner Romane „*contain stunning moments of poetic vision that result from unexpected observations of people or events or natural phenomena unsuspectingly observed*".[4] Ungewöhnlich sind HARDYS Ansicht nach weniger die Figuren seiner Romane als deren Handlungsverläufe; die vielen schicksalhaften Zufälle bzw. *coincidences* erinnern teilweise an *sensation novels*. Außerdem wirft HARDY neues Licht auf bekannte Phänomene, indem er ungewöhnliche Satzkonstruktionen, Vergleiche sowie teilweise kühne Metaphern wählt. Besonders seine Naturschilderungen haben häufig eine symbolische Bedeutung; oft verweisen Naturgewalten auf den

---

3 Autobiographie HARDYS (vorgeblich eine von seiner Frau FLORENCE HARDY verfasste Biographie), Eintrag von 1890, zit. nach GOETSCH (1967: 94).
4 GEORGE LEVINE, „Shaping Hardy's Art: Vision, Class, and Sex." In: RICHETTI (1994: 533–559), S. 543).

inneren Zustand von Figuren, auf deren Beziehungen zueinander oder auf die Macht des Schicksals, dem es sich zu fügen gilt.

Ausweitung der Themen

Ein durchgängiges Thema von HARDYS Romanen ist der Konflikt zwischen der ‚alten' Kultur, in der soziale Beziehungen noch eine große Rolle spielten, mit der Vereinzelung und Entfremdung von Individuen im Gefolge der Industriellen Revolution. Darüber hinaus spielen die soziale Schicht, Respektabilität und Sexualität in vielen seiner Romane eine große Rolle. Wegweisend war v. a. HARDYS Darstellung von Frauen und von Beziehungen zwischen den Geschlechtern. Insbesondere die Institution der Ehe und der *double standard* wurden scharf von ihm kritisiert. Obgleich sich HARDY in dem Essay „Candour in English Fiction" (1890) über die rigiden Normen beklagte, die Romanciers dazu zwangen, ihre Werke wider besseren Wissens kleinbürgerlichen Konventionen anzupassen, befürwortete er im Gegensatz zu französischen Naturalisten keine uneingeschränkte Ausweitung der Themen.

Determinismus und Tragik

Dennoch wird HARDY zu den Autoren gezählt, in deren Werken naturalistische Tendenzen greifbar werden. In seinen früheren Werken spielte zwar der Zufall eine große Rolle, seit 1878 *„schoben sich aber determinierende Gesetzmäßigkeiten in den Vordergrund. [...] Unter dem Einfluß des Naturalismus achtete er seit* THE WOODLANDERS *mehr als zuvor auf die Auswirkung der sozialen Verhältnisse, insbesondere der Armut, führte in* TESS *und* JUDE *die Vererbung als zusätzliches determinierendes Element ein und konstatierte einen engeren Zusammenhang zwischen Liebe und Physiologie."* (GOETSCH 1967: 121) Die Macht der Notwendigkeit dominiert v. a. in den späten Romanen; es ist den Figuren nicht möglich, sich gegen das Schicksal aufzulehnen. Liebende kommen nicht zusammen, Ehen scheitern, und Ehebruch, Scheidung oder uneheliches Zusammenleben führen ebenfalls nicht zum erhofften Glück.

Eine neue ‚reine' Frau: Tess

HARDYS *Tess of the d'Urbervilles* (1891) wurde zu einem Skandalerfolg, den nicht nur *New Woman novelists* sehr schätzten. Die Bewertung der Protagonistin wird schon im Untertitel des Romans deutlich: *A Pure Woman Faithfully Presented*. Dies war in den 1890er Jahren äußerst provozierend, denn Tess ist nach viktorianischen Maßstäben alles andere als ‚rein': Schon die Tatsache, dass sie von dem reichen Alec vergewaltigt wurde, befleckt konservativen Auffassungen zufolge ihre Reinheit. Angel Clare, dem sie dies erst am Hochzeitsabend beichtet, verlässt sie darauf im Zorn; und um ihre Familie aus großer finanzieller Not zu befreien, kompromittiert Tess sich unwiederbringlich, indem sie unverheiratet mit Alec zusammenlebt. Außerdem ermordet sie Alec, als dieser sich über den reumütig zurückgekehrten Angel mokiert. MRS OLIPHANTS Empörung sprach konservativen Viktorianern aus dem Herzen;

eine Frau, die zweimal „*from the woman's code of honour and purity*"⁵ abgewichen sei, könne nicht rein sein. Genau dies wird aber bis zum Ende des Romans nahe gelegt, denn Tess wird als tragisches Opfer der Umstände dargestellt. Der Erzähler kommentiert die Hinrichtung der Mörderin in einer ironischen Weise, die seiner pessimistischen Einstellung Ausdruck verleiht: „*'Justice' was done, and the President of the Immortals, in Æschylean phrase, had ended his sport with Tess.*" (59) Von Gerechtigkeit kann man im Kontext des Romans nur in Anführungszeichen sprechen.

Jude als negativer Bildungsroman

Ebenso wie *Tess* kann auch HARDYS letzter Roman, *Jude the Obscure* (1895), allenfalls als negativer Bildungsroman bezeichnet werden. Obgleich die Protagonisten beider Werke mit den Normen der Gesellschaft in Konflikt geraten, findet kein versöhnlicher Ausgleich statt; außerdem können sie nicht aus eigener Kraft über ihr Schicksal bestimmen. Im Gegensatz zu Tess weist Jude Fawley zudem Züge des modernen Antihelden auf; er ist unbekannt, in vielerlei Hinsicht durchschnittlich und eher passiv. Die Bedeutung der sozialen Schicht wird in diesem Roman besonders betont; der aus der Unterschicht stammende Jude arbeitet sehr hart, um sozial aufzusteigen, aber nicht nur das ersehnte Studium bleibt ihm verwehrt. Als er allein und desillusioniert stirbt, dringt der Lärm einer Verleihung akademischer Ehren an Adlige in sein Zimmer. Ein Grund für seinen sozialen Abstieg ist sein uneheliches Zusammenleben mit Sue Brideshead, die er erst kennen gelernt hat, nachdem er die sexuell attraktive Arabella geheiratet hatte. Schließlich tötet Judes ältestes Kind in völliger Verzweiflung die jüngeren Geschwister und begeht danach Selbstmord. Der Tod der Kinder und die folgende ideologische Kehrtwende Sues, die zuvor die Institution der Ehe grundsätzlich ablehnte, nun aber befürwortet, besiegeln einen Untergang, der im Rahmen des pessimistisch-fatalistischen Weltbilds unabwendbar erscheint. Die Institution der Familie wird in HARDYS späten negativen Bildungsromanen ebenso unerbittlich demontiert wie in BUTLERS *The Way of All Flesh*.

3 Die Erschließung neuer Wirklichkeitsbereiche im Naturalismus: George Gissing

Naturalismus

Im Naturalismus werden in Bezug auf Inhalt und Form der Werke neue Bereiche erschlossen. Da der Naturalismus in formaler Hinsicht eine konsequente Fortführung des Realismus bildet, wurden Romanciers wie GISSING von Zeitgenossen als *new realists* bezeichnet. Sie verfolgten das Ziel, wirklichkeitsgetreue Fakten in präziser,

---

5 OLIPHANT, „The Anti-Marriage League", zit. nach (KEATING 1989: 190).

möglichst objektiver Manier zu präsentieren. Im Einklang mit herkömmlichen Realismuskonzeptionen wurde großer Wert auf das Alltägliche gelegt. Naturalistische Romanciers erschlossen jedoch dadurch Neuland, dass sie viktorianische Tabus konsequent durchbrachen und zu Entdeckern von Bereichen des englischen Lebens wurden, die zuvor ausgeblendet worden waren. So nimmt die Darstellung der unwürdigen Lebensumstände in Slums sowie von Körperlichkeit und Sexualität großen Raum in ihren Werken ein.

Naturalistische Darstellungsweisen

In ihrem Überblick über Ausprägungen und Merkmale des Naturalismus leiten GREINER und STILZ (1983: 26) den Modus der Darstellung ab aus dem *„Leitgedanke[n], den Schein wissenschaftlicher Objektivität an die Stelle der offenen Auktorialität zu setzen"*. Dabei diente die Photographie als Modell für die Darstellung: *„In ihr glaubte man zu finden: die Treue im Detail, die Unbestechlichkeit und Präzision, und die Verwendung als transportables, repräsentatives, anklagendes Dokument."* (Ebd.) Das Ideal der Objektivität schlägt sich in der detaillierten, emotionslosen Darstellungsweise, dem Zurücktreten des auktorialen Erzählers, der Aufwertung der Figurenperspektiven, der Nachahmung der Figurensprache und einem konsequent kausal verknüpften Handlungsverlauf nieder. Durch welche Merkmale sich naturalistische Romane auszeichnen, verdeutlicht die folgende Matrix:[6]

Merkmale des Naturalistischen Romans	
Erzählsituation	Zurücktreten des Erzählers, Geschehen wird oft aus der Perspektive von Figuren geschildert
Sprache	figuren- und situationsadäquate Sprache, kaum Wertungen oder Sprachbilder des Erzählers
Plot des Verfalls	soziale und biologische Gegebenheiten determinieren den Handlungsverlauf
Schlussgebung	Verzicht auf das *happy ending*
Figuren	Dominanz von Figuren aus den unteren Schichten bzw. von gesellschaftlichen Außenseitern
Themen	Alltag insbesondere der unteren Schichten, kompromisslose Darstellung von sozialen Missständen und Durchbrechung von Tabus
Zeit	dominanter Gegenwartsbezug, chronologische Erzählweise
Raum	präzise Raumdarstellung von meist englischen Schauplätzen; v. a. Großstadtmilieu und Slums

---

6 Diese Matrix beruht auf der Darstellung von GREINER & STILZ (1983: bes. S. 23–28).

Determinismus und Degeneration	Im Unterschied zu realistischen Romanen wird im Naturalismus Theorien über den genetisch bedingten physischen und moralischen Verfall von Individuen große Bedeutung zugemessen. Im Einklang mit Vertretern der Eugenik nahm man an, dass Eigenschaften, aber auch Widerstandskräfte gegen physische oder psychische Krankheiten sowie die Neigung zu Kriminalität oder Prostitution erblich seien. Degeneration war daher „not the effect, but the cause of crime, poverty, disease".[7] Gemäß solcher Theorien, die in England auch von Schülern DARWINs weiterentwickelt wurden, schilderten die Handlungsverläufe naturalistischer Romane einen sich folgerichtig und notwendig vollziehenden Niedergang vieler Figuren. In englischen Werken, die nach den 1880er Jahren veröffentlicht wurden, ist aber weniger die Annahme von biologisch vererbten Schwächen maßgeblich als der determinierende Einfluss der Umwelt, der sich bei den unteren Schichten in einem vermeintlich unentrinnbaren Zirkel von Entbehrung, Gewalt und physischer wie moralischer Degenerierung bemerkbar macht.
Wirkungsintentionen	Die um Objektivität bemühte Darstellung bislang tabuisierter oder vernachlässigter Wirklichkeitsbereiche stand im englischen Naturalismus häufig im Dienst eines sozialkritischen Engagements. Die nüchterne Schilderung einer ‚slice of life' sollte Leser aufrütteln und sie zur ernsthaften Auseinandersetzung mit Missständen bewegen. Ähnlich wie sozial engagierte Journalisten, deren Berufsbild in dieser Zeit geprägt wurde, wollten Romanciers auf Fakten aufmerksam machen, die Öffentlichkeit schockieren und provozieren.
Englische Reaktionen auf naturalistische Werke	Blickt man auf die Reaktionen, die naturalistische Werke in England hervorriefen, so kann man den Autoren nur bescheinigen, ihr Ziel der Aufrüttelung des Publikums voll und ganz erreicht zu haben. Hervorstechende Merkmale vieler öffentlicher Äußerungen aus den 1880er Jahren sind die verzerrte Wiedergabe naturalistischer Grundannahmen und die pauschale Verdammung der ‚verderblichen', ‚schädlichen' und ‚perversen' Romane. Dabei mischten sich konservative Bemühungen um die Aufrechterhaltung viktorianischer Normen mit nationalistischen Gefühlen; immer wieder wurde darauf verwiesen, dass die verabscheuungswürdigen Neuerungen aus Frankreich kämen und ÉMILE ZOLA (1840–1902) der Hauptübeltäter sei. Die 1885 gegründete *National Vigilance Association*, die sich zum Ziel gesetzt hatte, die Moral der Bürger zu schützen, erreichte 1889 in einem aufsehenerregenden Schauprozess die Verurteilung des Verlegers der englischen Übersetzungen ZOLAs. Aber auch englische Autoren, die sich

---

[7] DAVID TROTTER, „The Avoidance of Naturalism: Gissing, Moore, Grand, Bennett, and Others." In: RICHETTI (1994: 608–630, S. 610).

naturalistische Grundsätze zu eigen machten, wurden scharf kritisiert und hatten große Schwierigkeiten, ihre Werke ohne allzu große Änderungen zu veröffentlichen.

Neue Inhalte

Was viele Zeitgenossen gegen den Naturalismus aufbrachte, war v. a. die unverblümte Darstellung der physischen Realitäten des Lebens. Seit den 1880er Jahren wendete sich eine Reihe von Autoren gegen die engen Beschränkungen der von ‚Mrs Grundy' erlaubten Inhalte: Die mögliche Wirkung der Lektüre auf junge Mädchen dürfe nicht der alleinige Maßstab für Literatur sein, vielmehr müssten auch Romane für Erwachsene geschrieben werden können. So weit wie ZOLA, der auch vor der detaillierten und genauen Beschreibung von Sexualität nicht Halt machte, gingen die englischen Romanciers jedoch nicht. Obgleich die Werke ZOLAS großen Einfluss ausübten, warnten englische Autoren vor einer ungehemmten Darstellung aller Themen. Romanciers sollten sich zwar nicht scheuen, unangenehme, allzu oft verdrängte Aspekte der Wirklichkeit aufrichtig darzustellen und Konventionen wie das *happy ending* in den Wind zu schlagen, aber sie sollten sich dennoch selbst Grenzen auferlegen.

Ein englischer Naturalismus?

Nicht nur die selbstauferlegte Zurückhaltung unterscheidet englische Romanciers von frühen französischen Naturalisten. Darüber hinaus bestritt etwa GISSING die Möglichkeit, ‚die Wahrheit' objektiv darstellen zu können. Bei aller Wissenschaftlichkeit wurden in vielen englischen Romanen auch persönliche Erlebnisse verarbeitet. Da solche Werke Leser zur Einfühlung veranlassten und in der besten moralischen Realismustradition standen, war lange umstritten, ob es in England überhaupt einen Naturalismus gab. In der englischsprachigen Literaturwissenschaft wird der Begriff auch heute noch oft vermieden, häufig findet sich statt dessen die Bezeichnung *documentary novel* oder einfach ‚realistischer Roman'.

Hauptvertreter

Naturalistische Tendenzen finden sich v. a. in der Literatur zwischen 1880 und 1920, in den Romanen von GEORGE MOORE und GEORGE GISSING. FRIEDRICH ENGELS schätzte darüber hinaus die naturalistischen Romane von MARGARET HARKNESS (1854–?), die unter dem Pseudonym JOHN LAW sozialistisch geprägte Werke über die unteren Schichten veröffentlichte, so etwa *A City Girl* (1887), *Out of Work* (1888), *In Darkest London* (1890), *A Manchester Shirtmaker* (1890). Vom Naturalismus beeinflusst wurden auch THOMAS HARDY und ARNOLD BENNETT, dessen wichtigste Romane jedoch ins 20. Jh. fallen.

Slum fiction

Naturalistische *slum fiction* übernahm den vom Verfall geprägten Handlungsverlauf, sah die Ursachen der Degenerierung aber weniger in der Vererbung als in der Umwelt der Protagonisten. GIS-

SINGS *Demos* (1886) und WILLIAM SOMERSET MAUGHAMS (1874–1965) *Liza of Lambeth* (1897) „*concern women whose lives follow a similar pattern: courtship, and a glimpse of freedom, then marriage, marital violence, abandonment, and finally prostitution or death. These heroines are not degenerate. They are spirited women who have the vitality beaten out of them*".[8] Auch ARTHUR MORRISONS *Tales of Mean Streets* (1894) sowie *A Child of the Jago* (1896) und SOMERSET MAUGHAMS *Mrs. Craddock* (1902) werden zum Naturalismus gezählt. Obgleich die Lebensumstände der unteren Schichten ein bevorzugtes Thema naturalistischer Romane bildeten, gab es seit den 1880er Jahren eine ganze Reihe von Autoren, die sich in traditioneller Weise mit den *working classes* auseinander setzte. WALTER BESANTS (1836–1901) populäre Romane *All Sorts and Conditions of Men: An Impossible Story* (1882) und *Children of Gideon* (1886) verdeutlichen daher, dass sich der Naturalismus auch in diesem Bereich nie vollständig in England etablieren konnte.

George Moore

Die deutlichsten Spuren des französischen Naturalismus zeigen die frühen Werke des Iren GEORGE MOORE (1852–1933), der zeitweise in Paris lebte und mit *Esther Waters* (1894) seinen größten Erfolg errang. Nach seinem ersten Werk, *A Modern Lover* (1883), verfasste MOORE mit *A Mummer's Wife* (1885) den ‚naturalistischsten' englischsprachigen Roman. Im Mittelpunkt der Handlung steht die Degenerierung der Protagonistin Kate Ede, die ihren physisch abstoßenden Ehemann aufgrund einer Affäre mit dem fahrenden Schauspieler Dick Lennox verlässt und dem Alkoholismus verfällt. MOORE erspart dem Leser keine abstoßenden Details; die Leiden Kates bei der Geburt ihres unehelichen Kindes werden ebenso drastisch beschrieben wie die Folgen ihres Alkoholkonsums und schließlich sogar ihr Tod.

George Gissing

Der wichtigste englische Vertreter des Naturalismus ist GEORGE GISSING (1857–1903), dessen Romane so gut recherchiert waren, dass sogar Reformer wie CHARLES BOOTH auf sie zurückgriffen, um sich über das Leben der unteren Schichten zu informieren. Obgleich GISSING in seinen frühen Romanen die hoffnungslose und entwürdigende Situation der unteren Schichten schonungslos schildert, geht er in seiner Darstellung physischer Details nicht so weit wie MOORE. Ähnlich wie ZOLA nahm sich GISSING häufig ein bestimmtes Thema vor, das oft bereits im Titel genannt wird: *Workers in the Dawn* (1880), *The Unclassed* (1884) und *The Nether World* (1889) befassen sich ebenso wie seine anderen frühen Romane v. a. mit der ausweglosen Situation der unteren Schichten, mit der „*animality of the poor, doomed to be yoked in repetitive labour (where it is available), to endure sordid living conditions, and to*

---

[8] TROTTER, „The Avoidance of Naturalism." In: RICHETTI (1994: 614).

escape only through drunkenness, madness, or death" (WHEELER 1985: 171). Mit *The Emancipated* (1890) beginnt insofern eine neue Phase in GISSINGS Werk, als er sich nun mit der geistigen Verarmung der mittleren Schichten auseinander setzt. Schon an Titeln von Romanen wie *The Odd Women* (1893) und *Born in Exile* (1892) wird jedoch deutlich, dass Menschen außerhalb der Zentren der Macht, v. a. Außenseiter und Randfiguren, weiterhin im Mittelpunkt von GISSINGS Interesse stehen.

New Grub Street

Das Thema von GISSINGS bestem Roman, *New Grub Street* (1891), ist der spätviktorianische Literaturmarkt. Wie in vielen Romanen GISSINGS spielen junge, gebildete und mittellose Männer auch in diesem Werk eine große Rolle, wobei es hier v. a. um die Auswirkungen des von Zynismus und Materialismus geprägten Literatursystems auf begabte junge Autoren geht. Der Protagonist Edwin Reardon fällt dem System, in dem Aufrichtigkeit, der Glaube an den Wert von Literatur und ernsthaftes Engagement eher hinderlich sind, ebenso zum Opfer wie sein Freund Harold Biffen, der an einem naturalistischen Roman schreibt. Während Harold Selbstmord begeht und auch der Romancier Edward aufgrund seiner Integrität verarmt, von seiner Frau verlassen wird, physisch verfällt und stirbt, kann der pragmatische und opportunistische Jasper Milvain, der als Kritiker das schreibt, was gerade verlangt wird, reüssieren. Literatur ist in GISSINGS Roman zur Massenware geworden, und Autoren, die sich den Marktgesetzen und dem Willen einflussreicher Magnaten widersetzen, gehen zwangsläufig zugrunde.

Gissings ‚odd women'

Ein weiteres Thema der Romane GISSINGS bildet das neue Selbstbewusstsein von Frauen. In *New Grub Street* weigert sich Marian Yule, weiterhin als *ghost writer* für ihren Vater zu fungieren, und Amy Reardon entwickelt sich zu einer emanzipierten Frau. In *The Odd Women* schildert GISSING das Schicksal unverheirateter Frauen sehr einfühlsam. Obgleich seine Romane geradezu als Kompendium unkonventioneller sexueller Beziehungen gelten können, gibt es keine glücklichen Ehen in ihnen, und die Kluft zwischen Menschen wird ebenso wenig überbrückt wie die Diskrepanz zwischen Gesellschaft und Individuum. Wie schon VIRGINIA WOOLF in einem Essay bemerkte: *„The Novels of Gissing are very sad."*

4 Die *New Woman Fiction*: Sarah Grand und George Egerton

Die *New Woman*

Die Veränderungen der rechtlichen und sozialen Position von Frauen, das breitere Bildungsangebot und die neuen Berufsmöglichkeiten (u. a. als Angestellte und Sekretärin) gingen einher mit einem neuen Selbstbewusstsein vieler junger Frauen. Die als *New Woman* bezeichnete emanzipierte Frau forderte die Gleichstellung der Geschlechter sowie das Recht auf Selbstverwirklichung; häufig trat sie auch für das Wahlrecht von Frauen ein. Die *New Woman* bewährte sich oft in traditionell männlichen Bereichen wie Wissenschaft, Sport und Beruf, trug ‚rational dresses' und zeigte ihre neue Bewegungsfreiheit beim Tennis und beim Fahrrad fahren.

Reaktionen auf die *New Woman*

An männlichen wie weiblichen Kritikern dieser jungen Frauen fehlte es nicht: Besondere Empörung riefen ihre vermeintliche Vergnügungssucht, die oft durch ihr Rauchen von Zigaretten versinnbildlicht wurde, und ein gern gerügter Egoismus hervor. Während die Erweiterung der Bildungs- und Berufsmöglichkeiten sowie der größere Bewegungsspielraum von Frauen eine gute Presse hatten, stieß die Forderung nach mehr Freiheiten in sexueller Hinsicht und nach einer Neuordnung der Familie auf herbe Kritik. Da Frauen als Hüter der Moral galten, sahen viele in der *New Woman* eine große Gefahr für den Bestand der viktorianischen Kultur. Dementsprechend geizte man nicht mit pauschalen Verurteilungen der Romanciers, die sich für die radikaleren Forderungen dieser Frauen einsetzten.

***New Woman* novelists**

Ebenso wie die Ränge der Kritiker wurden auch die der Romanciers gleichermaßen von Frauen wie von Männern gefüllt. Zu den *New Woman novelists* zählte man die Autorinnen SARAH GRAND, GEORGE EGERTON, EMMA BROOKE, IOTA, MONA CAIRD und MÉNIE MURIEL DOWIE. Aber auch Männer wie GRANT ALLEN, dessen Werk *The Woman Who Did* (1895) vermutlich der bekannteste und extremste Roman der *New Woman fiction* war, FRANK FRANKFORT MOORE und WILLIAM BARRY werden als *New Woman novelists* eingestuft. Großen Einfluss auf diese Romanciers übten die Werke von GISSING und besonders HARDYS *Tess of the D'Urbervilles* aus.

Sexualität als Thema

Anzeichen für eine neue Sicht der sexuellen Beziehungen zwischen den Geschlechtern waren die Debatte um die Geburtenkontrolle und einige populäre Publikationen, die Sexualität als legitimes und begrüßenswertes menschliches Bedürfnis einstuften. Die *New Woman novelists* gestanden ihren Frauenfiguren erstmals im viktorianischen Roman sexuelle Gefühle zu; mehr noch, sie verliehen ihrer Ablehnung von konventioneller Moral und

Autorität durch ihre provozierende Darstellung von Sexualität Ausdruck: *„Like the decadent, the heroine of the New Woman fiction expressed her quarrel with Victorian culture chiefly through sexual means – by heightening sexual consciousness, candor, and expressiveness."* (DOWLING 1979: 441) Jessamine Halliday in EMMA BROOKES A *Superfluous Woman* (1894) fühlt sich etwa sexuell zu dem kräftigen Bauernsohn Colin Macgillvray hingezogen und versucht sogar, ihn zu verführen.

Gleichheit in sexuellen Beziehungen

Die Forderung nach sexueller Gleichheit äußerte sich u. a. in einer Ablehnung des *double standard*, demzufolge Männern Affären vor der Ehe zugestanden wurden, Frauen aber nicht. Weit über die Grenzen des damals – auch von Feministinnen – Akzeptierbaren hinaus ging die Trennung zwischen Ehe und Sexualität, die in einigen Romanen propagiert wurde. In ALLENS *The Woman Who Did* ist die Protagonistin Herminia völlig entsetzt, als sie erfährt, dass ihr Geliebter sie heiraten möchte, bevor er eine sexuelle Beziehung mit ihr eingeht, denn Ehe ist für sie nur eine Form von Sklaverei. Großen Eindruck auf Kritiker machte auch die Tatsache, dass in vielen der Romane Frauen die Initiative ergreifen und Männern von ihren Gefühlen berichten; in MÉNIE MURIEL DOWIES *Gallia* (1895) ist es die Protagonistin, die ihrem Geliebten einen Heiratsantrag macht.

Naturalismus in der New Woman fiction

Schon aufgrund der relativ freizügigen Darstellung sexueller Gefühle wurden die *New Woman novels* mit der ‚verderblichen' Literatur ZOLAS in Verbindung gebracht. Außerdem kennzeichnet eine deterministische Handlungsführung viele der Romane; in CAIRDS *The Daughters of Danaus* (1894) sind die begabten schottischen Schwestern Algitha und Hadria aufgrund der sozialen Normen bzw. ihrer Mutterschaft dazu verdammt, ihre persönlichen und beruflichen Wünsche aufzugeben. Auch die große Bedeutung der Degeneration rückt viele der Romane in die Nähe des Naturalismus. Gallia etwa sucht sich den Vater ihres Kindes nach eugenischen Kriterien aus, und in SARAH GRANDS erstem Roman *Ideala* (1888) betont die Protagonistin, dass die Zukunft der englischen Rasse von deren Gesundheit und Moral abhänge. Jessamine Halliday muss sogar erkennen, dass sie eine schreckliche Entscheidung traf, als sie den degenerierten Lord Heriot dem gesunden Bauernsohn vorzog: Kurz vor ihrem Tod muss sie zusehen, wie ihre geistig zurückgebliebene Tochter ihren physisch deformierten Bruder tötet.

Sarah Grand: The Heavenly Twins

SARAH GRANDS dritter Roman, *The Heavenly Twins* (1893), machte die Autorin, die mit bürgerlichem Namen FRANCES MCFALL (1854–1943) hieß, zu einer Berühmtheit. Die wichtigsten Themen dieses *threedeckers* – v. a. Kritik am *double standard* und die Vertauschung der Geschlechterrollen – werden in drei lose verknüpften Handlungssträngen erörtert. Die Umkehrung der Geschlechtsstereotypen steht im Mittelpunkt der Darstellung der *heavenly twins* Angelica und Diavolo: Angelica ist nicht nur älter, größer, stärker und dominanter als ihr Bruder, sondern nimmt zeitweise dessen Identität an, um ein freies Leben als Mann führen zu können. Im Gegensatz zu diesem Handlungsstrang, dessen Experimente mit dem *point of view* auf die Moderne vorausweisen, sind die beiden anderen *subplots* von der Degenerationsthematik geprägt. In ihnen heiraten zwei gegensätzliche Frauenfiguren, die konventionelle, passive Edith Beale und die fortschrittliche Evadne Frayling, zwei Offiziere, die durch die Syphilis physisch degeneriert sind. Der Ausgang der Geschichte entspricht dem naturalistischen Handlungsverlauf: Edith stirbt nach der Geburt eines deformierten Kindes, und Evadne, die ihren verkommenen Ehemann nicht retten konnte, wird auch von ihrem zweiten Mann, dem engagierten Doktor Galbraith, nicht geheilt. Das Schicksal beider Frauen demonstriert die Unerbittlichkeit des Verfalls und bildet eine Anklage gegen die nonchalante viktorianische Haltung gegenüber männlichen ‚Kavaliersdelikten'.

Sarah Grand: The Beth Book

GRANDs autobiographischer Roman *The Beth Book* (1897) bildet insofern eine Ausnahme unter den *New Woman novels*, als die Protagonistin Eizabeth Caldwell Maclure kein unglückliches Ende nimmt. Während die Heldinnen anderer Romane zwar gegen Ungerechtigkeiten ankämpfen und ein unkonventionelles Leben führen, am Ende aber meist bitter enttäuscht werden oder sogar Selbstmord begehen, wird Beth nach einer unglücklichen Kindheit und einer gescheiterten ersten Ehe mit einem verständnisvollen Ehemann und Erfolg belohnt. Die politisch aktive Feministin GRAND, die später ein sehr ehrbares Leben führte, gesteht ihrer Protagonistin Unabhängigkeit, Mut und eine Karriere zu. *The Beth Book* zeigt daher die Möglichkeiten auf, die sich emanzipierten Frauen eröffnen und die den Kampf gegen die Konventionen zu einer lohnenden Angelegenheit werden lassen.

George Egerton

Das Werk von MARY CHAVELITA DUNNE (1859–1945), die unter dem Pseudonym GEORGE EGERTON veröffentlichte, umfasst zwar auch den Roman *The Wheel of God* (1898), im Rahmen der *New Woman fiction* sind jedoch v. a. ihre innovativen Kurzgeschichten von Interesse. In ihnen schilderte EGERTON die Sexualität von Frauen in einer bislang unbekannt offenen Weise und scheute nicht einmal vor der Darstellung von Prostitution und Promiskuität zurück. Besonders ihre beiden ersten Sammlungen von Kurzgeschichten, *Keynotes* (1893) und *Discords* (1894), schildern die Bedürfnisse, Ängste und Stärken von Frauen unter Missachtung konventioneller Moralvorstellungen. Ungewöhnlich ist v. a.

EGERTONS Verbindung von naturalistischen mit impressionistischen Schreibweisen; sie integrierte lyrische und allegorische Schreibweisen mit *„phantastischen, oft irreal-pastoralen Bildern"* (SCHABERT 1997: 605).

Wirkung der New Woman novels

Die Popularität der Bücher von EGERTON, ALLEN und GRAND bestätigt ebenso wie die vielen fiktionalen Auseinandersetzungen mit *new women* in den Werken konservativer Autoren, dass die Thesen dieser Romanciers höchst brisant waren. Ein bleibendes Verdienst der *New Woman novelists* liegt darin, dass sie die englische Erzählliteratur um eine Reihe innovativer Figuren und Themen bereicherten: *„the unmarried mother who is content to remain unmarried; the single woman whose lack of marital status does not condemn her to celibacy; the married couple who make a conscious decision not to have children or decide not to marry at all but live in a 'free union'; the woman, married or single, who dislikes babies; the right of a woman to make a sexual advance or proposal of marriage; the feelings of sexual disgust experienced by some women sold on the marriage market"* (KEATING 1989: 195f.). Obgleich die Ernsthaftigkeit, mit der die *New Woman novelists* ihre Themen erörtern, die Lektüre nicht immer zu einem Vergnügen macht, haben ihre Romane Wirklichkeitsentwürfe und Lebensformen zur Diskussion gestellt, die in der Literatur des 20. Jh.s einen wichtigen Platz einnehmen.

5 Populäre Romanzen und ein Wiederaufleben der *Gothic Novel*: Marie Corelli und Bram Stoker

Popularität von Romanzen

Neben ernsthafter Literatur mit didaktischem Anspruch erfreuten sich Romanzen aller Art, von Abenteuergeschichten bis zu Anfängen von Science Fiction, großer Beliebtheit. Dieser Aufschwung von Romanzen ging mit einer erhöhten literarischen Wertschätzung dieser Gattung einher, deren Vorzüge etwa von renommierten Literaturkritikern wie ANDREW LANG hervorgehoben wurden. Einige Autoren erachteten solche Romanzen als ‚gesunden' Ausgleich gegenüber den vermeintlich degenerierten Formen ‚hoher' Literatur.

Marie Corelli

Besonders großen Erfolg hatten die Romanzen von MARY MACKAY (1855–1924), einer illegitimen Tochter von CHARLES MACKAY und MARY MILLS, die unter dem Künstlernamen MARIE CORELLI berühmt wurde. Besonders die frühen Werke CORELLIS wurden von Persönlichkeiten wie dem Premierminister WILLIAM E. GLADSTONE, Königin VIKTORIA und OSCAR WILDE geschätzt; dass ihre Romane von Rezensenten durchgängig äußerst negativ besprochen wurden, tat den Verkaufszahlen ihrer Bücher keinen Abbruch.

Veränderungen der Publikationsweisen

Die für damalige Verhältnisse immens hohen Verkaufszahlen von CORELLIS Romanzen wurden durch Veränderungen der Publikationsgewohnheiten ermöglicht. Seit 1895 erschienen Romane nicht mehr zunächst in einer teuren *threedecker*-Ausgabe, deren wichtigste Käufer die Leihbibliotheken waren. Vielmehr ging man dazu über, Neuerscheinungen sofort in relativ preiswerten einbändigen Ausgaben zu veröffentlichen; diese konnten zwar weiterhin auch ausgeliehen werden, aber die niedrigen Preise ermöglichten einem breiten Publikum aus den mittleren Schichten den Kauf von Romanen. Dies wirkte sich insofern auf den Buchmarkt aus, als Autoren, die nur einen kleinen Leserkreis ansprachen, nun nicht mehr vom System der Leihbibliotheken profitieren konnten; im Gegensatz dazu konnten Autoren, die sich großer Popularität erfreuten, nun ungeahnte Einnahmen verzeichnen. Von diesen Änderungen profitierte zunächst besonders MARIE CORELLI, von deren Werken zu ihren besten Zeiten etwa 100 000 Stück pro Jahr verkauft wurden.

A Romance of Two Worlds

CORELLIS erster Roman, *A Romance of Two Worlds* (1886), erfreute sich trotz herber Kritik von Rezensenten großer Beliebtheit bei Lesern. Obgleich dieser handlungsarme Roman ähnlich wie die *silver-fork novels* in den Kreisen der oberen Zehntausend spielt, und ungewöhnliche Namen wie Prince Ivan, Zara Casimir und Rafaello Cellini der Exotik der Interieurs entsprechen, verfolgt dieser Roman ein moralisches Ziel: die ‚Widerlegung' von religiösem Zweifel mit Hilfe der esoterischen Theorie der ‚*human electricity*'. Die anfangs skeptische, depressive und kränkelnde Ich-Erzählerin wird von einem ‚*physical electrician*', dem mysteriösen Arzt Heliobas, durch die Kräfte der vermeintlich in jeder Person angelegten Elektrizität geheilt, die ihr sogar zu übersinnlichen Erfahrungen verhilft: In Analogie zur Telegrafie ermöglicht die menschliche Elektrizität der Ich-Erzählerin die Kommunikation mit anderen Welten, durch die sie viele wundersame und erbauliche Dinge erfährt, u. a. „*that not one smallest world in all the myriad systems circling before thee holds a single human creature who doubts his Maker. Not one! except thine own doomed star!*" (10)

Bestseller des 19. Jh.s: *The Sorrows of Satan*

In dem größten Verkaufserfolg des 19. Jh.s, *The Sorrows of Satan; or The Strange Experience of one Geoffrey Tempest, Millionaire* (1895), griff CORELLI auf die bewährte Mischung von sensationellen Handlungselementen und konservativer Moral zurück, die sich in einer Spannung zwischen dem erlebenden und erzählenden Ich spiegelt: Der geläuterte Schriftsteller Geoffrey Tempest erzählt aus der Rückschau, wie er vom Teufel in der Gestalt des eleganten, attraktiven Prinzen Lucio Rimanez durch unermessliche Reichtümer und exklusive Vergnügungen verführt, dann aber auf mysteriöse Weise gerettet wurde. Die von vielen moralischen Kommentaren durchsetzte Erzählung, die das in vielen Romanen des *Fin de siècle* verarbeitete Doppelgängermotiv bzw. die Gespaltenheit menschlicher Psyche verdeutlicht, geizt nicht mit Kritik an verschiedenen Formen kulturellen Wandels, die sich u. a. gegen die Korruption der Rezensenten und die Gesetze des Literaturvertriebs richtet. Neben Kirche, Politik, Atheismus, Materialismus, lockerer Moral und der Aufweichung der Grenzen zwischen den sozialen Schichten bildet die *New Woman* eine beliebte Zielscheibe der Kritik: „'there are a number of females clamouring like unnatural hens in a barnyard about their 'rights' and 'wrongs.' Their greatest right, their highest privilege, is to guide and guard the souls of men.'" (33) Frauen sind auch deshalb schuldig am Verfall der Gesellschaft, weil sie sich nicht um die Erziehung der Kinder kümmern und *New Woman novels* lesen, die, wie das Beispiel der schönen und am Ende geradlinig zur Hölle fahrenden Lady Sibyl verdeutlicht, Leserinnen korrumpieren. *The Sorrows of Satan* ist ein ansprechend geschriebenes Manifest viktorianischer Moralvorstellungen in einer im Umbruch begriffenen Epoche.

Bram Stoker und Marie Corelli

Abgesehen von einigen Angriffen auf die *New Woman*, dem Beharren auf dem konventionellen Weiblichkeitsideal und dem Überschreiten der durch Naturgesetze gegebenen Grenzen haben BRAM STOKERS Werke nicht viel mit den Romanzen CORELLIS gemein. Dennoch reagierten die Werke beider Autoren auf zeitgenössische Phänomene, v. a. auf die vermeintliche Degeneration britischer Sitten und Eigenschaften sowie auf den Verlust religiöser Gewissheit, der Freiräume für die Beschäftigung mit neuen, mythischen Formen des Bösen schuf.

Vampirromane: *Dracula*

Der ausgereifteste, populärste und einflussreichste englischsprachige Vampir-Roman des 19. Jh.s wurde von dem Iren BRAM STOKER (eigentlich ABRAHAM STOKER, 1847–1912) verfasst. Die Vorstellungen der üblen Machenschaften von Vampiren stellten bereits seit JOHN POLIDORIS *The Vampyre* (1819) einen Bestandteil von Schauerromanen dar, und einen ersten Höhepunkt verzeichnete dieses Subgenre schon mit der grauenerregenden Darstellung eines lesbischen Vampirs in *Carmilla* (1872), einem Roman des Iren SHERIDAN LE FANU. Seine klassische, häufig dramatisierte und verfilmte Form erreichte der Vampirroman aber erst mit *Dracula* (1897), in dem viele Merkmale des späten Schauerromans (übernatürliche grauenerregende Vorkommnisse, ein geheimnisvolles Schloss, ein monsterähnlicher Schurke, der einige beunruhigende Gemeinsamkeiten mit dem ihn bekämpfenden guten Engländer hat) mit Mythen über Vampire und Legenden um einen mittelalterlichen rumänischen Prinzen vermischt werden. Formal weist der Roman Ähnlichkeiten mit WILKIE COLLINS' *The Moonstone* auf; auch *Dracula* besteht aus einer Ansammlung unterschiedlicher

Berichte (Auszügen aus Tagebüchern, Briefen, Notizen, sogar aus einem Logbuch), die unmittelbar nach den jeweiligen Vorfällen von Personen verfasst wurden, die sich über die Tragweite des Geschilderten nicht immer im Klaren waren.

Interpretationsansätze zu *Dracula*	Da der Erfolg von *Dracula* zu belegen scheint, dass tiefe, unbewusste Ängste aktiviert werden, haben viele Interpretationen dieses Romans einen psychoanalytischen Ausgangspunkt. Unlängst ist aber auch betont worden, dass *Dracula* im Kontext der Befürchtungen über den Verfall des Britischen Empire und die Kolonisierung Englands durch rohe, primitive Gewalten zu sehen ist, denen die rationalen, kultivierten Briten fast wehrlos gegenüberstanden (vgl. ARATA 1996: 116).

6 Viktorianische Utopien: Edward Bulwer-Lytton, William Morris, Samuel Butler und H. G. Wells

Zeitkritik, Bedeutung der Evolutionstheorie und Gattungsmerkmale	Solche Befürchtungen über mögliche Schwächen und die Degenerierung der britischen Kultur speisen auch eine Reihe von viktorianischen Utopien, die *„forecasts of a future generated either by catastrophe or evolution"*[9] darstellen. Von anderen Subgattungen unterscheiden sich Utopien durch die implizite Zeitkritik, den politischen und ethischen Anspruch sowie durch die Darstellung einer alternativen Welt bzw. soziopolitischen Struktur, die sich von der viktorianischen Gegenwart signifikant unterscheidet. Die Veröffentlichung von DARWINS Evolutionstheorie war insofern von großer Bedeutung für spätviktorianische Utopien, als seine bahnbrechende Schrift ganz neue Perspektiven für die Reflexion über die Zukunft der Gesellschaft eröffnete. Dementsprechend wurden Utopien nun weniger in einem unbestimmten Raum (U-topos = ein Nicht-Ort; Nirgendwo) als in einer fernen Zukunft angesiedelt. In der folgenden Matrix sind die wichtigsten Gattungsmerkmale viktorianischer Utopien stichwortartig genannt.

Merkmale Viktorianischer Utopien	
Genrekonventionen	Struktur des Reise- und Abenteuerromans, Integration von Elementen des Schauerromans und von *fantasies*
Erzählsituation	Ich-Erzähler berichtet über die eigenen Erlebnisse in einer fremden Welt, die er häufig allein kennen gelernt hat
Handlungsstruktur	Dreischritt (1) Reise zur und Ankunft in der utopischen Welt, (2) Erkundung von deren Besonderheiten und (3) Abreise bzw. Flucht

---

JOHN GOODE, „Writing Beyond the End." In: STOKES (1992: 14–36, S. 16).

Wirklichkeitsbezug	viele heteroreferentielle Bezüge; präzise Beschreibungen von Raum, Sitten und Figuren
Figurenkonstellation	Spannung zwischen Außenseiter (Ich-Erzähler) und konformistischer Mehrheit; dominant ‚flat characters'
stock characters	utopischer Reisender, utopische Geliebte, utopischer Führer
Dialoge	Ich-Erzähler fungiert als protatische Figur; große Bedeutung von aufklärenden Gesprächen über die utopische Welt
Zeit	darwinistischen Kriterien zufolge fortgeschrittene Entwicklungsstufe der Figuren; häufig Zukunft
Raum	räumliche (meist auch zeitliche) Isolation der utopischen Welt
Zeitkritik	implizite Kritik an viktorianischen Zuständen durch den Gegensatz zwischen 19. Jh. und einer alternativen Welt
bedeutende Themen	soziale und geschlechtsspezifische Ungleichheit, der Wert von Maschinen und die Gefahr der völligen Abhängigkeit von immer unverständlicherer Technologie
Didaktische Ausrichtung	Entwurf einer alternativen soziopolitischen Welt als Modell, Satire oder Warnung

Bulwer-Lytton, *The Coming Race* Das letzte, von den Kritikern hochgelobte und gleichzeitig sehr populäre Werk von BULWER-LYTTON, *The Coming Race* (1871), steht in der Tradition der Utopie, weist aber zugleich auf Science Fiction voraus. In diesem Roman gelangt der Ich-Erzähler über einen Spalt in einem Bergwerk in eine unterirdische Welt mit einer sehr hoch entwickelten Zivilisation, die vor Jahrtausenden auf dem Stand der Menschen war, sich aber in der Isolation der Unterwelt schneller weiterentwickelte als die überirdisch lebenden Menschen. Die Vril-ya *„contrived to unite and to harmonize into one system nearly all the objects which the various philosophers of the upper world have placed before human hopes as the ideals of a Utopian future"* (26). Diese hochintelligenten Wesen, deren Alltag von Robotern, Flugzeugen, laser-ähnlichen Instrumenten u. ä. geprägt ist, führen eine glückliche und friedfertige – wenngleich eher langweilige – Existenz. *The Coming Race* stellt fiktionale Lösungsmöglichkeiten für eine Vielzahl zeitgenössischer Probleme bereit. Im Mittelpunkt der Darstellung stehen Religion, nach deren – sehr einfachen – Maximen die Vril-ya ihr Leben ausrichten, und die völlige Gleichstellung der Frauen, die über größere körperliche und geistige Fähigkeiten verfügen als die Männer.

Samuel Butler: *Erewhon; or, Over the Range*

Auch in der zuerst 1872 erschienenen satirischen Utopie des damals noch unbekannten SAMUEL BUTLER stößt ein namenloser Ich-Erzähler zufällig auf ein weiter entwickeltes Volk, dessen Sitten er detailliert schildert. In *Erewhon* – ein Anagramm zu *nowhere* – trifft der Erzähler allerorts auf Inversionen von allgemein akzeptierter Moralität: Die Erewhonier lernen in ‚Colleges of Unreason', bestrafen Krankheit und Unglück als schwere Verbrechen, und behandeln Kriminalität als Krankheit. BUTLERS Utopie ist deshalb eine mühsame Lektüre, weil die Spannung zwischen dem Ich-Erzähler und den Erewhonians kaum dramatisiert wird und *„eine einheitliche satirische Konzeption einfach fehlt"*.[10]

William Morris: *News from Nowhere*

Die utopische Idylle von WILLIAM MORRIS, einem einflussreichen Künstler, Dichter und politisch aktiven Sozialisten, bildet eine gelungene Synthese von unterschiedlichen Faktoren: von Fortschrittsglauben, der Hinwendung zu einem romantisierten Mittelalter, in dem sich Menschen durch liebevolle Handarbeit eine schöne Umwelt schaffen und ebenso einfach wie glücklich leben, und von sozialistischen Überzeugungen von MORRIS, der die Werke von KARL MARX genau studiert hatte. Das politische und ethische Anliegen des Autors zeigt sich darin, dass die futuristischen Verhältnisse in *News from Nowhere, or an Epoch of Rest, Being Some Chapters from a Utopian Romance* (1890; 1891), in dem sich der Protagonist im 21. Jh. wiederfindet, immer wieder mit dem ‚dunklen' und barbarischen 19. Jh. verglichen werden. Eine ähnlich kritische ‚Rückschau' auf das späte 19. Jh. liefert auch GRANT ALLENS *The British Barbarians* (1895), in dem britisches *self-aggrandizement* aus dem Blickwinkel des 26. Jh.s betrachtet wird.

Morris' fiktionaler Zukunftsentwurf

In MORRIS' Werk, das u. a. von JOHN RUSKINS *The Stones of Venice* (1851–53) beeinflusst wurde, stellen viele Errungenschaften der ‚Zukunft' – v. a. die einfachen Lebens- und Arbeitsweisen sowie die ebenso kunstvollen wie schlichten Bauten und Gebrauchsgegenstände – Rückbesinnungen auf mittelalterliche Verhältnisse dar. Da Maschinen unbefriedigende Tätigkeiten übernehmen, stellt Arbeit – vom die Muskeln stählenden Straßenbau über kunstvolle handwerkliche Tätigkeiten bis zur relativ schlecht angesehenen Wissenschaft – ein hohes Gut dar: *„ALL work is now pleasurable"* (15). Aufgrund des kreativen Charakters der Arbeit dient diese *„der schöpferischen Selbstentfaltung"* (ERZGRÄBER 1980: 78); es gibt keine Rangunterschiede zwischen unterschiedlichen Berufsfeldern. Da Privateigentum MORRIS zufolge die Wurzel allen Übels im 19. Jh. war, haben sich die glücklichen Bewohner des zukünftigen Englands durch die Beseitigung des Geldes aller Probleme entledigt: Sie brauchen keine Gesetze, Gerichte und Regierungen mehr. Wie

---

10 SEEBER (1970: 140). In *Erewhon Revisited* (1901) erhält der Ich-Erzähler den Namen George Higgs.

die Frauen der *Coming Race* sind auch MORRIS' zukünftige Engländerinnen gleichberechtigte Wesen, die ausschließlich emotional begründete, jederzeit lösbare Bindungen zu ihren Ehemännern eingehen.

H. G. Wells: *The Time Machine*

In *The Time Machine: An Invention* (1895) verwendet HERBERT GEORGE WELLS (1866–1946) verschiedene Strategien, um die Glaubwürdigkeit der Reise durch die Zeit zu erhöhen. Zum einen ist die Ich-Erzählung des namenlosen *Time-Traveler* eingerahmt von der Darstellung der skeptischen Reaktionen seiner Zuhörer, die ihm Gelegenheit gibt, Vorbehalten zu begegnen. Zum anderen findet sich schon in diesem Werk, das einen bedeutenden Vorläufer von bekannten Anti-Utopien des 20. Jh.s bildet – v. a. von ALDOUS HUXLEYS *Brave New World* (1932) und GEORGE ORWELLS *Nineteen Eighty-Four* (1948) –, ein metafiktionales Spiel mit Konventionen, durch das frühere Werke kritisiert werden: Der Zeitreisende betont, im Gegensatz zu seinen Vorgängern keinen wohlinformierten und willigen Bewohner der Zukunft gefunden zu haben, der in der Lage sei, einen Abkömmling des 19. Jh.s verständlich über Gesetze und Sitten aufzuklären. Ein Reiz des Werkes liegt daher darin, dass der Zeitreisende über rätselhafte Vorgänge berichtet, über deren Hintergründe und Ursachen er nur spekulieren kann. Gleichzeitig nimmt *The Time Machine* wichtige Bauformen von Science Fiction vorweg: „*technische Innovation, Weltkatastrophe, dystopischer Weltentwurf, mythische Reduktion, Monster, Rätselspannung,* ACTION, *Wissenschaft als Gegenstand und Erzählmethode*" (SEEBER 1999: 321).

Degeneration und Zeitkritik in *The Time Machine*

Ebenso wie EDWARD CARPENTER in dem utopischen Roman *Civilisation: Its Cause and Cure* (1889) greift WELLS in *The Time Machine* auf spätviktorianische Theorien zurück, die Degeneration als logische Konsequenz einer übertriebenen Kultiviertheit auffassten. Obgleich sich die von WELLS beschriebene zukünftige Zivilisation zeitweise einer hohen Blüte erfreute, muss der Zeitreisende zu seiner tiefen Enttäuschung feststellen, dass sich die Bewohner des Jahres 802.701 in ein kindliches Stadium zurückentwickelt haben: „*It is a law of nature we overlook, that intellectual versatility is the compensation for change, danger, and trouble. [...] There is no intelligence where there is no change and no need of change.*" (13) Die Nachkommen der Menschen, so mutmaßt der Erzähler, hätten in einer Phase völliger Sicherheit und Kultiviertheit Intellekt und physische Stärke verloren. Er belässt es jedoch nicht bei seiner Warnung, dass Anzeichen für diesen Zustand schon im 19. Jh. zu finden seien. Auch die gefährliche Spaltung der menschlichen Nachkommen in die Rassen der dekadenten, hübschen, vergnügungssüchtigen und unfähigen Eloi und die diese bedrohenden, barbarischen Morlocks, die unter der Erde ihr kannibalisches Dasein

H. G. Wells: The War of the Worlds

fristen, sieht der Erzähler in der wachsenden Kluft zwischen Arm und Reich des 19. Jh.s angelegt.

Zu Beginn des 20. Jh.s schrieb WELLS eine Reihe von Utopien, in denen eine auf Technologie basierende, funktionierende sozialistische Welt entworfen wird. Sein Roman *The War of the Worlds* (1897; 1898) steht jedoch in einer Tradition von Romanen, die sich seit der Veröffentlichung von Sir GEORGE CHESNEYS *The Battle of Dorking* (1871) einiger Popularität erfreuten. Im Unterschied zu solchen *invasion scare novels*, in denen die Invasion Englands durch europäische Mächte im Vordergrund steht, sind es in WELLS' Roman Marsmenschen, die in England ein grausames, tyrannisches Regime errichten wollen. Diese Wesen vom Mars verfügen zwar über hochtechnisierte, effiziente Waffen, haben aber andererseits auffallende Ähnlichkeiten mit den vermeintlich primitiven ‚Wilden', die von zivilisierten Briten oft gewaltsam unterworfen und in das Empire integriert wurden. In *The War of the Worlds* werden diese Parallelen mehrfach betont: Angesichts der „*ruthless and utter destruction*" indigener Völker könnten sich Engländer nicht beschweren, „*if the Martians warred in the same spirit*" (I, 1). Ähnlich wie das Verhalten der Morlocks illustriert die Invasion der Marsmenschen, dass der grausame Prozess der Kolonialisierung bzw. Ausbeutung umgekehrt und auf brutale Weise gerächt werden könnte.

7 Vom viktorianischen Abenteuerroman zu *Fictions of Empire*: George Alfred Henty, Henry Rider Haggard, Rudyard Kipling, Robert Louis Stevenson und Joseph Conrad

Formen männlicher Romanzen

Spätviktorianische männliche Romanzen zeugen von einer ästhetisch motivierten Abwendung vom realistischen und naturalistischen Roman sowie von einer Zurückweisung von Stoffen der realistischen *domestic fiction*. Die Ablehnung formaler realistischer Konventionen ist von großer Bedeutung für die Romanzen STEVENSONS, deren früherer Ruf als bloße jugendliche Abenteuerromane in der neueren Forschung gründlich revidiert wurde. Die inhaltliche Abkehr von Romanen, die v. a. um häusliche Themen, Umgangsformen und Gefühle kreisten, ging einher mit einer Furcht vor der Degeneration und Verweichlichung der Briten. Die daraus hervorgehenden Romanzen waren gespeist von unterschiedlichen Ängsten: „*anxieties concerning the dissolution of masculine identity, the degeneration of the British 'race,' the moral collapse of imperial ideology, and the decline of the great tradition of English letters.*" (ARATA 1996: 89) Viele Romanzen konzentrieren sich daher auf britische Helden, die sich in fernen Ländern und unter ‚primitiven' Umständen verloren geglaubte ‚männliche' Tugenden zurückerobern.

Ästhetische Verteidigung von Romanzen

ROBERT LOUIS STEVENSON (1850–94) setzte sich v. a. aus ästhetischen Gründen für Romanzen ein. In seinem Essay „A Humble Remonstrance" (1884) betonte er die Unterschiede zwischen Kunst und Realität und hob hervor, dass eine Befolgung von Realismuskonventionen guter Kunst abträglich sei: „*the novel which is a work of art exists [...] by its immeasurable difference from life*" (zit. nach WHEELER 1985: 176). Ebenso wie sein amerikanischer Freund HENRY JAMES wies STEVENSON der Form seiner Werke große Bedeutung zu. Seine Betonung der Einfachheit, der „*significant simplicity*", äußerte sich auch in seiner Nachahmung alter Genres wie Ballade, Epos und Romanze. Die Kürze von Erzähltexten war ihm so wichtig, dass er sich schon 1884 dezidiert gegen *threedeckers* aussprach: Seine Romane und Kurzgeschichten zeichnen sich durch den Verzicht auf *subplots*, lange Beschreibungen und Charakteranalysen aus; oft fehlen auch Frauenfiguren und Liebesgeschichten.

Propaganda für Romanzen: Mittel gegen Degenerierung

Propaganda für Romanzen machten jedoch auch andere Kritiker und Romanciers, denen es mehr um die Inhalte als um die Form ging. ANDREW LANG, HENRY RIDER HAGGARD, HALL CAINE, ARTHUR CONAN DOYLE und GEORGE SAINTSBURY priesen spannende Abenteuergeschichten als Gegenmittel gegen die vermeintliche Degeneration britischer Tugenden und Literatur. Sie befürworteten eine Rückbesinnung auf primitive Formen, um der vermeintlichen ‚Überkultiviertheit' und Verweichlichung entgegenzuwirken, die ihrer Ansicht nach die Zukunft des englischen Volkes und des britischen Empire bedrohten.

Ritterlichkeit, Abenteuer, Männlichkeit

Im Gefolge von *Lorna Doone* und den Werken STEVENSONS erlangten historische Romanzen, die oft eine Fülle von Anleihen bei anderen beliebten Subgenres machten, eine geradezu phänomenale Popularität. Im Mittelpunkt der historischen Romanzen von SIR ARTHUR CONAN DOYLE (1859–1930) – z. B. *Micah Clarke* (1889) oder *The White Company* (1891) – und G. A. HENTY stehen die Heldentaten junger Briten, die sich in gefährlichen Situationen bewähren. Vor dem Hintergrund mittelalterlicher Zustände oder berühmter Kriege werden Männlichkeit, kämpferisches Geschick und Stärke verherrlicht. Durch die Betonung der physischen Qualitäten der Helden verliehen solche Romane dem mitt- und spätviktorianischen Körperkult Ausdruck, der sich etwa in ersten *fitness*-Magazinen und Schönheitswettbewerben äußerte, in denen starke Männer wie EUGEN SANDOW ihre Muskeln zur Schau stellten. Diese Wettbewerbe hatten ein hohes Prestige;

ARTHUR CONAN DOYLE, der v. a. als Autor der Sherlock-Holmes-Kurzgeschichten bekannt ist, stellte sich etwa als Richter zur Verfügung, und eine Büste SANDOWS stand im British Museum (vgl. BUDD 1997: 43, 65).

Die *male quest romance*

Männliche Romanzen entsprachen häufig der klassischen Form einer gefährlichen Reise, die mit einem letzten entscheidenden Kampf und der nachfolgenden Erhöhung des Helden endet, der nach den bestandenen Abenteuern in Ehren nach England zurückkehrt. Solche Romanzen waren für viktorianische Verhältnisse sehr kurz, spielten häufig in einer unbestimmten nahen Vergangenheit und hatten die Abkehr von der viktorianischen Gesellschaft zum Ausgangspunkt. Oft führten sie die Helden mitten in das Herz einer exotischen Kultur, meist nach Afrika. Solche Romanzen bilden gleichzeitig „*allegorized journeys into the self*" (SHOWALTER 1990: 82), in denen die Abenteurer in Konfrontation mit der fremden Umwelt Aufschluss über sich selbst erlangen. Durch die Erfahrungen der oft anti-intellektuellen Protagonisten werden Tugenden wie Ehre, Freundschaft, praktische Erfindungsgabe, Mut und physische Stärke akzentuiert. Die Abenteurer reisen mit männlichen Begleitern, zu denen sie oft ein sehr enges, an homoerotische Beziehungen erinnerndes Verhältnis haben. In solchen wirklichkeitsentrückten Romanzen war es Autoren möglich, Themen zu berühren, die ansonsten Mrs Grundy zum Opfer gefallen wären.

Neuer Imperialismus und Rassismus

In den 1880er Jahren gewann das Empire eine ganz neue Bedeutung für die Briten. Während CHARLES DILKE in dem politischen Werk *Greater Britain* (1868) noch eine baldige Lösung der Kolonien vom Mutterland befürwortet hatte, mehrten sich seit den 1880er Jahren die Stimmen, die für eine aggressive Außenpolitik eintraten und das Empire als ein hohes Gut stilisierten, für das es zu kämpfen lohnte. Gleichzeitig trug eine Reihe von Pseudo-Wissenschaften wie die Phrenologie, die von der Schädelform auf Charaktereigenschaften schloss, zu einer Förderung und Bestärkung rassistischer Vorurteile bei. Auch der Sozialdarwinismus und frühe anthropologische Ansichten bestätigten die verbreitete Auffassung, dass ‚zivilisierte' Gesellschaften ‚fortschrittlich' und ‚besser' seien, während sich ‚primitive Stämme' auf einer früheren Entwicklungsstufe befänden. Immer wieder wurden die Einwohner Afrikas, der Südsee-Inseln, Amerikas und Indiens als Kinder dargestellt, denen wohlmeinende Europäer zur Zivilisation verhelfen müssten.

Abenteuergeschichten erfreuten sich schon seit den 1830er Jahren und den Veröffentlichungen von Captain MARRYAT großer Beliebtheit. Dessen Romane beschrieben Abenteuer auf See in einer sehr

Tradition der Abenteuergeschichten

attraktiven Weise; sie wurden von viktorianischen Lesern verschlungen, und selbst JOSEPH CONRAD war als Jugendlicher gebannt von den Werken MARRYATS. Dass diese zur Lektüre empfohlen und als Schulpreise vergeben wurden, war vermutlich auf ihren Gehalt zurückzuführen, denn sie vermittelten nützliches Wissen über die Seefahrt, geographische Daten und historische Schlachten und propagierten ein heroisches patriotisches Verhalten. Darüber hinaus befreiten solche Abenteuergeschichten ihre Leser von den Sorgen um die Folgen der Industrialisierung, denn sie führten die Helden in unberührte Natur. Die Helden waren aufrecht, mutig, stark, gerecht, moralisch vorbildlich und erfolgreich – eine willkommene Abwechslung zu spätviktorianischen Antihelden wie Jude Fawley oder den Protagonisten GISSINGS. Kurz: *„the appeal it [adventure fiction] made was both to national, or racial, greatness and to personal fulfilment"* (WHITE 1993: 62).

Ballantyne und Henty

Diese Tradition von Abenteuergeschichten wurde fortgeführt von ROBERT MICHAEL BALLANTYNE (1825–94) und GEORGE ALFRED HENTY (1832–1902). Beide Autoren legten sehr großen Wert auf die faktische Genauigkeit der Informationen über Geographie, Flora und Fauna der geschilderten Länder. BALLANTYNE verfolgte ein dezidiert didaktisches Interesse: In *Hudson Bay* (1848) und *Coral Island* (1857) setzte er sich für die Missionierung in Kanada bzw. der Südseeinseln ein und in *Black Ivory* (1873) wandte er sich gegen den Sklavenhandel in Afrika. Der ungemein erfolgreiche HENTY, der über 80 sehr populäre Romane schrieb, ließ seine Protagonisten – meist englische Jungen, die durch ihren Mut, ihre Entschlossenheit, Ehrlichkeit, Selbstständigkeit und *pluck* große Taten vollbrachten – oft vor dem Hintergrund historischer Krisensituationen agieren. An welchen kriegerischen Auseinandersetzungen sich die Helden beteiligten, wird meist schon durch die Titel deutlich: *Under Drake's Flag* (1872), *With Clive in India* (1884), *By Sheer Pluck: A Tale of the Ashanti War* (1884), *With Roberts to Pretoria* (1902). Die Romane HENTYS und BALLANTYNES trugen maßgeblich dazu bei, britische Selbst- und koloniale Fremdbilder zu etablieren; die *Englishness* der Helden bleibt intakt, und sie kehren als meist reiche Gentlemen nach England zurück. Ebenso wie die historischen Romanzen ARTHUR CONAN DOYLES waren sie bei einem jugendlichen Publikum sehr beliebt und wurden großenteils erst in Zeitschriften wie dem 1879 gegründeten *The Boy's Own Paper* veröffentlicht.

Romanzen für das Empire

Gemäß dem Ziel, ein Gegenmittel für die Degeneration bereitzustellen, zelebrierte das ‚männliche' Subgenre der Abenteuergeschichten den Wert der Männlichkeit in entlegenen Winkeln des Empire. Im Zentrum der Degenerationsängste stand nämlich häufig die Annahme, dass eine immer komplexere, städtische

Umgebung notwendig zu „*softness and decadence*"[11] führe. Unter ‚primitiven' Bedingungen sollten Briten sich demnach auf ursprüngliche Qualitäten zurückbesinnen. Ebenso wie Lord BADEN-POWELLS Organisation der *Boy Scouts* sollten Abenteuergeschichten junge Engländer vor Verweichlichung bewahren und auf zentrale männliche Werte einschwören. Die Darstellung des Empire war jedoch zwiespältig: „*The most visible feature of the late-Victorian male romance is its engagement with issues of empire. Yet that turn outward to the frontiers is itself entangled with anxieties about domestic decay.*" (ARATA 1996: 79) In vielen ‚männlichen' Romanzen von HAGGARD, KIPLING und STEVENSON finden sich Zweifel an der britischen Herrschaft, der rassischen Überlegenheit der Angelsachsen und der Oktroyierung britischer Sitten.

Henry Rider Haggard

Die spannenden Romane HENRY RIDER HAGGARDS (1856–1925) beschreiben fantastische Abenteuer in fernen Kontinenten. Obgleich Thematik und Leseranreden den Eindruck erwecken, sie richteten sich ausschließlich an Jungen – die Erzähler reden ihre Leser oft mit „*my sons*" an –, waren sie bei allen Altersgruppen und beiden Geschlechtern sehr beliebt. Im Gegensatz zu verbreiteten Vorurteilen vermittelt HAGGARD keine abschätzige Meinung über fremde Sitten, die er oft detailliert beschreibt und teilweise in Fußnoten näher erläutert. Seine Erfahrungen in Afrika hatten ihn gelehrt, sich nicht vorschnell über die vermeintlichen Barbaren zu setzen. Seine ersten großen Erfolge errang HAGGARD durch *King Solomon's Mines* (1885), *She* (1886) und *Allan Quatermain* (1887); danach war er über vierzig Jahre ein erfolgreicher Schriftsteller. Geschildert werden die romanzenhaften Plots von Ich-Erzählern, häufig durchschnittliche Engländer mittleren Alters, die schon aufgrund ihrer Nüchternheit und Bescheidenheit glaubwürdig erscheinen; oft wird die ‚Wahrheit' der unwahrscheinlichen Ereignisse zusätzlich durch eine Herausgeberfiktion verbürgt, die seit dem 18. Jh. zu den etablierten Authentisierungsstrategien im englischen Roman gehört.

Abenteuer im Dienst des Empire: *Allan Quatermain*

Die Fortsetzung von *King Solomon's Mines* führt die Helden des Romans noch einmal auf Abenteuersuche in unbekannte Regionen Afrikas. In Abwandlung der üblichen Struktur suchen die Protagonisten in *Allan Quatermain*, der nach dem nunmehr recht alten Ich-Erzähler benannt ist, eine unbekannte, hellhäutige Kultur im Herzen Afrikas. Obwohl sie sämtliche Hindernisse meistern und die letzte große Schlacht den Genrekonventionen gemäß gewinnen, sterben der Erzähler sowie der Zulu-Held, und die anderen Engländer bleiben gerne in Afrika. Viele Elemente des Plot weisen darauf hin, dass die Abenteuer, wie der Erzähler verdeutlicht,

---

11 WILLIAM GREENSLADE, „Fitness and the Fin de Siècle." In: STOKES (1994: 37–51, S. 45).

im Dienste des Empire stehen: „*that is what Englishmen are, adventurers to the backbone; and all our magnificent muster-roll of colonies, each of which will in time become a great nation, testify to the extraordinary value of the spirit of adventure*" (9). Zur imperialistischen Propaganda wird der Roman durch die Hervorhebung der positiven Auswirkungen des Empire auf Afrika, in dem die Engländer eine „*oasis in the desert*" (9) schaffen, durch die Rechtfertigung der vielen Kämpfe, die immer einem guten Zweck dienen und deren ‚Fairness' hervorgehoben wird, die willige Unterstützung durch ‚gute', kluge, ehrliche und starke Ureinwohner und die stereotyp negative Darstellung der lächerlich unfähigen und feigen Franzosen. HAGGARDS Helden sind vorbildliche englische Gentlemen, voller Integrität, Mut und gutem Willen.

Figuren und Zeitkritik

Zu den recht stark typisierten Figuren vieler Abenteuerromane von HAGGARD zählen der zurückhaltende, pflichtbewusste Erzähler, der starke, schöne, in jeder Hinsicht vorbildliche englische Held, feindselige Ureinwohner, aber auch athletische, mutige, in vielerlei Hinsicht weise Afrikaner und Asiaten. In *Allan Quatermain* wirken auch der höfliche Gentleman John Good, dessen Eitelkeit und Korrektheit mitten im Dschungel für komische Effekte sorgen, und die ungewöhnliche Schottin Flossie Mackenzie, die in Afrika aufgewachsen ist und einen Jaguar ebenso treffsicher erschießt wie einen sie angreifenden Masai-Krieger. Diese Frauendarstellung geht mit unverblümter Kritik an Geschlechterrollen in England einher, wo Mädchen zur Abhängigkeit erzogen werden. Aber auch an anderen englischen Sitten, an der Armenfürsorge, dem Scheidungsrecht und den Gesetzen zum Schutz des Eigentums, wird implizite und explizite Kritik geübt. Die englischen Helden schätzen die Folgen des Kontaktes mit Europäern für Afrikaner so negativ ein, dass sie ihn zukünftig verhindern wollen. Trotz der einfachen Plotstruktur und der mythischen Elemente nehmen HAGGARDS Romane eine kritische Haltung zu zeitgenössischen englischen Verhältnissen ein.

***She*: Faszination des Matriarchats**

Obgleich Männer die Abenteurer sind und sich in detailliert beschriebenen Kämpfen hervortun, werden die fremden Kulturen oft von Frauen beherrscht. Schon in *King Solomon's Mines* kam der dämonischen Gagool eine entscheidende Rolle zu, und in *Allan Quatermain*, *She* und *Ayesha: The Return of ‚She'* (1904–05) beherrschen Frauen das Land. Diese sind als starke, intelligente und mutige Monarchinnen gezeichnet; Machtkämpfe werden unter Frauen ausgetragen. Die Kraft und sexuelle Anziehungskraft von Frauen treten am deutlichsten in *She* zutage, in dem die als Gottheit verehrte, mit magischen Kräften ausgestattete, jahrtausendealte und wunderschöne Ayesha ein strenges Regiment über die exotischen Einwohner führt, deren Gesellschaft matriarchalisch strukturiert ist. *She-who-must-be-obeyed* – so der Beiname dieser fast allmächtigen Frau – ist eine faszinierende Mischung aus *Angel in the House* und Femme fatale, *"an angelically chaste woman with monstrous powers, a monstrously passionate woman with angelic charms"* (GILBERT & GUBAR 1989: 6).

She und viktorianische Ängste vor der Macht von Frauen

Ayesha verkörpert eine gleichzeitig alte und ‚neue', in allen Domänen männlicher Wissenschaft gebildete Frau mit übermenschlichen Kräften. Zu Ende des Romans wird sie – ebenso wie ihr seelenverwandte Frauenfiguren wie Carmilla oder Salomé – vernichtet, allerdings nur, um in *The Return of She* mit gesteigerter Kraft und Ehrgeiz wieder aufzutauchen. *She* spielt in der neueren Forschung über das britische *Fin de siècle* deshalb eine große Rolle, weil dieser Roman einer Fülle von zentralen Ängsten der Zeit Ausdruck verleiht. Die große Popularität des Romans in England und Amerika führen GILBERT und GUBAR (1989: 26) auf drei miteinander verknüpfte Interessensgebiete der Viktorianer zurück: *"a preoccupation with colonized countries and imperial decline; a fascination with spiritualism; and an obsession not just with the so-called New Woman but with striking new visions and re-visions of female power"*. Durch die Skepsis gegenüber britischen Sitten und den Folgen britischer Herrschaft, die Abwandlung von Handlungsmustern und die Bedeutung von starken, faszinierenden Frauenfiguren unterminieren HAGGARDS Romanzen eine Reihe von Genrekonventionen.

Rudyard Kipling

Noch erheblich komplexer ist das frühe Werk RUDYARD KIPLINGS (1865–1936), der aufgrund von Publikationen wie dem berühmten Gedicht „The White Man's Burden" (1899) zum Propagandisten des Empire stilisiert wurde. Allerdings sind viele Werke KIPLINGS, der in Indien aufwuchs und in einem Brief an RIDER HAGGARD von 1902 bemerkte, England sei *"the most wonderful foreign land I have ever been in"* (zit. nach ARATA 1996: 151), in sich widersprüchlich: Die Verherrlichung britischer Herrschaft geht bei ihm Hand in Hand mit einer positiven Darstellung indischer Sitten – etwa dem Respekt vor Religiosität und der Gastfreundschaft in *Kim* (1901) –, die britische Umgangsweisen als krude und barbarisch erscheinen lassen. Einer der wenigen Romane KIPLINGS, der in den 1880er und 1890er Jahren eine große Zahl von Gedichten, Balladen, Essays und Short Stories verfasste, verdeutlicht diese Ambivalenz. Für *The Light that Failed* (1890) schrieb KIPLING zwei entgegengesetzte Schlüsse: ein sentimentales *happy ending* und ein tragisches Ende, in dem die Helden sterben bzw. in die Kolonien verbannt werden. Die frühen Werke KIPLINGS bestätigen zwar einerseits die kulturelle Hegemonie, andererseits aber bestärken sie *"the cultural schizophrenia that constructed the division between the Englishman as demi-God and as human failure, as colonizer and semi-native."* (SULLIVAN 1993: 25)

Gespaltene Identität: *Jekyll and Hyde*

Völlig aus dem Rahmen männlicher Romanzen fällt ROBERT LOUIS STEVENSONS *The Strange Case of Dr Jekyll and Mr Hyde* (1886). Die Struktur des Romans erinnert insofern an *sensation novels*, als der nüchterne Anwalt Gabriel Utterson durch die professionelle Deutung einer Fülle von Zeichen einen mysteriösen Mord aufdeckt. Wegweisend war demgegenüber das Interesse am Unbewussten und *„the thorough and primitive duality of man"* (Kap. ‚Henry Jekyll's Full Statement'). Die Thematik der doppelten Identität wird verbunden mit Degenerationsängsten: Der ehrbare, nach außen hin peinlich genau auf die Einhaltung moralischer Gebote bedachte Arzt Henry Jekyll wandelt sich mittels einer Droge zum deformierten, physisch wie moralisch degenerierten Edward Hyde und muss schließlich feststellen, dass sein schlechtes Selbst sich als das mächtigere erweist: *„I was slowly losing hold of my original and better self, and becoming slowly incorporated with my second and worse."* (Ebd.) Beide Charaktere sind angelegt in der Persönlichkeit Jekylls, der zunächst seine Lust an anrüchigen, aber harmlosen Vergnügungen inkognito auslebt. Hyde hingegen ist von Beginn an ausschließlich böse; er hat Freude an Gewalt und Mord. Im Kontext des Interesses an Psychologie, der Entdeckung des Unbewussten und von Degenerationsängsten entstanden, wurde *Jekyll and Hyde* zum Synonym für doppelte Identität.

Historische Romanzen Stevensons

STEVENSONS bekannteste historische Romanze ist das Jugendbuch *The Treasure Island* (1881–82; 1883), in dem der junge Jim Hawkins von seinen Abenteuern auf See und einer scheinbar paradiesischen Schatzinsel erzählt. Seinem Alter gemäß durchschaut Jim viele Probleme nicht, so dass Komplexität zwar angedeutet, aber nicht ausgelotet wird. Die für STEVENSON typische moralische Ambivalenz zeigt sich schon in diesem ersten Roman, in dem der Seeräuber Long John Silver am Ende mit einem Sack voller gestohlener Münzen entkommt. *The Black Arrow* (1883; 1888) macht sich die viktorianische Idealisierung des Mittelalters zunutze, indem männliche Vitalität anhand der Abenteuer von Richard Shelton zur Zeit der Rosenkriege verherrlicht wird. Auch der Abenteuerroman *Kidnapped* (1886) hat eine historische Komponente, denn die Erlebnisse von David Balfour spielen sich vor dem Hintergrund der blutigen Niederschlagung des Jakobitenaufstandes im Jahre 1745 ab.

Komplexität von Figuren und Erzählweise

Wesentlich vielschichtiger als diese frühen Romanzen STEVENSONS ist *The Master of Ballantrae: A Winter's Tale* (1888–89), in dem der zentrale Konflikt zwischen den Brüdern James und Henry Durie von einem Augenzeugen erzählt wird, der häufig auf die Erzählungen anderer zurückgreifen muss. Da seinen Berichten aufgrund seiner Voreingenommenheit nicht unbedingt zu trauen ist, zählt er zu den vielen *unreliable narrators* in STEVENSONS Werken.

Die moralische Ambivalenz wird in diesem Roman, in dem die Brüder nicht nur komplexe, in sich gespaltene Persönlichkeiten bilden, sondern auch entgegengesetzte Ausprägungen einer doppelten Identität verkörpern, besonders deutlich. Kennzeichen vieler Romanzen von STEVENSON ist neben moralischer Zwiespältigkeit die Komplexität der Erzählform; häufig wird das Geschehen aus der Perspektive unterschiedlicher Figuren geschildert, deren Erzählungen so ineinander verschachtelt sind, dass es schwierig wird, die ‚wahren' Motive der Handelnden zu erkennen, geschweige denn moralisch zu bewerten.

Desavouierung imperialistischer Mythen: *The Beach of Falesá*

Auch scheinbar einfache Abenteuergeschichten STEVENSONS sind häufig wesentlich vielschichtiger, als es zunächst den Anschein hat. Einerseits weist *The Beach of Falesá* (1891) viele Bestandteile einer imperialistischen Abenteuergeschichte auf: den tapferen, den Zweikampf nicht scheuenden Ich-Erzähler, die attraktive einheimische Schönheit, deren Liebe er gewinnt, die feindlich gesonnenen Einwohner und harte Kämpfe. Zudem meistert der patriotische Wiltshire, der mit seinen Vorurteilen gegenüber ‚unterentwickelten' Rassen nicht hinter dem Berg hält, die unüberwindbar erscheinenden Hindernisse bravourös. Andererseits desavouiert die Geschichte den Mythos britischer Überlegenheit: Die weißen Repräsentanten britischer Herrschaft sind durchgängig unfähig oder korrupt, und der Zustand des moralisch und physisch verkommenen Alkoholikers Captain Randall wird mit naturalistischer Genauigkeit geschildert. Nicht minder abstoßend sind die weißen Sitten: So wird Wiltshire schon am ersten Tag dazu verleitet, ein junges Mädchen durch eine vorgebliche Eheschließung auszunutzen; wie die Heiratsurkunde spezifiziert, ist es eine Ehe *„for one night, and Mr. John Wiltshire is at liberty to send her to hell next morning."* (Kap. ‚A South-Sea Bridal'). Obgleich Wiltshire eine Entwicklung durchläuft, bleibt er eine ambivalente Gestalt. Er hält zwar an seinen rassistischen Vorurteilen fest, steht aber gleichzeitig zu seiner Frau und seinen Kindern: *„They're only half-castes, of course; [...] and there's nobody thinks less of half-castes than I do; but they're mine, and about all I've got. I can't reconcile my mind to their taking up with Kanakas* [Schwarzen], *and I'd like to know where I'm to find the whites?"* (Kap. ‚Night in the Bush')

Antiimperialistische Abenteuergeschichten

Auch in der im Spannungsfeld zwischen Romanze und Realismus angesiedelten Novelle *The Ebb-Tide* (1894) wird die Korruptheit britischer Herrscher in der Südsee schonungslos offengelegt. Sämtliche weiße Männer, die sich nur in ihrer rücksichtslosen Ausnutzung der Schwarzen einig sind, erscheinen als verabscheuungswürdige, entweder despotische oder verantwortungslose, heuchlerische Gestalten, gegen die sich die schwarzen Bediensteten wohltuend abheben. Beide Novellen STEVENSONS *„are as* dubious about the impact of Western civilization on non-Western societies as anything Conrad wrote".[12]

Joseph Conrad

Aus heutiger Sicht kritisieren schon die frühen, zwischen 1895 und 1899 veröffentlichten Abenteuergeschichten JOSEPH CONRADS (1857–1924) die Gattungskonventionen der *fictions of Empire* und den britischen Imperialismus. Die Europäer, die in *Almayer's Folly* (1895) über die Einwohner der Südseeinseln herrschen, sind alles andere als konventionelle Helden: Almayer selbst ist erfolglos, lethargisch, materialistisch und desillusioniert; sogar seine Frau, die ihn als Eingeborene den Konventionen gemäß bewundern müsste, verachtet ihn, und seine Tochter wendet sich von den europäischen Lebensweisen ab. In CONRADS zweitem Roman, *An Outcast of the Islands* (1896), der eine Episode in der Vergangenheit Almayers beleuchtet, werden die Kolonisten noch schärfer kritisiert: Die Weißen werden als opportunistische Eindringlinge dargestellt, und der Perspektive der Einwohner wird formal und inhaltlich größere Bedeutung eingeräumt: „*The shifting vantage point asks us to see the imperial intruders as dangerous and life-threatening.*"[13] Ebenso wie *Heart of Darkness* (1899) wurden diese Romane vom zeitgenössischen Lesepublikum als nicht ganz geglückte patriotische Abenteuergeschichten rezipiert.

‚Going native': Heart of Darkness

In einem seiner Meisterwerke, *Heart of Darkness* (1899), thematisiert CONRAD durch die Entwicklung von Kurtz, den der Ich-Erzähler Marlow mitten in der Wildnis aufsucht, eine vielbeschworene Gefahr des imperialistischen Unterfangens: die Angst, dass Engländer – sei es aus Bequemlichkeit oder aufgrund der Attraktivität kolonialer Kulturen – ihre ‚Zivilisiertheit' abstreifen und selbst zu ‚Wilden' werden könnten. Der enigmatische, ursprünglich idealistische Kurtz verfolgte zunächst das Ziel, ‚wilde' Gebräuche zu unterdrücken, verlegt sich dann aber auf den Grundsatz „*Exterminate all the brutes!*" (2) und errichtet ein Schreckensregime, das auf der Ausnutzung afrikanischer Überzeugungen beruht. Auch die dichte Symbolik des Romans legt nahe, das Licht und Dunkelheit nicht einfach aufgeklärten Briten und ‚dunklen' Afrikanern zugeordnet werden können. Diese moralische Ambivalenz wird unterstrichen durch die verschachtelte Erzählsituation sowie die mangelnden Kenntnisse des Ich-Erzählers, dessen Glaubwürdigkeit umstritten ist und der es Lesern schwer macht, herauszufinden, was genau passiert und wie das Geschehen zu beurteilen ist. Obwohl Marlow das Verhalten von Kurtz letztlich deckt, kommt er zu einer Einsicht, die kennzeich-

---

12 PATRICK BRANTLINGER, „The Nineteenth-Century Novel and Empire." In: RICHETTI (1994: 560–578, S. 576).
13 WHITE (1993: 148). Zur Rezeption CONRADS vgl. ebd., S. 5–7, 117, 172.

nend für viele Romane CONRADS und STEVENSONS ist: „*The conquest of the earth, which mostly means the taking it away from those who have a different complexion or slightly flatter noses than ourselves, is not a pretty thing when you look into it too much.*" (1)

8 Die Erprobung neuer Erzählformen im Ästhetizismus: Walter Pater und Oscar Wilde

Ästhetizismus vs. fictions of Empire

Obgleich STEVENSON mit WALTER PATER (1839–94) und dem Iren OSCAR WILDE (1854–1900), der aufgrund seiner großen Bedeutung für den englischen Ästhetizismus ausführlicher behandelt wird, insofern übereinstimmte, als er eine amoralische, autonome Kunstauffassung befürwortete und der Form große Bedeutung beimaß, bestehen zwischen Autoren von *fictions of Empire* und Vertretern des Ästhetizismus große Unterschiede. So mokierten sich englische Ästheten über die Ängste vor Dekadenz, Degeneration und dem Verfall des Empire. Zudem vertraten sie ein gänzlich anderes Männlichkeitsideal und legten im Unterschied zu den plotorientierten und ereignisreichen Abenteuergeschichten in ihren Werken großen Wert auf psychologische Analyse und Introspektion.

Bestimmung von Ästhetizismus und Dekadenz

Die Begriffe Ästhetizismus und Dekadenz bezeichnen dasselbe kulturelle Phänomen aus zwei entgegengesetzten Blickwinkeln: Während Ästhetizismus seit den 1880er Jahren eine wertneutrale Beschreibung darstellte, war Dekadenz ein Kampfbegriff, den die Verfechter viktorianischer Moral verwendeten, um die vermeintlich krankhaften, degenerierten und perversen ‚dekadenten' Künstler zu denunzieren. Dekadenz ist daher ein pejorativer Begriff, „*applied by the bourgeoisie to everything that seemed unnatural, artificial, and perverse, from* ART NOVEAU *to homosexuality, a sickness with symptoms associated with cultural degeneration and decay*" (SHOWALTER 1990: 169). Gleichzeitig bezeichnet ‚Dekadenz' eine ästhetische Bewegung der zweiten Hälfte des 19. Jh.s, in der eine kunsttheoretische Protesthaltung gegenüber etablierten Normen sehr eng mit der grundsätzlichen Ablehnung zentraler viktorianischer Werte verbunden war. Mit naturalistischen Autoren teilten die *decadents* den Abstand zur bürgerlichen Wirklichkeit, die Durchbrechung von Tabus und die Faszination an Randzonen der Gesellschaft, und mit den *New Woman novelists* die Ablehnung herkömmlicher Moral- und Geschlechtskonzeptionen. Zu englischen Vertretern der Dekadenz zählt man neben PATER und WILDE SIR MAX BEERBOHM (1872–1956), ARTHUR SYMONS (1865–1945), ERNEST DOWSON (1867–1900) und den Schriftsteller und Illustrator AUBREY BEARDSLEY (1872–98). Die berühmteste ästhetizistische Zeitschrift war *The Yellow Book* (1894–97).

Transformation des Lebens in Kunst: Dandies

Die gesellschaftliche Außenseiterposition der Künstler manifestiert sich u. a. in der Rolle des Dandy; kultivierte, meist passiv-rezeptive Ästheten versuchten, ihr Leben in ein Kunstwerk zu verwandeln. In seinen notorischen „Phrases and Philosophies for the Use of the Young" verkündete OSCAR WILDE folgerichtig: „*The first duty in life is to be as artificial as possible. What the second duty is no one has as yet discovered.*" (Zit. nach BECKSON 1981: 238). Der dem Schönheitskult huldigende Dandy, der alles aus ästhetischer Distanz betrachtet, wird zu einer Kunstfigur, die ein Verwechselspiel der Maskierung betreibt. Das provokative Potential des Ästhetizismus in einem von Nützlichkeitsdenken und Ernsthaftigkeit beherrschten Zeitalter wird in einem Aphorismus WILDES deutlich: „*In all unimportant matters, style, not sincerity, is the essential. In all important matters, style, not sincerity, is the essential.*" (Ebd.: 238)

Kunsttheoretische Grundsätze des Ästhetizismus

Der Ästhetizismus stellte die zentralen Grundsätze viktorianischer Kunstauffassungen auf den Kopf. Er geht aus von einer grundsätzlichen Trennung zwischen Kunst und gesellschaftlichen Verwertungszusammenhängen. Kunst hat mit Moral nichts zu tun, wie WILDE im Vorwort zu seinem Roman *The Picture of Dorian Gray* betont: „*There is no such thing as a moral or an immoral book. Books are well written or badly written.*" Der Form kommt eine wesentlich größere Bedeutung zu als dem Inhalt. Kunst soll im Betrachter ein Gefühl für das Schöne anregen, sonst nichts. Das Kunstwerk bildet nichts mimetisch ab, sondern ist eine Art Leinwand, auf die Leser ihre eigenen Auffassungen projizieren: „*It is the spectator, and not life, that art really mirrors.*" (Ebd.) Ein Künstler soll keinen tiefen Überzeugungen Ausdruck verleihen; Ziel der Kunst ist, wie WILDE in dem Essay „The Decay of Lying" feststellte, „*the telling of beautiful untrue things*" (zit. nach WEINTRAUB 1968: 195). Sowohl PATER als auch WILDE schätzten daher Romanzen höher ein als realistische Romane.

Walter Pater: The Renaissance

Das erste englische Manifest ästhetizistischer Auffassungen lieferte WALTER PATER (1839–94) in seiner Essaysammlung *The Renaissance: Studies in Art and Poetry* (1873). Im *Preface* dieses Werkes legte PATER das theoretische Fundament ästhetizistischer Kritik, in der der subjektive Eindruck des Kritikers im Vordergrund steht. Von zentraler Bedeutung ist die Annahme, dass Kunst keine moralischen Zielsetzungen verfolgen, sondern „*pleasurable sensations*" im Betrachter wecken soll. Die Form ist viel wichtiger als der Inhalt, und Musik nimmt den höchsten Rang unter den Künsten ein. Sensualismus, Skeptizismus und die Deontologisierung des Schönen bilden Kernpunkte von PATERS Ästhetik.

Nachwort der *Renaissance* Das provokative Potential des Vorwortes und der folgenden kritischen Impressionen wurde weit übertroffen von dem berühmt-berüchtigten Nachwort der *Renaissance*, das als eine Aufforderung zu hemmungslosem Hedonismus verstanden wurde und einen Sturm der Entrüstung hervorrief. In dieser Schlussbetrachtung schien PATER jedweder Moral zugunsten von intensiv gefühlten Augenblicken zu entsagen: „*Not the fruit of experience, but experience itself, is the end. [...] To burn always with this hard, gem-like flame, to maintain this ecstasy, is success in life. [...] What we have to do is to be for ever curiously testing new opinions and courting new impressions [...] Only be sure it is passion – that it does yield you this fruit of a quickened, multiplied consciousness. Of such wisdom, the poetic passion, the desire of beauty, the love of art for its own sake, has most.*" Solche ekstatischen Empfindungen wurden PATER zufolge in herausragender Weise von Kunstwerken ausgelöst, denen keinerlei moralische Intentionen zugeschrieben werden: „*For art comes to you proposing frankly to give nothing but the highest quality to your moments as they pass, and simply for those moments' sake.*" (Ebd.)

Mäßigung des Hedonismus: *Marius the Epicurean* Dass PATER das Nachwort, das er für die zweite Auflage der *Renaissance* gestrichen hatte, in der dritten Auflage in leicht veränderter Form abdruckte, begründete er in einer Fußnote damit, diese Ideen nun in ausführlicherer Form in seinem Roman *Marius the Epicurean: His Sensation and Ideas* (1885) illustriert zu haben. In diesem ästhetizistischen Bildungsroman, in dem die Handlung auf ein Minimum beschränkt ist und Nebenfiguren nur eine marginale Bedeutung zukommt, nimmt der junge Römer Marius im 2. Jh. eine gänzlich kontemplative Haltung ein: „*Revelation, vision, the discovery of a vision, the* SEEING *of a perfect humanity, in a perfect world [...] he had always set that above the* HAVING *or even the* DOING *of anything.*" (II, 28) Marius' lebenslange Suche nach Wahrheit und festen Prinzipien, die durch Offenheit gegenüber unterschiedlichen Weltanschauungen gekennzeichnet ist, geht mit einer geringen Entschlussfreudigkeit einher. PATERS Bemühen, den Hedonismus in diesem von langen auktorialen Reflexionen geprägten Roman aus kritischer Distanz zu betrachten, schlägt sich in seiner Charakterisierung des Protagonisten nieder: Die Adjektive *virile, vigorous, austere, honest, strenuous, strict* und *religious* betonen Marius' Askese, Ernsthaftigkeit und Männlichkeit. Vielen Rezensenten blieben die Absichten PATERS allerdings verborgen. Aufgrund der eleganten Prosa und der kohärenzstiftenden Funktion von Bildern, Leitmotiven und Stimmungen ist der Roman häufig als Vorläufer der poetischen Prosa von VIRGINIA WOOLF und JAMES JOYCE eingestuft worden.

Kulturthema Homosexualität

Oscar Wildes Ruf als Romancier ist heute geprägt von dem berühmten Gerichtsverfahren, in dem seine Werke als Beweismittel hinzugezogen wurden, um den Autor homosexueller Praktiken zu überführen. Dass Homosexualität zu dieser Zeit ein Kulturthema ersten Ranges war, hat verschiedene Gründe. Zum einen förderten sowohl der Umstand, dass Jungen schon früh an *public schools* zu ‚richtigen Männern' erzogen werden sollten, als auch die reinen Männergesellschaften in Universitäten und den hochgeschätzten *clubs* enge Beziehungen zwischen Männern. Zum anderen wirkte sich die Bewunderung männlicher Physis und der Männlichkeitskult, der in vielen Romanzen mit Abenteuern im Empire verbunden wurde, eher positiv als negativ auf homoerotische Gefühle aus. Außerdem kam es im Gefolge der Aufwertung der griechischen Antike sowie der Wertschätzung antiker Skulpturen und Lebensformen zu einer Aufwertung von Homosexualität. So verfasste JOHN ADDINGTON SYMONDS 1873 ein kurzes Werk über die ‚griechische Liebe' mit dem Titel *A Problem in Greek Ethics*, das er 1883 und 1891 in wenigen Exemplaren drucken ließ.[14]

Viktorianische Verteufelung von Homosexualität

Gerade weil vermutet wurde, dass eine wachsende Zahl von Männern aus den oberen Schichten homosexuell war, ging man entschieden gegen dieses Phänomen vor: Ein Gesetz von 1885, infolgedessen WILDE zu zwei Jahren Zwangsarbeit in Einzelhaft verurteilt wurde, stellte sogar private homosexuelle Handlungen unter Strafe. Die Gründe für diese Rigidität waren vielfältig: Homosexualität widersprach sowohl den Geboten der Bibel als auch eugenischen Überzeugungen und vertrug sich weder mit dem Ideal der *muscular Christianity* noch mit der Betonung von Sport und Kampf. Zudem verstießen homoerotische Beziehungen gegen den Kern vieler Männlichkeitskonzeptionen, die Selbstdisziplin.

Die Gerichtsverfahren gegen Wilde

In den Gerichtsverfahren gegen Wilde prallten entgegengesetzte Männlichkeitskonzeptionen und Kunstauffassungen aufeinander. Der MARQUESS OF QUEENSBURY, der WILDE der Homosexualität bezichtigte, stand für Heterosexualität, Energie und physische Ertüchtigung; er fungierte z. B. als Richter bei den Wettbewerben Sandows und setzte sich sehr für den Boxkampf ein. WILDE hingegen hatte schon in dem Essay „The Decay of Lying" behauptet *„Our splendid physique as a people is entirely due to our national stupidity."* (Zit. nach WEINTRAUB 1968: 166) Der Dandy verkörperte Eleganz, Esprit und Kontemplation; gegen QUEENSBURYS Ernsthaftigkeit und vermeintliche Aufrichtigkeit setzte WILDE lässige

---

14 Zu SYMONDS vgl. BRAVMANN (1997: 52). In vielen Werken der *gay studies* wird die These vertreten, dass Homosexualität (im Gegensatz zu homosexuellen Praktiken, die es schon immer gab) erst im späten 19. Jh. zu einem Bestandteil persönlicher Identität wurde.

Posen und geistreiche Paradoxien. Gleichzeitig geriet das Gerichtsverfahren zu einem Kampf zwischen zwei Kunstauffassungen. Im Gegensatz zu den etablierten moralinsauren Überzeugungen, die sich sein Ankläger auf die Fahne schrieb, betonte WILDE, dass Kunst keinerlei moralische Funktionen habe. Seine Verurteilung wurde daher von der Presse als Sieg über die vermeintlich perversen und gefährlichen Grundsätze des Ästhetizismus gefeiert. So lobte der *National Observer* QUEENSBERRYS *„destroying the High Priest of the Decadents [. . . and] their hideous conceptions of the meaning of Art"* (zit. nach FOLDY 1997: 55). Nicht zuletzt wegen der großen Aufmerksamkeit, die WILDES Gerichtsverfahren auf sich zog, wurde Homosexualität in den folgenden Jahrzehnten mit Affektiertheit, Dandies, Degeneration und Dekadenz verbunden.

Provokationspotential von *The Picture of Dorian Gray*

Erst nach dem Gerichtsverfahren galt Homosexualität als ein wichtiger Bestandteil des Provokationspotenzials von *The Picture of Dorian Gray* (1890; 1891). Die überwiegend negativen Rezensionen richteten sich zunächst nicht gegen die bloß angedeuteten homoerotischen Gefühle von Basil und Dorian, sondern v. a. gegen die Theorien Lord Henry Wottons. Dieser Mentor Dorians bekehrt seinen Schüler zum ‚Neuen Hedonismus' und lehrt ihn, im Sinne einer perfekten und harmonischen Selbstentfaltung alle Triebe und Bedürfnisse rücksichtslos auszuleben: *„I believe that if one man were to live out his life fully and completely, were to give form to every feeling, expression to every thought, reality to every dream – I believe that the world would gain such a fresh impulse of joy [. . .] The only way to get rid of a temptation is to yield to it."* (2) Dass Dorian sich als gelehriger Schüler erweist und durch sein Doppelleben zeigt, dass er *„experience itself"* (11) höher schätzt als alle moralischen Werte, wurde als große Provokation eines ‚krankhaften' und ‚perversen' Buches empfunden.

Themen von *Dorian Gray*

Ein zentrales Thema von *Dorian Gray* ist die Kunst, die als Bildspendebereich für zahlreiche Metaphern fungiert, durch viele exquisite Kunstobjekte präsent ist, ein beliebtes Sujet von Dialogen bildet, für Meinungsunterschiede zwischen dem Künstler Basil und dem Ästheten Lord Henry sorgt und nicht zuletzt in Form des *„poisonous book"* (10) und des magischen Porträts eine große Rolle spielt. Durch den Kontrast zwischen bewussten und unbewussten Motiven, tugendhaftem Wollen und sündhaftem Tun lotet der Roman bedeutende Themen der 1890er Jahre aus. Die innovative Gestaltung des Doppelgängermotivs, das mit dem Porträt verknüpft wird, geht einher mit einer anti-viktorianischen Auffassung von Identität: *„He used to wonder at the shallow psychology of those who conceive the Ego in man as a thing simple, permanent, reliable, and of one essence. To him, man was a being with myriad lives and myriad sensations, a complex multiform creature"* (11). Das Doppelgängermotiv ist zudem mit allen zentralen Themen des Werkes – „Kunst/Leben, Ästhetik/Ethik, Individuum/Gesellschaft, Narzissmus und Homosexualität, Kult des Ich und Identitätsverlust" (PFISTER 1986: 97) – verbunden.

Form

Die künstlerische Gestaltung von *Dorian Gray* beweist, wie wichtig WILDE die Form seiner Werke war. Ein dichtes Netz von Metaphern – besonders Blumen und Farben – durchzieht den Roman leitmotivisch und sorgt für zusätzliche Kohärenz. Neben ausgefeilten Dialogpassagen fällt v. a. der extensive Gebrauch der erlebten Rede auf, durch die dem Leser Dorians Gewissenskonflikte und Ängste aus dessen Erlebnisperspektive nahe gebracht werden. Gleichzeitig wird ein Einfühlen in die Nöte der Opfer Dorians – immerhin hat er nicht weniger als den Ruin von vier jungen Männern sowie zwei Selbstmorde zu verantworten – dadurch verhindert, dass diese Folgen von Dorians Verfall nur am Rande erwähnt werden; selbst Sybils Selbstmord ereignet sich *offstage*.

Ambivalenz und Amoralität

Diese Formen der Sympathielenkung zugunsten Dorians werden jedoch durch eine Reihe von Verurteilungen seines Verhaltens konterkariert: Das Porträt illustriert seinen moralischen Verfall nur allzu deutlich, und die Schlussgebung des Romans zeugt von poetischer Gerechtigkeit, denn Dorian wird als Bösewicht angemessen bestraft. Die moralische Ambivalenz wird durch Erzähleräußerungen noch bestärkt, denn in widersprüchlichen Kommentaren wird Dorians Verhalten einerseits auf allgemein menschliche Bedürfnisse zurückgeführt, andererseits aber scharf verurteilt. Was bei einem anderen Autor zum didaktischen *morality play* hätte werden können, wird bei WILDE zum perfekten Ausdruck seiner Kunsttheorie: Das a-moralische, anti-utilitaristische Werk entzieht sich eindeutigen moralischen Wertungen und überlässt es Lesern, ihre eigene Interpretation auf das Werk zu projizieren.

9 Ausblick: Das Erbe der viktorianischen Erzähltradition im Roman des 20. Jahrhunderts

Kritik an viktorianischen Werten in den '90s

Die 1890er Jahre waren geprägt von scharfer Kritik und vehementer Verteidigung viktorianischer Werte; auch in populären Genres finden sich häufig widersprüchliche Haltungen zu vorherrschenden Normen. Kernpunkte der Kritik waren das Ideal der Familie, Vater-Sohn-Beziehungen, das Verhältnis zwischen Ehepartnern, die Stellung der Frau und die polarisierenden Bestimmungen der Geschlechtsidentitäten. Die *New Woman* unterminierte ebenso wie der Dandy tradierte Auffassungen von dem, was als typisch ‚weiblich' bzw. ‚männlich' angesehen wurde. Allerdings gab es eine lange Tradition von ungewöhnlichen Frauen in der englischen Literatur, und auch Dandies finden sich seit *Vivian Grey* in vielen Sensationsromanen. Dennoch unterscheidet sich die Kritik der 1890s in Bezug auf Ausmaß und Schärfe von früheren Auseinandersetzungen mit viktorianischen Werten. Obgleich Viktorianer zentrale Glaubensinhalte immer wieder einer gründlichen Revision unterzogen, machten sie sie nie lächerlich. In den ‚Nineties' hingegen wurde selbst das Fundament viktorianischer Überzeugungen, die Ernsthaftigkeit, z. B. in WILDES Komödie *The Importance of Being Earnest* (1895), höchst despektierlich behandelt.

Die ‚Nineties' und die Moderne

Schon im viktorianischen *Fin de siècle* finden sich viele Merkmale, die als typisch für die Moderne gelten: Die Vorstellung von der Autonomie des Kunstwerks, das große Interesse am Unbewussten, die Betonung der ungeordneten Folge von Sinneswahrnehmungen, die Zweifel an der Identität, die Skepsis gegenüber einer adäquaten Erfassung der Wirklichkeit, der Verlust moralischer Gewissheit und die Relativierung von ethischen Werten deuten ebenso wie die Skepsis gegenüber gesellschaftlichen Strukturen sowie das Interesse an der Isolation und Entfremdung des Individuums auf die Moderne hin. Schon Viktorianer wie HARDY haben sich von der Vorstellung des autonomen Individuums gelöst und die Konstrukthaftigkeit von Identität hervorgehoben. Auch ein Bewusstsein der Uneinheitlichkeit von Individuen und der Wirklichkeit war schon Romanciers wie STEVENSON, WILDE und CONRAD zu eigen.

Wandel der Erzählkonventionen

VIRGINIA WOOLFS Einsicht „truth is many-sided" wurde bereits von einigen Romanciers des 19. Jh.s umgesetzt. Die *„Subjektivierung der Romanform und der Wirklichkeitserfassung"* (GOETSCH 1967: 207), die als bedeutendes Kennzeichen der Moderne gilt, findet sich schon bei CONRAD, PATER und WILDE. Die folgende Matrix gibt eine stichwortartige Übersicht über weitere Merkmale von Romanen der Moderne, die – wenn auch häufig nur schwach ausgeprägt – bereits einige Werke der 1880er und 1890er Jahre kennzeichnen.

Merkmale von Romanen der Moderne	
Zurücktreten der Erzählinstanz	weniger Kommentare, geringer ausgeprägte Wahrnehmung auktorialer Funktionen
Bevorzugung der personalen Erzählsituation	Figuren als interne Fokalisierungsinstanzen, häufigere Verwendung von erlebter Rede, impressionistische Passagen
Annäherung von Subjekt und Objekt	Durchdringung von subjektiven Bewusstseinszuständen und von außen kommenden Eindrücken der Objekte

Bedeutung der Form	größere Bedeutung von Stil und Struktur, Metaphern und Leitmotive als kohärenzstiftende Mittel
Komplexität der Vermittlung	Verschachtelung von Erzählungen, intradiegetische Erzählungen, Verwendung von unglaubwürdigen Erzählern und ‚trüben Reflektoren'
Abkehr vom linearen Plot	Durchbrechung der Chronologie, Fragmentarisierung der Handlung
Offenes Ende	das *happy ending* wird seltener, weitgehender Verzicht auf *poetic justice*
Durchbrechung von Tabus	Akzentuierung sexueller Gefühle, naturalistische Darstellung von Animalischem und von gesellschaftlichen Randzonen
Anti-mimetische Konzeption	geringere Ausprägung heteroreferentieller Bezüge, weniger detaillierte Raum- und Milieudarstellung
Amoralische Konzeption	Abkehr von sozialreformerischen Anliegen und moralischer Belehrung

Präsenz des Viktorianismus im 20. Jh. Der Wandel der Erzählkonventionen verdeutlicht, dass zwischen Viktorianismus und Moderne keine klare Zäsur besteht, sondern dass es zu einer allmählichen Transformation viktorianischer Traditionen kam. Man kann drei Phasen der Aneignung viktorianischer Werte im 20. Jh. voneinander unterscheiden. Die grundsätzlich oppositionelle Haltung von Autoren der Moderne, eine Übergangsphase in der Mitte des Jh.s, in der „*eine revaluierend-kreative Denkweise*" (DEISTLER 1999: 6) vorherrscht, und eine grundsätzlich offene Reaktion auf viktorianische Lebensformen und Literatur seit den späten 1960er Jahren.[15]

Kontinuität durch Kritik Die Kontinuität zwischen Spätviktorianismus und Moderne liegt in inhaltlicher Hinsicht paradoxerweise in einer dezidiert anti-viktorianischen Haltung. Die Negation viktorianischer Werte und die Abkehr vom früheren Grundkonsens kennzeichnet eine Fülle von Romanen des späten 19. und frühen 20. Jh.s; BUTLER verkörperte wie viele andere eine kritische Einstellung, die in der Moderne fortgeführt wird. Die Generation von Autoren um VIRGINIA WOOLF (1882–1941) und JAMES JOYCE (1882–1941), die viktorianische Engstirnigkeit noch am eigenen Leibe zu spüren bekommen hatte, rebellierte v. a. gegen die sexuelle Prüderie und die vermeintlich allgegenwärtige Heuchelei der Viktorianer. Kritische Auseinandersetzungen mit dem Viktorianismus bestimmen etwa LYTTON STRACHEYS ikonoklastische biographische Essays *Eminent Victori-*

---

[15] Vgl. DEISTLER (199 39ff.); DEISTLER unterscheidet allerdings vier Phasen voneinander.

ans (1918), in denen vier große Männer bzw. Frauen ihrer Aura gänzlich beraubt werden, und Virginia Woolfs Romane *Orlando* (1928) sowie *Between the Acts* (1941).

Distanz und Revision

Um die Mitte des 20. Jh.s begann man, viktorianische Werte aus der zeitlichen Distanz neu zu erforschen. Zu dieser Zeit etwa bemühte sich Walter Houghton darum, den *Victorian Frame of Mind* (1957) zu rekonstruieren und Kontinuitäten zwischen viktorianischen und zeitgenössischen Einstellungen herauszuarbeiten. In der Literatur war die Rückbesinnung auf den Viktorianismus u. a. durch eine Abkehr von den formalen Experimenten des Modernismus bedingt; Romanciers wie Kingsley Amis und C.P. Snow favorisierten erneut realistische Erzählkonventionen, und der sehr einflussreiche konservative Literaturkritiker F.R. Leavis bezeichnete den *modernism* in *The Great Tradition* (1954) sogar als Sackgasse. Autorinnen wie Jane Austen oder George Eliot wurden demgegenüber zu literarischen Vorbildern erklärt, denen es im 20. Jh. nachzueifern gelte.

Gegenwärtige Popularität viktorianischer Romane

Wie populär das viktorianische Zeitalter gerade heute wieder ist, zeigt sich nicht zuletzt daran, dass viele zeitgenössische englische Romane einen spannungsvollen Dialog zwischen Viktorianismus und Gegenwart inszenieren. Eine eher nostalgische Rückbesinnung auf das 19. Jh. dominiert in A.N. Wilsons historischem Roman *Gentlemen in England* (1985). Ein feministisches Pendant dazu bietet Zoe Fairbairns Familiensaga *Stand We at Last* (1983), die das Schicksal von Frauen in den Vordergrund rückt. Eine dominant kritische, ironische und teilweise überaus komische Auseinandersetzung mit dem britischen Empire liefert J.G. Farrells Roman *The Siege of Krishnapur* (1973), in dem der Glaube an britische Überlegenheit anhand einer fiktionalen Revision des Mythos von Lucknow desavouiert wird. Einige Romane inszenieren den Dialog zwischen viktorianischen und modernen Werten durch die Kontrastierung von zwei Zeitebenen, in denen Gegenwart und viktorianische Zeit aufeinander bezogen werden; zu ihnen zählen etwa John Fowles *The French Lieutenant's Woman* (1969), Lindsay Clarkes *The Chymical Wedding: A Romance* (1989), Antonia S. Byatts, *Possession: A Romance* (1990) und Graham Swifts *Ever After* (1992). Dass diese Rückbesinnung auf viktorianische Werte auch zeitgenössische amerikanische und australische Literatur erfasst hat, beweisen John Updikes *Memories of the Ford Administration* (1992) und Peter Careys *Oscar and Lucinda* (1988). Diese Präsenz des Viktorianismus in englischsprachigen Romanen und Filmen der Gegenwart beweist nachdrücklich, welche ungebrochene Faszination von der Literatur und Kultur des 19. Jh.s ausgeht. Dies ist nicht zuletzt auf das breite Spektrum von populären Romanen und Romanzen dieser Epoche zurückzuführen.

Literaturverzeichnis

1. Überblicksdarstellungen zum historischen und kulturellen Kontext

ADAMS, James Eli: *Dandies and Desert Saints: Styles of Victorian Masculinity.* Ithaca, NY: Cornell UP 1995.

ADBURGHAM, Alison: *Silver Fork Society: Fashionable Life and Literature from 1814–1840.* London: Constable 1983.

ALTICK, Richard D.: *‚Punch': The Lively Youth of a British Institution, 1841–1851.* Columbus: Ohio State UP 1997.

ALTICK, Richard D.: *The English Common Reader: A Social History of the Mass Reading Public, 1800–1900.* Chicago: University of Chicago Press 1957.

ALTICK, Richard D.: *Writers, Readers, and Occasions: Selected Essays on Victorian Literature and Life.* Columbus: Ohio State UP 1989.

ARAC, Jonathan & Harriet RITVO (Hg.): *Macropolitics of Nineteenth-Century Literature: Nationalism, Exoticism, Imperialism.* Philadelphia, PA: University of Pennsylvania Press 1991.

BALDICK, Chris: *In Frankenstein's Shadow: Myth, Monstrosity and Nineteenth-Century Writing.* Oxford: Clarendon 1990.

BASCH, Françoise: *Relative Creatures: Victorian Women in Society and the Novel 1837–1867.* London: Lane 1974.

BAUMGARTEN, Murray & H.M. DALESKI (Hg.): *Homes and Homelessness in the Victorian Imagination.* New York: AMS Press 1998.

BECKSON, Karl E. (Hg.): *Aesthetes and Decadents of the 1890's: An Anthology of British Poetry and Prose.* Chicago, IL: Academy Chicago Rev. Ed. 1981.

BEETHAM, Margaret: *A Magazine of Her Own? Domesticity and Desire in the Woman's Magazine, 1800–1914.* London: Routledge 1996.

BENDINER, Kenneth: *An Introduction to Victorian Painting.* New Haven, CT: Yale UP 1985.

BRAKE, Laurel: *Subjugated Knowledge: Journalism, Gender & Literature in the Nineteenth Century.* London: Macmillan 1994.

BRAVMANN, Scott: *Queer Fictions of the Past: History, Culture, and Difference.* Cambridge: Cambridge UP 1997.

BUCKLEY, Jerome (Hg): *The Worlds of Victorian Fiction.* Cambridge, MA: Harvard UP 1975 (= Harvard English Studies).

BUDD, Michael A.: *The Sculpture Machine: Physical Culture and Body Politics in the Age of Empire.* London: Macmillan 1997.

BÜRGER, Christa, Peter BÜRGER & Jochen SCHULTE-SASSE (Hg.), *Naturalismus/Ästhetizismus.* Frankfurt: Suhrkamp 1979.

BURTON, Antoinette: *Burdens of History: British Feminists, Indian Women, and Imperial Culture, 1865–1915.* Chapel Hill, N.C.: University of North Carolina Press 1994.

CAINE, Barbara: *English Feminism 1780–1980.* Oxford: Oxford UP 1997.

CAINE, Barbara: *Victorian Feminists.* Oxford: Oxford UP 1992.

CHANDLER, Alice: *The Dream of Order: The Medieval Ideal in Nineteenth-Century English Literature.* London: Routledge 1971.

CHANDLER, James: *England in 1819: The Politics of Literary Culture and the Case of Romantic Historicism.* Chicago, IL: University of Chicago Press 1998.

CHAPMAN, Ramond: *The Sense of the Past in Victorian Literature.* New York: St. Martin's 1986.

COLLEY, Ann C. *Nostalgia and Recollection in Victorian Culture.* New York: St. Martin's 1998.

CRIMSON, Mark: *Empire Building: Orientalism and Victorian Architecture.* London: Routledge 1996.

CROSBY, Christina: *The Ends of History: Victorians and ‚The Woman Question'.* London: Routledge 1991.

CVETKOVICH, Ann: *Mixed Feelings: Feminism, Mass Culture, and Victorian Sensationalism.* New Brunswick, NJ: Rutgers UP 1992.

DAVIDOFF, Leonore & Catherine HALL: *Family Fortunes: Men and Women of the English Middle Class, 1780–1850.* London: Hutchinson 1987.

DAVIDOFF, Leonore, Megan DOOLITTLE et al.: *The Family Story: Blood, Contract and Intimacy 1830–1960.* London: Longman 1999.

DAWSON, Graham: *Soldier Heroes: British Adventure, Empire and the Imagining of Masculinities.* New York: Routledge 1994.

DAY, Gary (Hg.): *Varieties of Victorianism: The Uses of a Past.* London: MacMillan 1998.

DELAMONT, Sara & Lorna DUFFIN: *The Nineteenth Century Women.* London: Croom Helm 1978.

DELLAMORA, Richard: *Masculine Desire: The Sexual Politics of Victorian Aestheticism.* Chapel Hill, NC: North Carolina UP 1990.

DIJKSTRA, Bram: *Idols of Perversity. Fantasies of Feminine Evil in Fin-de-Siècle Culture.* Oxford: Oxford UP 1986.

DOOLEY, Allan C.: *Author and Printer in Victorian England.* Charlottesville, Va.: University Press of Virginia 1992.

DOWLING, Linda: *Hellenism and Homosexuality in Victorian Oxford.* Ithaca, NY: Cornell UP 1994.

EVANS, Eric J.: *The Forging of the Modern State. Early Industrial Britain 1783–1870.* London: Longman 1983.

FLINT, Kate: *The Woman Reader 1837–1914.* Oxford: Oxford UP 1993.

GILMARTIN, Kevin: *Print Politics: The Press and Radical Opposition in Early Nineteenth-Century England.* Cambridge: Cambridge UP 1996 (= Cambridge Studies in Romanticism 21).

GILMOUR, Robin: *The Victorian Period: The Intellectual and Cultural Context of English Literature 1830–1890.* London: Longman 1993.

GIROUARD, Mark: *The Return to Camelot: Chivalry and the English Gentleman.* New Haven, CT: Yale UP 1981.

GOETSCH, Paul: *Die Romankonzeption in England, 1880–1910.* Heidelberg: Winter 1967.

GORHAM, Deborah: *The Victorian Girl and the Feminine Ideal.* Bloomington, IN: Indiana UP 1982.

GRAHAM, Kenneth: *English Criticism of the Novel, 1865–1900.* Oxford: Clarendon 1965.

GREEN, Martin: *Dreams of Adventure, Deeds of Empire.* New York: Basic Books 1979.

GREINER, Walter F. & Fritz KEMMLER (Hg.): *Realismustheorien in England (1692–1919): Texte zur historischen Dimension der englischen Realismusdebatte.* Tübingen: Narr 1997.

GREINER, Walter F. & Gerhard STILZ (Hg.): *Naturalismus in England 1880–1930.* Darmstadt: Wissenschaftliche Buchgesellschaft 1983.

GREWAL, Inderpal: *Home and Harem: Nation, Gender, Empire, and the Cultures of Travel.* Durham, NC: Duke UP 1996.

GRIEST, Guinevere L.: *Mudie's Circulating Library and the Victorian Novel.* Bloomington, IN: Indiana UP 1970.

HAINING, Peter (Hg.): *The Penny Dreadful; or, Strange, Horrid and Sensational Tales!* London: Gollancz 1975.

HARVEY, J.R.: *Victorian Novelists and Their Illustrators.* London: Sidgwick & Jackson 1970.

HELSINGER, Elizabeth K. & Robin L. SHEETS (et al.) (Hg.): *The Woman Question: Society and Literature in Britain and America, 1837–1883.* 3 Bde. Manchester: Manchester UP 1983.

HERMAN, Luc: *Concepts of Realism.* Columbia, SC: Camden House 1996.

HIMMELFARB, Gertrude: *The De-moralization of Society: From Victorian Virtues to Modern Values.* New York: Alfred Knopf 1995.

HOBSBAWM, Eric & Terence RANGER (Hg.): *The Invention of Tradition.* Cambridge: Cambridge UP 1992 [1983].

HOBSBAWM, Eric J.: *The Age of Empire 1875–1914.* London: Weidenfeld and Nicolson 1987.

HODNETT, Edward: *Image and Text: Studies in the Illustration of English Literature.* Berkeley, CA: Scolar Press 1983.

HOGAN, Anne & Andrew BRADSTOCK (Hg.): *Women of Faith in Victorian Culture: Reassessing the Angel in the House.* New York: St. Martin's 1998.

HOMANS, Margaret & Adrienne MUNICH (Hg.): *Remaking Queen Victoria.* Cambridge: Cambridge UP 1997 (= Cambridge Studies in Nineteenth-Century Literature and Culture 10).

HÖNNIGHAUSEN, Lothar: *Grundprobleme der englischen Literaturtheorie des 19. Jahrhunderts.* Darmstadt: Wissenschaftliche Buchgesellschaft 1977.

HOPPEN, K. Theodore: *The Mid-Victorian Generation 1846–1886.* Oxford: Clarendon 1998 (= The New Oxford History of England).

JARVIS, Adrian: *Samuel Smiles and the Construction of Victorian Values.* Gloucestershire: Sutton 1997.

JORDAN, John O. & Robert L. Patten (Hg.): *Literature in the Marketplace: Nineteenth-Century British Publishing and Reading Practices.* Cambridge: Cambridge UP 1995.

KLANCHER, Jon P.: *The Making of English Reading Audiences, 1790–1832.* Madison: University of Wisconsin Press 1987.

LANDOW, George P.: *Victorian Types, Victorian Shadows: Biblical Typology in Victorian Literature*

ture, Art, and Thought. London: Routledge & Kegan Paul 1980.

LANGLAND, Elizabeth & Laura CLARIDGE (Hg.): Out of Bounds: Male Writers and Gender(ed) Criticism. Amherst, MA: University of Massachusetts Press 1991.

LEDGER, Sally & Scott MCCRACKEN (Hg.): Cultural Politics at the Fin de Siècle. Cambridge: Cambridge UP 1995.

LERNER, Laurence (Hg.): The Victorians. Methuen: London 1978.

LERNER, Laurence: Love and Marriage: Literature and Its Social Context. New York: St. Martin's 1979.

LEVINE, Philippa: Victorian Feminism 1850–1900. Tallahassee, FL: Florida State UP 1989.

LIGHTMAN, Bernard (Hg.): Victorian Science in Context. Chicago, IL: University of Chicago Press 1997.

LOGAN, Peter Melville: Nerves and Narratives: A Cultural History of Hysteria in Nineteenth-Century British Prose. Berkeley, CA: University of California Press 1997.

LUCAS, John (Hg.): Literature and Politics in the Nineteenth Century. London: Methuen 1975.

MAHOOD, Linda: The Magdalenes: Prostitution in the Nineteenth Century. London: Routledge 1990.

MANGAN, James A.: Athleticism in the Victorian and Edwardian Public School: The Emergence and Consolidation of an Educational Ideology. London: Falmer Press 1986.

MANGAN, James A.: The Games Ethic and Imperialism: Aspects of the Diffusion of an Ideal. Harmondsworth: Viking 1986.

MARGETSON, Stella: Leasure and Pleasure in the Nineteenth Century. New York: Coward-McCann 1969.

MARSDEN, Gordon (Hg.): Victorian Values: Personalities and Perspectives in Nineetheenth-Century Society. London: Longman erw. Aufl. 1998.

MARSH, Joss: Word Crimes: Blasphemy, Culture, and Literature in Nineteenth-Century England. Chicago, IL: University of Chicago Press 1998.

MASON, Michael: The Making of Victorian Sexuality. Oxford: Oxford UP 1994.

MCDONALD, Peter D.: British Literary Culture and Publishing Practice, 1880–1914. Cambridge: Cambridge UP 1997 (= Cambridge Studies in Publishing and Printing History).

MELNYK, Julie (Hg.): Women's Theology in Nineteenth-Century Britain: Transfiguring the Faith of Their Fathers. New York: Garland 1998 (= Literature and Society in Victorian Britain 3).

MITCHELL, Sally, et al. (Hg.): Victorian Britain: An Encyclopedia. New York: Garland 1988.

MITCHELL, Sally: The New Girl: Girls' Culture in England, 1880–1915. New York: Columbia UP 1995.

MOERS, Ellen. The Dandy: Brummell to Beerbohm. Lincoln: University of Nebraska Press 1978 [1960].

MORSE, David: High Victorian Culture. New York: New York UP 1993.

MURRAY, Janet Horowitz (Hg.): Strong-Minded Women and Other Lost Voices From 19th-Century England. Harmondsworth: Penguin 1992.

NEAD, Lynda: Myths of Sexuality: Representations of Women in Victorian Britain. Oxford: Blackwell 1990 [1988].

NELSON, Claudia & Ann SUMNER HOLMES (Hg.): Maternal Instincts: Visions of Motherhood and Sexuality in Britain, 1875–1925. New York: St. Martin's 1997.

NEWSOME, David: The Victorian World Picture: Perceptions and Introspections in an Age of Change. New Brunswick: Rutgers UP 1997.

NORD, Deborah E.: Walking the Victorian Streets: Women, Representation, and the City. Ithaca, NY: Cornell UP 1995.

OWEN, Alex: The Darkened Room: Women, Power, and Spiritualism in Late Victorian England. Philadelphia, Penn.: University of Pennsylvania Press 1990.

PFISTER, Manfred & Bernd SCHULTE-MIDDELICH (Hg.): Die Nineties: Das englische Fin de siècle zwischen Dekadenz und Sozialkritik. München: Francke 1983.

PINE, Richard: The Dandy and the Herald: Manners, Mind, and Morals from Brummel to Durrell. New York: St. Martin's 1988.

POSTLETHWAITE, Diana L.: Making It Whole: A Victorian Circle and the Shape of Their World. Ohio: Ohio State UP 1984.

ROPER, Michael, John TOSH (Hg.): Manful Assertions: Masculinities in Britain since 1800. London: Routledge 1991.

SCHNACKERTZ, Hermann Josef: Darwinismus und literarischer Diskurs: Der Dialog mit der Evolutionsbiologie in der englischen und amerikanischen Literatur. München: Fink 1992.

SEEBER, Hans-Ulrich, et al.: „Section IV: Victorian Literature and Culture." In: *Anglistentag 1997 Gießen: Proceedings of the Conference of the German Association of University Teachers of English*. Hg.: Raimund BORGMEIER, Herbert GRABES, & Andreas H. JUCKER. Trier: Wissenschaftlicher Verlag Trier 1998. S. 323–410.

SMOUT, T.C. (Hg.): *Victorian Values*. Oxford: Oxford UP 1992 (= Proceedings of the British Academy 78).

STANG, Richard: *The Theory of the Novel in England 1850–1870*. London: Routledge & Kegan Paul 1959.

STEVENSON, Catherine B.: *Victorian Travel Writers in Africa*. Boston: G.K. Hall 1982 (= Twayne's English Authors Series 349).

STOKES, John (Hg.): *Fin de siècle, fin du globe: Fears and Fantasies of the Late Nineteenth Century*. Basingstoke: Macmillan, 1994.

STOKES, John: *In the Nineties*. Chicago, IL: University of Chicago Press 1989.

STORCH, Robert D. (Hg.): *Popular Culture and Custom in Nineteenth-Century England*. London: Croom Helm 1982.

SUSSMAN, Herbert: *Victorian Masculinities: Manhood and Masculine Poetics in Early Victorian Literature and Art*. Cambridge: Cambridge UP 1995.

SUTHERLAND, John A.: *The Longman Companion to Victorian Fiction*. London: Longman 1988.

SUTHERLAND, John A.: *Victorian Fiction: Writers, Publishers, Readers*. London: Macmillan 1995.

SUTHERLAND, John: *The Stanford Companion to Victorian Fiction*. Stanford, CA: Stanford UP 1989.

THOMPSON, Nicola D.: *Reviewing Sex: Gender and the Reception of Victorian Novels*. New York: New York UP 1996.

TOSH, John: *A Man's Place: Masculinity and the Middle-Class Home in Victorian England*. New Haven: Yale UP 1999.

TUCHMAN, Gaye & Nina E. FORTIN: *Edging Women Out: Victorian Novelists, Publishers, and Social Change*. London: Yale UP 1989.

TUCKER, Herbert F. (Hg.): *A Companion to Victorian Literature and Culture*. Oxford: Blackwell Publishers 1999.

TURNEY, Jon: *Frankenstein's Footsteps: Science, Genetics, and Popular Culture*. New Haven, CT: Yale UP 1998.

VICINUS, Martha (Hg.): *A Widening Sphere: Changing Roles of Victorian Women*. Bloomington, IN: Indiana UP 1977.

VICINUS, Martha (Hg.): *Suffer and Be Still. Women in the Victorian Age*. London: Methuen 1980.

VINCENT, David: *Literacy and Popular Culture: England 1750–1914*. Cambridge: Cambridge UP 1990.

WALVIN, James: *Victorian Values*. Athens, GA.: University of Georgia Press 1988.

WHEELER, Michael: *Heaven, Hell, & the Victorians*. Cambridge: Cambridge UP 1994.

WILLEY, Basil: *Nineteenth-Century Studies: Coleridge to Matthew Arnold*. Cambridge: Cambridge UP 1980 [1949].

ZEMKA, Sue: *Victorian Testaments: The Bible, Christology, and Literary Authority in Early-Nineteenth-Century British Culture*. Stanford, CA: Stanford UP 1997.

2. Überblicksdarstellungen zum englischen Roman des 19. Jahrhunderts

ACHILLES, Jochen: *Sheridan LeFanu und die Schauerromantische Tradition*. Tübingen: Gunter Narr 1991.

ALLEN, Dennis W.: *Sexuality in Victorian Fiction*. Norman, Okl.: University of Oklahoma Press 1993.

ALTICK, Richard D.: *The Presence of the Present: Topics of the Day in the Victorian Novel*. Columbus, Ohio: Ohio State UP 1991.

ANTOR, Heinz: *Der englische Universitätsroman: Bildungskonzepte und Erziehungsziele*. Heidelberg: Winter 1996.

ARATA, Stephen: *Fictions of Loss in the Victorian Fin de Siècle*. Cambridge: Cambridge UP 1996.

ARMSTRONG, Nancy: *Desire and Domestic Fiction: A Political History of the Novel*. Oxford: Oxford UP 1987.

AUERBACH, Nina & U. C. KNOEPFLMACHER (Hg.): *Forbidden Journeys: Fairy Tales and Fantasies by Victorian Women Writers*. Chicago, IL: University of Chicago Press 1992.

AUERBACH, Nina: *Woman and the Demon: The Life of a Victorian Myth*. Cambridge, Mass. Harvard UP 1982.

BAGULEY, David: *Naturalist Fiction*. Cambridge: Cambridge UP 1990.

BARICKMAN, Richard, Susan MACDONALD & Myra STARK: *Corrupt Relations: Dickens*

BARRECA, Regina (Hg.): *Thackeray, Trollope, Collins, and the Victorian Sexual System.* New York: Columbia UP 1982.

BARRECA, Regina (Hg.): *Sex and Death in Victorian Literature.* Bloomington, IN: Indiana UP 1990.

BEER, Gillian: *Darwin's Plots: Evolutionary Narrative in Darwin, George Eliot and Nineteenth-Century Fiction.* London: Routledge & Kegan Paul 1983.

BEER, Gillian: *George Eliot.* Brighton: Harvester Press 1986. (= *Key Women Writers*)

BESTEK, Andreas: *Geschichte als Roman: Narrative Techniken der Epochendarstellung im englischen historischen Roman des 19. Jahrhunderts. Walter Scott, Edward Bulwer-Lytton und George Eliot.* Trier: Wissenschaftlicher Verlag Trier 1992.

BHABHA, Homi K. (Hg.): *Nation and Narration.* London: Routledge 1990.

BIVONA, Daniel: *Desire and Contradiction: Imperial Visions and Domestic Debates in Victorian Literature.* Manchester: Manchester UP 1990.

BJØRHOVDE, Gerd: *Rebellious Structures: Women Writers and the Crisis of the Novel 1880–1900.* Oslo: Norwegian UP 1987.

BLAKE, Andrew: *Reading Victorian Fiction: The Cultural Context and Ideological Content of the Nineteenth-Century Novel.* New York: St. Martin's 1989.

BOCH, Gudrun: *Studien zum englischen Provinzroman: Eine Untersuchung zur Entstehung des Genres und seiner Entwicklung im Romanwerk George Eliots und Arnold Bennetts.* Heidelberg: Winter 1976.

BODENHEIMER, Rosemarie: *The Politics of Story in Victorian Social Fiction.* Ithaca, NY: Cornell UP 1988.

BONGIE, Chris: *Exotic Memories: Literature, Colonialism, and the Fin de Siècle.* Stanford, CA: Stanford UP 1991.

BORGMEIER, Raimund & Bernhard REITZ (Hg.): *Der historische Roman I: 19. Jahrhundert.* Heidelberg: Winter 1984 (= *anglistik und englischunterricht* 22).

BRANTLINGER, Patrick: „What is 'Sensational' about the Sensation Novel?" In: *Nineteenth-Century Fiction* 37 (1989), S. 1–28.

BRANTLINGER, Patrick: *Rule of Darkness: British Literature and Imperialism, 1830–1914.* Ithaca, NY: Cornell UP 1988.

BRANTLINGER, Patrick: *The Reading Lesson: The Threat of Mass Literacy in Nineteenth-Century British Fiction.* Bloomington, IN: Indiana UP 1998.

BRANTLINGER, Patrick: *The Spirit of Reform: British Literature and Politics, 1832–1867.* Cambridge, MA: Harvard UP 1977.

BRATTON, J.S.: *The Impact of Victorian Children's Fiction.* London: Croom Helm 1981.

BRONFEN, Elisabeth: *Over Her Dead Body: Death, Femininity, and the Aesthetic.* New York: Routledge 1992.

BROWNSTEIN, Rachel M.: *Becoming a Heroine: Reading About Women in Novels.* Harmondsworth: Penguin 1984 [1982].

BYERLY, Alison: *Realism, Representation, and the Arts in Nintenth-Century Literature.* Cambridge: Cambridge UP 1997.

CARLISLE, Janice: *The Sense of an Audience: Dickens, Thackeray, and George Eliot at Mid-Century.* Brighton: Harvester Press 1981.

CARROLL, David: *George Eliot and the Conflict of Interpretations: A Reading of the Novels.* Cambridge: Cambridge UP 1992.

CHASE, Karen: *Eros and Psyche: the Representation of Personality in Charlotte Bronte, Charles Dickens, and George Eliot.* London: Methuen 1984.

CHILDERS, Joseph W.: *Novel Possibilities: Fiction and the Formation of Early Victorian Culture.* Philadelphia, PA: University of Pennsylvania Press 1995.

CHRIST, Carol T. & John O. JORDAN (Hg.): *Victorian Literature and the Victorian Visual Imagination.* Berkeley, CA: University of California Press 1995.

COHEN, Monica F.: *Professional Domesticity in the Victorian Novel: Women, Work, and Home.* Cambridge: Cambridge UP 1998.

COHEN, Paula Marantz: *The Daughter's Dilemma: Family Process and the Nineteenth-Century Domestic Novel.* Ann Arbor: University of Michigan Press 1991.

COHN, Jan: *Romance and the Erotics of Property: Mass-Market Fiction for Women.* Durham, NC: Duke UP 1988.

COMSTOCK, Cathy: *Disruption and Delight in the Nineteenth-Century Novel.* Ann Arbor: University of Michigan Research Press 1987.

COPELAND, Edward: *Women Writing about Money: Women's Fiction in England, 1790–1820.* Cambridge: Cambridge UP 1995.

CULLER, A. Dwight: *The Victorian Mirror of History.* New Haven, CT: Yale UP 1986.

CUNNINGHAM, Gail: *The New Woman and the Victorian Novel*. London: Macmillan 1978.

CUNNINGHAM, Valentine: *Everywhere Spoken Against: Dissent in the Victorian Novel*. Oxford: Clarendon 1975.

D'ALBERTIS, Deirdre: *Dissembling Fictions: Elizabeth Gaskell and the Victorian Social Text*. New York: St. Martin's 1997.

DANON, Ruth: *Work in the English Novel. The Myth of Vocation*. Totowa, NJ: Princeton University Press 1983.

DAVID, Deirdre: *Fictions of Resolution in Three Victorian Novels: ‚North and South', ‚Our Mutual Friend', and ‚Daniel Deronda'*. London: Macmillan 1981.

DAVID, Deirdre: *Intellectual Women and Victorian Patriarchy: Harriet Martineau, Elizabeth Barrett Browning, George Eliot*. Ithaca, NY: Cornell UP 1987.

DAVID, Deirdre: *Rule Britannia: Women, Empire and Victorian Writing*. Ithaca, NY: Cornell UP 1995.

DEVER, Carolyn: *Death and the Mother from Dickens to Freud: Victorian Fiction and the Anciety of Origins*. Cambridge: Cambridge UP 1998.

DOLIN, Tim: *Mistress of the House: Women of Property in the Victorian Novel*. Brookfield, VT: Ashgate 1997.

DOWLING, Linda: *Language and Decadence in the Victorian Fin de Siècle*. Princeton, NJ: Princeton UP 1986.

DUNCAN, Ian: *Modern Romance and Transformations of the Novel: The Gothic, Scott, Dickens*. Cambridge: Cambridge UP 1992.

EBY, Cecil D.: *The Road to Armageddon: The Martial Spirit in English Popular Literature, 1870–1914*. Durham, NC: Duke UP 1987.

ENGEL, Elliot & Margaret F. KING: *The Victorian Novel before Victoria: British Fiction during the Reign of William IV, 1830–1837*. New York: St. Martin's 1984.

ERMARTH, Elizabeth Deeds: *George Eliot*. Boston: Twayne 1985 (= *Twayne's English Author Series*).

ERMARTH, Elizabeth Deeds: *Realism and Consensus in the English Novel*. Princeton: Princeton UP 1983.

ERMARTH, Elizabeth Deeds: *The English Novel in History 1840–1895*. London: Routledge, 1997.

FABIAN, Bernhard (Hg.): *Die englische Literatur. Epochen – Formen* (Band 1); *Autoren* (Band 2). München: Deutscher Taschenbuchverlag 1991.

FELDMANN, Doris: *Politik und Fiktion. Die Anfänge des politischen Romans in Großbritannien im 19. Jahrhundert*. München: Fink 1995.

FLEISHMAN, Avrom: *Figures of Autobiography: The Language of Self-Writing in Victorian and Modern England*. Berkeley, CA: University of California Press 1983.

FLEISHMAN, Avrom: *The English Historical Novel. Walter Scott to Virginia Woolf*. Baltimore, MD: Johns Hopkins UP 1971.

FLINT, Kate (Hg.): *The Victorian Novelist: Social Problems and Social Change*. London: Croom Helm 1988.

FLUDERNIK, Monika: *Towards a ‚Natural' Narratology*. London: Routledge 1996.

FOLTINEK, Herbert: *Vorstufen zum viktorianischen Realismus. Der englische Roman von Jane Austen bis Charles Dickens*. Wien: Braumüller 1968.

FORD, George H. (Hg.): *Victorian Fiction: A Second Guide to Research*. New York: Modern Language Association of America 1978.

FRAIMAN, Susan: *Unbecoming Women: British Women Writers and the Novel of Development*. New York: Columbia UP 1993.

FRASER, Hilary: *Beauty and Belief: Aesthetics and Religion in Victorian Literature*. Cambridge: Cambridge UP 1987.

FROST, Ginger S.: *Promises Broken: Courtship, Class, and Gender in Victorian England*. Charlottesville, Va.: University Press of Virginia 1995.

GAGNIER, Regenia: *Idylls of the Marketplace: Oscar Wilde and the Victorian Public*. Stanford, CA: Stanford UP 1986.

GALLAGHER, Catherine: *The Industrial Reformation of English Fiction. Social Discourse and Narrative Form 1832–1867*. Chicago, IL: University of Chicago Press 1985.

GARRETT, Peter K.: *The Victorian Multiplot Novel: Studies in Dialogical Form*. New Haven, CT: Yale UP 1980.

GILBERT, Pamela K.: *Disease, Desire, and the Body in Victorian Women's Popular Novels*. Cambridge: Cambridge UP 1997.

GILBERT, Sandra M. & Susan GUBAR: *The Madwoman in the Attic: The Woman Writer and the Nineteenth-Century Literary Imagination*. New Haven, CT: Yale UP 1979.

GILMOUR, Robin. *The Novel in the Victorian Age:*

A Modern Introduction. London: Arnold 1986.

GILMOUR, Robin: *The Idea of the Gentleman in the Victorian Novel.* London: Allen and Unwin 1981.

GINSBURG, Michael Peled: *Economies of Change: Form and Transformation in the Nineteenth-Century Novel.* Stanford, CA: Stanford UP 1996.

GLAGE, Liselotte: *Jane Austen ‚Pride and Prejudice'.* München: Fink 1984.

GOETSCH, Paul (Hg.): *Englische Literatur zwischen Viktorianismus und Moderne.* Darmstadt: Wissenschaftliche Buchgesellschaft 1983.

GOETSCH, Paul, Heinz KOSOK & Kurt OTTEN (Hg.): *Der englische Roman im 19. Jahrhundert. Interpretationen.* Berlin: Erich Schmidt 1973 (= *Festschrift zu Ehren von Horst Oppel*).

GOETSCH, Paul: *Dickens.* Zürich: Artemis 1986.

GOETSCH, Paul: *Hardys Wessex-Romane: Mündlichkeit, Schriftlichkeit, kultureller Wandel.* Tübingen: Narr 1994.

GORDON, Jan B.: *Gossip and Subversion in Nineteenth-Century British Fiction: Echo's Economies.* New York: St. Martin's 1997.

GREENSLADE, William: *Degeneration, Culture and the Novel, 1880–1940.* Cambridge: Cambridge UP 1994.

GRIMES, Janet & Diva DAIMES: *Novels in English by Women, 1891–1920: A Preliminary Checklist.* New York: Garland 1981.

GROß, Konrad (Hg.): *Der englische soziale Roman im 19. Jahrhundert.* Darmstadt: Wissenschaftliche Buchgesellschaft 1977.

GROß, Konrad, Kurt MÜLLER & Meinhard WINKGENS (Hg.): *Das Natur/Kultur-Paradigma in der englischsprachigen Erzählliteratur des 19. und 20. Jahrhunderts.* Tübingen: Narr 1994 (= *Festschrift zum 60. Geburtstag von Paul Goetsch*).

GUSTAV, Klaus H. (Hg.): *The Rise of Socialist Fiction 1880–1914.* Brighton: Harvester 1987.

GUSTAV, Klaus H. (Hg.): *The Socialist Novel in Britain: Towards the Recovery of a Tradition.* New York: St. Martin's 1982.

GUY, Josephine M.: *The Victorian Social-Problem Novel: The Market, the Individual, and Communal Life.* New York: St. Martin's 1996.

HALL, Donald E. (Hg.*):* *Muscular Christianity.* Cambridge: Cambridge UP 1994 (= *Cambridge Studies in Nineteenth-Century Literature and Culture* 2).

HALL, Donald E.: *Fixing Patriarchy: Feminism and the Mid-Victorian Male Novelists.* New York: New York UP 1996.

HARDY, Barbara: *Forms of Feeling in Victorian Fiction.* London: Methuen 1985.

HARMAN, Barbara L.: *The Feminine Political Novel in Victorian England.* Charlottesville: University Press of Virginia 1998 (= *Victorian Literature and Culture*).

HARTER, Deborah A.: *Bodies in Pieces: Fantastic Narrative and the Poetics of Fragment.* Stanford, CA: Stanford UP 1996.

HAWTHORN, Jeremy (Hg.): *The Nineteenth-Century British Novel.* Stratford-upon-Avon Studies). London: Edward Arnold 1986.

HELSINGER, Elizabeth K.: *Rural Scenes and National Representation: Britain, 1815–1850.* Princeton: Princeton UP 1997.

HERTEL, Kirsten: *London zwischen Naturalismus und Moderne: Literarische Perspektiven einer Metropole.* Heidelberg: Winter 1997.

HÖFELE, Andreas: *Parodie und literarischer Wandel: Studien zur Funktion einer Schreibweise in der englischen Literatur des ausgehenden 19. Jahrhunderts.* Heidelberg: Winter 1986.

HOLLINGSWORTH, Keith: *The Newgate Novel, 1830–1847: Bulwer, Ainsworth, Dickens, and Thackeray.* Detroit: Wayne State UP 1963.

HOMANS, Margaret: *Bearing the Word: Language and Female Experience in Nineteenth-Century Women's Writing.* Chicago, IL: Chicago UP 1986.

HÖNNIGHAUSEN, Lothar: *The Symbolist Tradition in English Literature: A Study of Pre-Raphaelitism and ‚Fin de Siècle'.* Cambridge: Cambridge UP 1988.

HORSTMANN, Ulrich: *Ästhetizismus und Dekadenz: Zum Paradigmenkonflikt in der englischen Literaturtheorie des späten 19. Jahrhunderts.* München: Fink 1983.

HOUGHTON, Walter: *The Victorian Frame of Mind.* Berkeley, CA: University of California Press 1957.

HUGHES, Linda K. & Michael LUND: *The Victorian Serial.* Charlottesville, Va.: University Press of Virginia 1991.

HUGHES, Winifred: *The Maniac in the Cellar: Sensation Novels of the 1860s.* Princeton, NJ: Princeton UP 1980. (Standard)

INGHAM, Patricia: *The Language of Gender and Class: Transformations in the Victorian Novel.* London: Routledge 1996.

JAY, Elisabeth: *The Religion of the Heart: Angli-*

can Evangelicalism and the Nineteenth-Century Novel. Oxford: Clarendon 1979.
JEHMLICH, Reimer: Jane Austen. Darmstadt: Wissenschaftliche Buchgesellschaft 1995 (= Erträge der Forschung).
JUDD, Catherine: Bedside Seductions: Nursing and the Victorian Imagination, 1830–1880. New York: St. Martin's 1998.
KANE, Penny: Victorian Families in Fact and Fiction. New York: St. Martin's 1995.
KAPLAN, Fred: Sacred Tears. Sentimentality in Victorian Literature. Princeton, NJ: Princeton UP 1987.
KATZ, Wendy: Rider Haggard and the Fiction of Empire: A Critical Study of British Imperial Fiction. Cambridge: Cambridge UP 1987.
KEARNS, Katherine: Nineteenth-Century Literary Realism: Through the Looking-Glass. Cambridge: Cambridge UP 1996.
KEATING, Peter J.: The Working Classes in Victorian Fiction. London: Routledge and Kegan Paul 1971.
KEATING, Peter: The Haunted Study. A Social History of the English Novel 1875–1914. London: Secker & Warburg 1989.
KEECH, James M.: Threedeckers and Instalment Novels: The Effect of Publishing Format upon the Nineteenth-Century Novel. Baton Rouge: Louisiana State UP 1965.
KELLY, Gary: English Fiction of the Romantic Period 1789–1830. London: Longman 1989.
KELLY, Gary: Women, Writing, and Revolution, 1790–1827. Oxford: Clarendon 1993.
KESTNER, Joseph: Protest and Reform: The British Social Narrative by Women 1827–1867. Madison, WI: University of Wisconsin Press 1985.
KIELY, Robert: The Romantic Novel in England. Cambridge, MA: Harvard UP 1972.
KNOEPFLMACHER, U.C.: Laughter and Despair: Readings in Ten Novels of the Victorian Era. Berkeley, CA: University of California Press 1971.
KNOEPFLMACHER, U.C.: Religious Humanism and the Victorian Novel. Princeton, NJ: Princeton UP 1965.
KOHL, Stephan: Realismus: Theorie und Geschichte. München: Fink 1977.
KROEBER, Karl: Romantic Fantasy and Science Fiction. New Haven, CT: Yale UP 1988.
KROEBER, Karl: Styles in Fictional Structure: The Art of Jane Austen, Charlotte Bronte, George Eliot. Princeton, NJ: Princeton UP 1971.

KUCICH, John: Repression in Victorian Fiction: Charlotte Bronte, George Eliot, and Charles Dickens. Berkeley, CA: University of California Press 1987.
KUCICH, John: The Power of Lies: Transgression in Victorian Fiction. Ithaca: Cornell UP 1994.
KULLMANN, Thomas: Vermenschlichte Natur: Zur Bedeutung von Landschaft und Wetter im englischen Roman von Ann Radcliffe bis Thomas Hardy. Tübingen: Niemeyer 1994.
LANGLAND, Elizabeth: Nobody's Angels: Middle-Class Women and Domestic Ideology in Victorian Culture. Ithaca, NY: Cornell UP 1995.
LANSER, Susan Sniader: Fictions of Authority: Women Writers and Narrative Voice. Ithaca, NY: Cornell UP 1992.
LASCELLES, Mary: The Story-Teller Retrieves the Past: Historical Fiction and Fictitious History in the Art of Scott, Stevenson, Kipling, and Some Others. Oxford: Clarendon 1980.
LEAVIS, F.R.: The Great Tradition: George Eliot, Henry James, Joseph Conrad. Harmondsworth: Penguin 1980 [1948].
LEDGER, Sally: The New Woman: Fiction and Feminism at the Fin de Siècle. Manchester: Manchester UP 1997.
LERNER, Laurence: Angels and Absences: Child Deaths in the Nineteenth Century. Nashville, TN: Vanderbilt UP 1997.
LERNER, Laurence: The Truthtellers: Jane Austen, George Eliot, D. H. Lawrence. London: Chatto & Windus 1967.
LEVINE, George: The Realistic Imagination: English Fiction from Frankenstein to Lady Chatterley. Chicago, IL: University of Chicago Press 1981.
LÖSCHNIGG, Martin: „'The Prismatic Hues of Memory': Autobiographische Modellierung und die Rhetorik der Erinnerung in Dickens' David Copperfield". Poetica 31 (1999), S. 175–200.
LUCAS, John: The Literature of Change: Studies in the Nineteenth-Century Provincial Novel. Hassocks: Harvester 1977.
MAACK, Annegret: Charles Dickens: Epoche – Werk – Wirkung. München: C.H. Beck 1991.
MANLOVE, Colin N.: Modern Fantasy: Five Studies. Cambridge: Cambridge UP 1975.
MCCLURE, John A.: Kipling and Conrad: The Colonial Fiction. Cambridge, MA: Harvard UP 1981.
MCGOWAN, John P.: Representation and Revelation: Victorian Realism from Carlyle to Yeats

Columbia, Miss.: University of Missouri Press 1986.

McKnight, Natalie J.: *Suffering Mothers in Mid-Victorian Novels*. New York: St. Martin's 1997.

Mellor, Anne K.: *Romanticism and Gender*. New York: Routledge 1992.

Mergenthal, Silvia: *Erziehung zur Tugend: Frauenrollen und der englische Roman um 1800*. Tübingen: Niemeyer 1997.

Meyer, Susan: *Imperialism at Home: Race and Victorian Women's Fiction*. Ithaca, NY: Cornell UP 1996.

Miller, J. Hillis: *The Form of Victorian Fiction: Thackeray, Dickens, Trollope, George Eliot, Meredith, and Hardy*. Notre Dame: Notre Dame UP 1968.

Monk, Leland: *Standard Deviations: Chance and the Modern British Novel*. Stanford, CA: Stanford UP 1993.

Morgan, Susan: *Sisters in Time: Imagining Gender in Nineteenth-Century British Fiction*. Oxford: Oxford UP 1989.

Müllenbrock, Heinz-Joachim: *Der historische Roman des 19. Jahrhunderts*. Heidelberg: Winter 1980.

Musselwhite, David E.: *Partings Welded together: Politics and Desire in the Nineteenth-Century Novel*. London: Methuen 1987.

Nachbauer, Uta B.: *Mythos als Maskenspiel: Studien zum Frauenbild in der englischen Literatur der ‚Nineties'*. Münster: Lit 1994.

Nalbantian, Suzanne: *Seeds of Decadence in the Late Nineteeth-Century Novel: A Crisis in Values*. New York: St. Martin's 1991.

Nathan, Rhoda B. (Hg.): *Nineteenth-Century Women Writers of the English-Speaking World*. London: Greenwood Press 1986.

O'Farrell, Mary Ann: *Telling Complexions: The Nineteenth-Century English Novel and the Blush*. Durham, NC: Duke UP 1997.

Otten, Kurt: *Der englische Roman vom 16. bis 19. Jahrhundert*. Berlin: Schmidt 1971.

Ousby, Ian: *Bloodhounds of Heaven: The Detective in English Fiction From Godwin to Doyle*. Cambridge, MA: Harvard UP 1976.

Paradis, James & Thomas Postlewait (Hg.): *Victorian Science and Victorian Values: Literary Perspectives*. New York: New York Academy of Sciences 1981.

Parker, Christopher (Hg.): *Gender Roles and Sexuality in Victorian Literature*. Brookfield, VT: Scolar Press 1995.

Peck, John: *War, the Army, and Victorian Literature*. New York: St. Martin's 1998.

Perera, Suvendrini: *Reaches of Empire: The English Novel from Edgeworth to Dickens*. New York: Columbia UP 1991.

Perry, Ruth & Martine W. Brownley (Hg.): *Mothering the Mind: Twelve Studies of Writers and Their Silent Partners*. New York: Homes and Meier 1984.

Peterson, Carla L.: *The Determined Reader: Gender and Culture in the Novel from Napoleon to Queen Victoria*. New Brunswick, NJ: Rutgers UP 1986.

Pfister, Manfred: *Oscar Wilde: „The Picture of Dorian Gray"*. München: Fink 1986.

Platz, Norbert H.: *Die Beeinflussung des Lesers: Untersuchungen zum pragmatischen Wirkungspotential viktorianischer Romane zwischen 1844 und 1872*. Tübingen: Niemeyer 1986.

Poovey, Mary: *Making a Social Body: British Cultural Formation, 1830–1864*. Chicago, IL: University of Chicago Press 1995.

Poovey, Mary: *The Proper Lady and the Woman Writer: Ideology as Style in the Works of Mary Wollstonecraft, Mary Shelley, and Jane Austen*. Chicago, IL: University of Chicago Press 1984.

Poovey, Mary: *Uneven Developments: The Ideological Work of Gender in Mid-Victorian England*. Chicago, IL: Chicago UP 1988.

Prickett, Stephen: *Victorian Fantasy*. Bloomington, IN: Indiana UP 1979.

Psomiades, Kathy A.: *Beauty's Body: Femininity and Representation in British Aestheticism*. Stanford, CA: Stanford UP 1997.

Pykett, Lyn (Hg.): *Reading Fin de Siècle Fiction*. London: Longman 1996 (= Longman Critical Readers).

Pykett, Lyn: *The ‚Improper' Feminine: The Woman's Sensation Novel and the New Woman Writing*. London: Routledge 1992.

Rance, Nicholas: *Wilkie Collins and Other Sensation Novelists*. Rutherford, NJ: Fairleigh Dickenson UP 1991.

Reinhold, Heinz: *Der englische Roman des 19. Jahrhunderts*. Düsseldorf: Bagel 1976.

Reitz, Bernhard (Hg.): *19. Jahrhundert II. Das Viktorianische Zeitalter*. Stuttgart: Reclam 1982.

Reynolds, Kimberley & Nicola Humble: *Victorian Heroines: Representations of Femininity in Nineteenth-Century Literature and Art*. Washington Square, NY: New York UP 1993.

RHODES, Royal W.: *The Lion and the Cross: Early Christianity in Victorian Novels*. Columbus, OH: Ohio State UP 1995.

RICHETTI, John, John BENDER & Deirdre DAVID et al. (Hg.): *The Columbia History of the British Novel*. New York: Columbia UP 1994.

ROBBINS, Bruce: *The Servant's Hand: English Fiction from Below*. Durham, NC: Duke UP 1993 [1986].

RUSSEL, Norman: *The Novelist and the World of Mammon: Literary Responses to the World of Commerce in the Nineteenth Century*. Oxford: Clarendon 1986.

SAGE, Victor: *Horror Fiction in the Protestant Tradition*. New York: St. Martin's 1988.

SAID, Edward W.: *Culture and Imperialism*. New York: Alfred A. Knopf 1993.

SAID, Edward W.: *Orientalism*. New York: Pantheon 1978.

SCHABERT, Ina: *Englische Literaturgeschichte: Eine neue Darstellung aus der Sicht der Geschlechterforschung*. Stuttgart: Kröner 1997.

SCHOR, Hilary M.: *Scheherezade in the Marketplace: Elizabeth Gaskell and the Victorian Novel*. Oxford: Oxford UP 1992.

SCHWARZ, Daniel R.: *The Transformation of the English Novel, 1890–1930: Studies in Hardy, Conrad, Joyce, Lawrence, Forster and Woolf*. Basingstoke: Macmillan 1995.

SEDGEWICK, Eve K. (Hg.): *Novel Gazing: Queer Readings in Fiction*. Durham, NC: Duke UP 1997.

SEDGEWICK, Eve K.: *Between Men: English Literature and Male Homosocial Desire*. New York: Columbia UP 1985.

SEEBER, Hans Ulrich (Hg.): *Englische Literaturgeschichte*. Stuttgart, Weimar: Metzler 1999 [1991].

SHAW, Harry E.: *The Forms of Historical Fiction: Sir Walter Scott and His Successors*. Ithaca, NY: Cornell UP 1983.

SHAW, W. David: *Victorians and Mystery: Crises of Representation*. Ithaca, NY: Cornell UP 1990.

SHOWALTER, Elaine (Hg.): *Daughters of Decadence: Women Writers of the Fin-de-Siècle*. Brunswick, NJ: Rutgers UP 1993.

SHOWALTER, Elaine: *A Literature of Their Own: British Women Novelistst from Brontë to Lessing*. Princeton: Princeton UP 1977.

SHOWALTER, Elaine: *Sexual Anarchy: Gender and Culture at the Fin de Siècle*. London: Viking 1990.

SHUTTLEWORTH, Sally: *George Eliot and Nineteenth-Century Science: The Make-Believe of a Beginning*. Cambridge: Cambridge UP 1984.

SIMMONS, Clare A.: *Reversing the Conquest: History and Myth in Nineteenth-Century British Literature*. New Brunswick: Rutgers UP 1990.

SMALL, Helen: *Love's Madness: Medicine, the Novel, and Female Insanity, 1800–1865*. Oxford: Clarendon 1998 [1996].

SMITH, Sheila M.: *The Other Nation: The Poor in English Novels of the 1840s and 1850s*. Oxford: Clarendon 1980.

SNYDER, Katherine V.: *Bachelors, Manhood, and the Novel, 1850–1925*. Cambridge: Cambridge UP 1999.

SPIES, Marion: *Skeptizismus im spätviktorianischen Roman*. Frankfurt a. M.: Lang 1991.

STANZEL, Franz K. (Hg.): *Der englische Roman: Der Roman des 19. und 20. Jahrhunderts bis James Joyce*. Düsseldorf: Bagel 1969 (= Bd. 2).

STEWART, Garrett: *Dear Reader: The Conscripted Audience in Nineteenth-Century British Fiction*. Baltimore, Md.: Johns Hopkins UP 1996.

STITT, Megan P.: *Metaphors of Change in the Language of Nineteenth-Century Fiction: Scott, Gaskell, and Kingsley*. Oxford: Clarendon 1998.

STOKES, John (Hg.), *Fin de Siècle/Fin du Globe: Fears and Fantasies of the Late Nineteenth Century*. London: Macmillan 1992.

STONE, Donald D.: *Novelists in a Changing World: Meredith, James and the Transformation of English Fiction in the 1880s*. Cambridge, MA: Harvard UP 1972.

STONE, Donald D.: *The Romantic Impulse in Victorian Fiction*. Cambridge, MA: Harvard UP 1980.

STONYK, Margaret: *Nineteenth-Century English Literature*. New York: Schocken Books 1985.

STUBBS, Patricia: *Women and Fiction: Feminism and the Novel, 1880–1920*. New York: Barnes and Noble 1980.

SULLIVAN, Zohreh T.: *Narratives of Empire: The Fictions of Rudyard Kipling*. Cambridge: Cambridge UP 1993.

SUTHERLAND, John A.: *Victorian Novelists and Publishers*. London: Athlone Press 1976.

TAYLOR, Jenny Bourne: *In the Secret Theatre of Home: Wilkie Collins, Sensation Narrative, and Nineteenth-Century Psychology*. New York: Routledge 1988.

TERRY, Reginald C.: *Victorian Popular Fiction, 1860–1880*. London: Macmillan 1983.

THADEN, Barbara Z.: *The Maternal Voice in Victorian Fiction: Rewriting the Patriarchal Family*. New York: Garland 1997 (= Literature and Society in Victorian Britain 2).

THOMPSON, Nicola Diane: *Reviewing Sex: Gender and the Reception of Victorian Novels*. New York: New York UP 1996.

THOMS, Peter: *Detection and Its Designs: Narrative and Power in Nineteenth-Century Detective Fiction*. Athens, OH: Ohio UP 1998.

THOMSON, Patricia: *The Victorian Heroine: A Changing Ideal*. Westport, CT: Greenwood Press 1978 [1956].

TILLOTSON, Kathleen: *Novels of the Eighteen-Forties*. Oxford: Oxford UP 1961 [1954].

TOBIN, Beth F.: *Superintending the Poor: Charitable Ladies and Paternal Landlords in British Fiction, 1770–1860*. New Haven, CT: Yale UP 1993.

TRACY, Ann B.: *The Gothic Novel, 1790–1830: Plot Summaries and Index to Motifs*. Lexington: University Press of Kentucky 1981.

TRODD, Anthea: *Domestic Crime in the Victorian Novel*. New York: St. Martin's 1989.

TROTTER, David. *The English Novel in History. 1895–1920*. London: Routledge 1993.

TRUMPENER, Katie: *Bardic Nationalism: The Romantic Novel and the British Empire*. Princeton. Princeton UP 1997.

TURNER, Martha A.: *Mechanism and the Novel: Science in the Narrative Process*. Cambridge: Cambridge UP 1993.

UGLOW, Jennifer: *George Eliot*. London: Virago Press 1987.

VANCE, Norman: *The Sinews of the Spirit: The Ideal of Christian Manliness in Victorian Literature and Religious Thought*. Cambridge: Cambridge UP 1985.

WATT, Ian (Hg.): *The Victorian Novel: Modern Essays in Criticism*. London: Oxford UP 1971.

WEBER, Ingeborg: *Der englische Schauerroman*. Zürich: Artemis 1983.

WEISS, Barbara: *The Hell of the English: Bankruptcy and the Victorian Novel*. London: Associated University Presses 1986.

WHEELER, Michael: *English Fiction of the Victorian Period 1830–1890*. London: Longman 1985.

WHEELER, Michael: *The Art of Allusion in Victorian Fiction*. New York: Barnes & Noble 1979.

WHITE, Andrea: *Joseph Conrad and the Adventure Tradition. Constructing and Deconstructing the Imperial Subject*. Cambridge: Cambridge UP 1993.

WIESENTHAL, Chris: *Figuring Madness in Nineteenth-Century Fiction*. New York: St. Martin's 1997.

WINKGENS, Meinhard: *Die kulturelle Symbolik von Rede und Schrift in den Romanen von George Eliot: Untersuchungen zu ihrer Entwicklung, Funktionalisierung und Bewertung*. Tübingen: Narr 1997.

WINNIFRITH, Tom: *Fallen Women in the Nineteenth-Century Novel*. New York: St. Martin's 1994.

WOLF, Werner, „Schauerroman und Empfindsamkeit: Zur Beziehung zwischen Gothic Novel und empfindsamem Roman in England." In: *Anglia* 107 (1989), S. 1–33.

WOLF, Werner: „'I must go back a little to explain [her] motives [...]': Erklärung und Erklärbarkeit menschlichen Verhaltens, Handelns und Wesens in englischen Romanen des Realismus: Hard Times und Adam Bede". In: *Germanisch-Romanische Monatsschrift*. 48,4 (1998), S. 435–478.

WOLF, Werner: *Ästhetische Illusion und Illusionsdurchbrechung in der Erzählkunst. Theorie und Geschichte mit Schwerpunkt auf englischem illusionsstörenden Erzählen*. Tübingen: Niemeyer 1993.

WOLFF, Robert Lee: *Gains and Losses: Novels of Faith and Doubt in Victorian England*. New York: Garland 1977.

YEAZELL, Ruth B. (Hg.): *Sex, Politics, and Science in the Nineteenth Century Novel*. Baltimore, Md.: Johns Hopkins UP 1991 [1986].

YEAZELL, Ruth B.: *Fictions of Modesty: Women and Courtship in the English Novel*. Chicago, IL: University of Chicago Press 1991.

YORK, R.A.: *Strangers and Secrets: Communication in the Nineteenth-Century Novel*. Rutherford, NJ: Fairleigh Dickinson UP 1994.

3. Weitere zitierte Literatur

BULWER-LYTTON, Edward: „The Sympathetic Temperament." In: *Miscellaneous Prose Works*. 3 Bde. London: Richard Bentley 1868. Bd. 3. 187–203.

DEISTLER, Petra: *Tradition und Transformation – der fiktionale Dialog mit dem viktorianischen*

Zeitalter im (post)modernen historischen Roman in Großbritannien. Frankfurt a. M.: Lang 1999.

DOWLING, Linda: „The Decadent and the New Woman in the 1890s." In: *Nineteenth-Century Fiction*, 33,4 (1979), S. 433–453.

ERZGRÄBER, Willi: *Utopie und Anti-Utopie in der englischen Literatur.* München: Fink 1980.

FOLDY, Michael S.: *The Trials of Oscar Wilde: Deviance, Morality, and Late-Victorian Society.* New Haven: Yale UP 1997.

GILBERT, Sandra M. & Susan GUBAR: *No Man's Land: The Place of the Woman Writer in the Twentieth Century. Sexchanges.* New Haven, CT: Yale UP 1989 (= Vol. 2).

GOETSCH, Paul: *Bauformen des modernen englischen und amerikanischen Dramas.* Darmstadt: Wissenschaftliche Buchgesellschaft 1977.

HAIGHT, Gordon S. (Hg.): *The George Eliot Letters.* 9 Bde. New Haven, CT: Yale UP 1954–1978.

HUMPHREY, Richard: *Walter Scott: Waverley.* Cambridge: Cambridge UP 1993.

NÜNNING, Ansgar: *Der englische Roman des 20. Jahrhunderts.* Stuttgart: Klett 1998 (= *Uni-Wissen Anglistik/Amerikanistik*).

PINNEY, Thomas (Hg.): *Essays of George Eliot.* London: Routledge & Kegan Paul 1963.

SCHABERT, Ina: *Der historische Roman in England und Amerika.* Darmstadt: Wissenschaftliche Buchgesellschaft 1981 (= *Erträge der Forschung*).

SCHÖNEICH, Christoph: *Edmund Talbot und seine Brüder: Englische Bildungsromane nach 1945.* Tübingen: Narr 1999.

SEEBER, Hans Ulrich: *Wandlungen der Form in der literarischen Utopie: Studien zur Entfaltung des utopischen Romans in England.* Göppingen: Alfred Kümmerle 1970.

TILLYARD, E.M.W.: *The Elizabethan World Picture.* London: Chatto & Windus 1943.

WEINTRAUB, Stanley (Hg.): *Literary Criticism of Oscar Wilde.* Lincoln, NE: University of Nebraska Press 1968.

WILLIAMS, Ioan (Hg.): *Meredith: The Critical Heritage.* London: Routledge & Kegan Paul 1971.

WOLF, Werner: „Schauerroman und Empfindsamkeit. Zur Beziehung zwischen Gothic Novel und empfindsamem Roman in England." In: *Anglia* 107 (1989), S. 1–33.

WOOLF, Virginia: *The Common Reader I.* London: Hogarth 1984 [1925].

ZACH, Wolfgang: *Poetic Justice. Theorie und Geschichte einer literarischen Doktrin. Begriff – Idee – Komödienkonzeption.* Tübingen: Niemeyer 1986.

Zeitschriften:

Victorian Studies, Nineteenth-Century Fiction, Studies in the Novel, Studies in English Literature, Cahiers Victoriens & Edwardiens

Reihe:

Victorian Literature and Culture. (Hg. John MAYNARD & Adrienne Auslander MUNICH) Cambridge: CUP 1973.